本书出版受到湖北省社科基金后期资助项目（编号：HBSKJ20243267）和湖北省高校人文社科重点研究基地开放基金项目（编号：2024-SDSG-09）的资助

余思明 魏 芳 王 剑 著

# 高管－员工
# 薪酬差距
## 与管理层收入业绩目标
—
### 基于动态的视角

**Executive-Employee Pay Gap
and Management's
Revenue Performance Targets**

From the dynamic perspective

社会科学文献出版社
SOCIAL SCIENCES ACADEMIC PRESS (CHINA)

# 序　一

作为公司治理的重要组成部分，薪酬结构不仅深刻影响了企业的文化塑造，而且在更大程度上决定了企业运营效率的提升与战略目标的顺利实现与否。在我国经济转型的关键时期，如何通过合理的薪酬差距激励高管与员工，确保他们的利益高度对接，已成为企业决策者面临的核心问题之一。近年来，关于高管-员工薪酬差距的研究层出不穷。然而，现有研究大多集中于薪酬差距的静态影响，鲜有深入探讨它在动态经济环境中对管理层业绩目标设定、执行及调整的深远影响。

《高管-员工薪酬差距与管理层收入业绩目标——基于动态的视角》一书正是应时而生的，它采用多维度的研究视角，系统深入地剖析了薪酬差距对管理层收入业绩目标的复杂作用机制。该书基于从目标完成、目标执行到目标动态调整的全过程，全面探讨了薪酬差距如何在推动管理层收入业绩目标实现方面发挥至关重要的作用。在对国有企业、大规模企业以及强成长性企业等不同类型企业的实证分析基础上，作者揭示了薪酬差距与管理层收入业绩目标完成程度之间的显著关系，特别是薪酬差距对管理层收入业绩目标"棘轮效应"的影响。

余思明博士作为该书的作者之一，凭借其深厚的学术造诣与丰富的实践经验，洞察了薪酬结构对企业战略目标实现的复杂作用。余博士等人凭借自己对公司治理与薪酬激励机制深刻的理解，基于实证数据与动态理论分析，创新性地提出了薪酬差距与管理层收入业绩目标"棘轮效应"之间的密切关系，为该领域的学术研究与实践探索提供了全新的视角。

此外，该书还特别关注了管理层业绩目标松弛这一普遍现象，并深入剖析了管理层收入业绩目标松弛的经济后果。研究指出，适度的业绩目标松弛能够为管理层提供更多的决策空间，提升企业的风险承担水平，促进企业的长期可持续发展。同时，该书强调了高质量会计信息在缓解业绩目标松弛可能带来的负面效应中的关键作用，进一步丰富了业绩目标管理的理论框架。

该书的研究成果为高管与员工薪酬差距对公司治理与绩效的影响研究提供了全新的理论视角，并为学术界探索业绩目标设定与动态调整机制奠定了坚实的理论基础，提供了有力的实证数据支持。在企业层面，书中的理论分析与实证研究为优化薪酬激励机制、改善目标管理政策提供了切实可行的方案，有助于企业在复杂的市场环境下更好地应对挑战、优化资源配置、提高管理效能，从而实现长期可持续发展。尤其是在中国企业崭露头角、走向全球竞争舞台的背景下，该书为学术界、企业界以及政策制定者提供了重要的理论启示与实践经验，是薪酬管理、公司治理与绩效评估领域的重要参考资料。

靳庆鲁

教育部长江学者特聘教授、国家杰出青年基金获得者

上海财经大学会计学院院长、党委副书记

# 序 二

　　《高管-员工薪酬差距与管理层收入业绩目标——基于动态的视角》一书，为高管-员工薪酬差距与管理层收入业绩目标之间复杂关系的研究厘清了脉络，提供了新的视角。在当前全球经济变革的大背景下，如何通过有效的薪酬激励机制协调高管与员工之间的利益以实现公司目标，系理论研究与企业实践中亟待解决的关键问题。在书中，余思明博士等人通过细致的实证分析，深入探讨了高管-员工薪酬差距对管理层收入业绩目标的影响，并从目标完成、目标执行与目标动态调整三个维度出发，为该领域的学术研究提供了有益拓展。

　　在书中，余思明博士等人结合中国企业的具体背景，探索了高管-员工薪酬差距如何通过管理效率和经营效率的提高，影响收入业绩目标的完成。尤其是在面对不确定性环境时，薪酬差距与管理层收入业绩目标之间的关系呈现更加复杂的动态趋势。通过对目标松弛与销售操纵等行为的深入分析，该书为我们提供了一种更为细致的阐释，揭示了薪酬差距对管理层行为的潜在影响及其在公司治理中的作用。

书中后半部分结合理论分析和实证模型，进一步探讨了管理层收入业绩目标松弛的经济后果，揭示了它在企业风险承担、创新以及股价崩盘中的本质作用。作者并未简单地停留在薪酬差距的直接效应上，而是通过多维度的分析，揭示了业绩目标设定与动态调整中的"棘轮效应"。这方面的研究成果，既是对现有文献的丰富与补充，也为管理者在实践中优化薪酬激励机制、调整收入业绩目标提供了有益借鉴。

对于学术界而言，该书的贡献在于将薪酬激励机制与收入业绩目标的动态调整有机结合，提出了多个创新性假设并通过实证数据加以验证。作者对国内外相关理论的引入与本土化分析，增强了研究的针对性与实用性，也为未来的该领域研究提供了丰富的理论框架和方法论参考。对于企业界来说，该书提出的薪酬差距与收入业绩目标设定策略，对于大规模企业和强成长性公司来说，具有较大的现实指导意义。

然而，任何一项研究都有其局限性，该书也不例外。虽然书中的实证分析深入浅出，但其研究对象主要集中于中国企业，未来的研究可以进一步扩展到其他国家和地区，尤其是不同文化背景下的企业组织，以验证和完善书中的结论。同时，关于薪酬激励机制与管理层行为之间的互动关系，仍有许多值得进一步探讨的问题。

总体而言，《高管-员工薪酬差距与管理层收入业绩目标——基于动态的视角》通过对高管-员工薪酬差距的深入剖析，为理解企业激励机制与目标管理提供了新的思路和实践指导。我相信，随着更多学者与企业界人士在这一领域的持续探索，该书所涉及的议题将为未来的学术研究和企业管理提供更加丰富的素材和启发。

李青原

教育部长江学者特聘教授

# 前　言

　　自 2003 年国务院国资委成立以来，国有企业管理层的绩效考核通过目标责任制得到了不断强化。国务院国资委主导对国有企业管理人员进行年度经营业绩考核，包括审核并确定经营业绩目标，以及国企关键负责人与国务院国资委签订责任书。随着时间的推移，这种目标责任制逐渐扩展到民营企业中，形成了更广泛的绩效管理框架。自 2007 年以来，证监会鼓励上市公司在年报中的管理层讨论与分析（MD&A）部分披露年度经营业绩目标，越来越多的上市公司开始发布定量化的管理层经营业绩目标。通过设定这些业绩目标，企业明确了未来的发展方向。

　　在公司年报中披露的营业收入目标，作为绩效评价体系中关键且显性的契约设计，既是预算执行的最高引导，也是绩效评价的基础，其重要性日益显著。然而，在管理层设定、执行和动态调整收入业绩目标的过程中，存在典型的代理问题。尽管完善的薪酬契约设计在一定程度上能够确保委托人和代理人之间的利益一致，从而有效降低代理成本，但现有的薪酬激励方式中，薪酬差距等激励手段具有"双刃剑"的特性。一方面，薪酬差距可能会提升企业的业绩水平；另一方面，也可能引发社会公平性问题。因此，在研究高管-员工薪酬差距对管理层收入业绩目标的影响时，需要综合考虑多种因素。

首先，尽管薪酬差距的扩大可能在某种程度上促进收入业绩目标的完成，但这种激励措施也可能导致代理问题的出现。例如，管理层可能为了确保收入业绩目标的达成而故意低估营业收入目标，即制定松弛的收入业绩目标，从而削弱了锦标赛理论的说服力。

其次，在执行收入业绩目标的过程中，由于管理层与董事会之间在公司经营方面存在信息不对称，尽管年末管理层完成了收入业绩目标，但其中是否存在管理层的隐藏和操纵行为难以观测。例如，在收入业绩目标执行过程中，管理层可能通过销售操纵行为来增加实际营业收入，最终使得收入业绩目标的完成程度较高。因此，分析高管-员工薪酬差距对收入业绩目标完成的影响机制需要从积极方面和消极方面两个方面入手，需要考察高管-员工薪酬差距是否真正激励了管理层采取积极手段完成收入业绩目标，并打开管理层积极手段的"黑匣子"。

最后，由于信息不对称问题的存在，收入业绩目标的动态调整存在"棘轮效应"，即委托人将代理人过去的收入业绩目标完成信息作为下一期收入业绩目标设定的依据。"棘轮效应"可能导致管理层降低当期收入业绩目标的完成程度，以降低下一期收入业绩目标的完成难度。因此，为了规避下一期收入业绩目标设置基准过高，管理层是否会降低当期收入业绩目标完成程度，而高管-员工薪酬差距是否有助于抑制这一行为？在收入业绩目标导向下，企业高管-员工薪酬差距是否影响了管理层收入业绩目标的完成情况以及收入业绩目标的动态调整行为（棘轮效应）成为理论界和实务界亟待回答的问题。

为了解答上述问题，本书从目标完成、目标执行与目标动态调整三个视角，全面研究了高管-员工薪酬差距对管理层收入业绩目标的影响。

（1）高管-员工薪酬差距提升了管理层收入业绩目标的完成程度，并且这种关系在民营企业、大规模企业以及强成长性企业体现得更为明显。进一步研究发现，环境不确定性调节了高管-员工薪酬差距与管理层收入业绩目标完成程度之间的关系。

（2）目标制定时的目标松弛行为和目标执行过程中的销售操纵行为在高管-员工薪酬差距与收入业绩目标完成程度之间存在间接效应，表现为"遮掩效应"，表明高管-员工薪酬差距抑制了目标松弛与销售操纵行为。此外，我们还从管理效率和经营效率的角度，探索了薪酬差距影响收入业绩目标完成程度的正向机制。研究发现，高管-员工薪酬差距通过增强内部控制有效性以及提高全要素生产率，促进收入业绩目标的完成。研究表明，高管-员工薪酬差距在公司内部治理机制中发挥了作用，既能够抑制目标制定和执行过程中的代理问题，使管理层和股东的利益保持一致，又能够提升收入业绩目标的完成程度。这些进一步验证了高管-员工薪酬差距的正向激励效应。

（3）从目标动态调整角度出发，研究了管理层收入业绩目标的动态调整行为及高管-员工薪酬差距对管理层收入业绩目标"棘轮效应"的影响。研究发现，对于管理层收入业绩目标完成情况较好的公司，管理层的货币薪酬水平较高，表明管理层收入业绩目标设计产生了明显的激励效应。此外，董事会在设置下一期收入业绩目标时会依据当期收入业绩目标的完成情况，说明管理层收入业绩目标的设置存在"棘轮效应"。而且，高管-员工薪酬差距越大，管理层收入业绩目标的"棘轮效应"越强，并且这一关系在国企表现得更为明显。

作为研究拓展，本书进一步探究了管理层收入业绩目标松弛的经济后果。在企业管理中，作为一种重要的目标管理手段，管理层业绩目标松弛的经济后果一直是学术界关注的焦点。国内现有研究大多从委托代理理论出发，认为管理层业绩目标松弛源于管理层与委托人之间的代理问题，认为它会导致资源配置失衡、激发盈余管理等不利行为，从而降低公司价值，并提出了一系列针对性对策。然而，作为企业预算管理过程中的普遍现象，管理层业绩目标松弛具有"双刃剑"效应。从权变理论的角度来看，业绩目标松弛也可能产生积极影响，能够为管理层提供更多的可支配资源，进而提升企业的风险承担水平，促进企业的创新，提高企业的盈余质量，并减少企业股价崩盘的风险。实证研究发现，管理层收入业绩目标松弛能够提高企业的风险承担水平，促进长期利益的实现。同时，尽管管理层收入业绩目标松弛会抑制企业创新，但高质量的会计信息能有效缓解这一负面效应。此外，管理层收入业绩目标松弛通过增强财务资源弹性和提高盈余质量，能够间接降低股价崩盘风险。

本书的理论贡献主要体现在以下几个方面。第一，丰富了高管-员工薪酬差距经济后果的研究。基于中国制度背景，本书以国务院国资委要求披露年度经营业绩目标为契机，动态考察了高管-员工薪酬差距对管理层收入业绩目标完成情况的影响，弥补了现有研究的不足，为公司完善治理机制提供了新思路。第二，揭示了高管-员工薪酬差距影响管理层收入业绩目标完成的路径。通过分析目标松弛、销售操纵、内部控制和全要素生产率的作用，本书揭示了高管-员工薪酬差距通过改善内部控制和提高生产效率来提升管理层收入业绩目标完成程度的机制。第三，扩展了管理层业绩目标松弛的研究框架。本书探讨了管理层收入业绩目标松弛对企业风险承担、创新、财务资源弹性及盈余质量的影响，并分析了它对企业股价崩盘风险的作用，为管理层业绩目标松弛的经济后果和企业股价崩盘的影响因素研究提供了新的视角。

# 目　录

# 绪　论

## 一　高级管理人员及薪酬差距

企业高级管理人员是指对企业各项方针政策的制定以及经营战略的实施有决策权的人员，直接关系企业未来发展。委托代理理论下，企业高级管理人员对企业的经营活动和经营业绩直接负责，以及对企业的经营业绩进行评价。与普通员工相比，企业高级管理人员兼顾员工和代理人两重身份。然而，针对高级管理人员身份的界定，国外学者有两种不同的观点。一方面，Hambrick和 Mason（1984）认为高管包括总裁以及同级别权力相当的管理人员，Mehran（1995）认为企业中薪酬排名前五位的管理人员是高级管理人员，Iaquinto 和 Fredrickson（1997）认为应该由总经理决定高级管理人员的身份。另一方面，其他学者认为企业高级管理人员应该包括董事会主席、首席运营官等人员（Carpenter and Sanders，2002）。Siegel 和 Hambrick（2005）从企业战略角度出发，将企业管理人员分成三个层级：第一层是总经理，第二层是财务总监、首席运营官和部门总裁等，第三层则为其他经理。总体来看，国外学者大多将高级管理人员定义为以总经理为核心，包括财务总监等对公司经营业绩有重要影响的人员。

国内学者对高级管理人员的定义存在一定的差异，国内的一些规章制度在高管的定义上也存在分歧。规章制度方面，《中华人民共和国公司法》将总经理、副总经理以及财务总监、董秘等视为高级管理人员。《上海证券交易所上市公司关联交易实施指引》认为企业高级管理人员包括董事长、总经理、副总经理以及财务总监和董秘等。证监会发布的《上市公司高级管理人员培训工作指引》将上市公司高级管理人员定义为董事长、总经理、各种董事与财务总监。相关理论研究方面，针对高级管理人员的界定有四个方面的观点。李增泉和卢文彬（2003）将高级管理人员仅仅定义为董事长，龚玉池（2001）、朱红军（2002）与谌新民和刘善敏（2003）将总经理纳入高级管理人员的概念中，陆正飞（2012）将董事会成员、副总经理、财务总监、董秘以及监事会成员视为高级管理人员。随着国有企业改革的不断推进，其他学者认为高级管理人员是企业薪酬较高的人（李琦，2003；林浚清等，2003）。本书认为高级管理人员包括董事长、总经理、财务总监与董事会秘书等，非高级管理人员则主要是普通员工。

企业内部薪酬差距体现了员工个体或员工群体间的薪酬差异（Lazear and Rosen，1981；林浚清等，2003；张正堂，2007）。

理论上，员工薪酬是员工辛勤劳动的结果，属于重要的人力资本，他们的薪酬往往由教育背景、年龄、职务以及工作能力等因素共同决定；但是在实务中，企业内部薪酬差距会受到地区经济发展水平、行业竞争程度以及国家宏观经济政策的影响。学者根据薪酬差距是否与企业直接相关原则，将薪酬差距分为内部薪酬差距与外部薪酬差距。外部薪酬差距是指企业与企业之间的薪酬差距，它往往受到国家宏观经济政策以及地区经济发展水平的影响，表现为地区间、行业间的收入水平差异，这类薪酬差距往往不具有可比性。内部薪酬差距则是企业内部员工之间的薪酬差距。根据锦标赛理论，薪酬差距在一定程度上能够激发员工的活力、增强员工的工作积极性。企业内部薪酬差距有一定的公平性，同时兼顾了竞争的作用，从而极大程度地激发了员工的活力。学者将企业内部薪酬差距分为高管团队内部的薪酬差距以及高管与（普通）员工之间的薪酬差距，本书研究的薪酬差距是指高管与员工之间的薪酬差距。

## 二 薪酬差距与管理层收入业绩目标

在国家强调供给侧结构性改革的背景下，我国企业面临较大的提质增效压力。业绩目标的设置能帮助管理层做出有效的决策，确定管理层未来努力的目标和方向，在目标导向下，管理层能自我加压，确保企业能提质增效地发展。此外，现代化公司的治理框架将管理层业绩目标作为预算执行系统的引领，管理层业绩目标成为员工绩效评价的标准，在企业管理控制系统中扮演着越来越重要的角色。管理层业绩目标作为一项综合化、显性的契约设计，能够帮助缓解管理层和股东之间的代理问题，成为一种重要的管理控制手段，越来越受到企业管理层和董事会的重视。

通过薪酬安排使得管理层与股东之间利益趋于一致，提升公司业绩水平已被众多文献证实（张泽南和马永强，2014）。随着我国经济高速发展而来的是收入分配的不均衡性，这种结构性失衡问题受到了学术界和实务界的广泛关注。管理学和经济学长期研究的一个热点问题就是如何充分利用薪酬契约，使之在企业产生明显的激励效应（Laffont and Martimort，2003）。根据人力资本理论，公司管理层和员工在公司收入方面的贡献是有差异的（Acemoglu，1997），这导致他们在薪酬方面也存在差距。国务院在1993年开始对国有企业的管理层薪酬制度进行改革，通过将公司业绩同管理层薪酬关联起来，扩大管理层与员工的薪酬差距以激发全体员工的工作积极性。然而，近年来，国家先后颁布了一系列的限薪令，旨在缩小国有企业管理层和员工的薪酬差距。这些政策表明，关于管理层与员工薪酬差距的激励效应并没有得到统一的结论（高良谋和卢建词，2015）。

薪酬差距有着"双刃剑"作用，它不仅会影响公司的业绩水平，也会带来社会公平性问题（Firth et al.，2006；方军雄，2009）。目前，业绩指标主要是指 EPS（每股收益）等利润指标，并且是绝对值，而收入业绩指标与传统的业绩绝对指标相比存在以下三个方面的差异。第一，销售不仅对资本市场的决策很重要，对上级评估经理业绩也很重要（Wei，2021）。Graham等（2005）的调查研究表明，高管认为销售额是三个最重要的业绩指标之一，仅次于收益和经营现金流。第二，在中国国有企业中，销售指标比盈利指标更常用。这是因为国有企业的收益受到政府补贴和税收优惠政策的影响，因此与销售收入指标相比，传统的业绩绝对指标包含的管理层努力信息较少。此外，在中国上市公司中，销售指标比盈利指标披露得更广泛（Wei，2021）。使用销售数据而不是盈利数据可以在更大的公司样本中进行实证检验。尽管如此，本书还是会使用盈利数据进行稳健性检验。第三，管理层收入业绩目标是公司薪酬激励机制的重要内容。在目标导向下，将目标完成情况与目标设置基准进行比较，能够直接反映管理层的努力程度，通过收入业绩目标完成程度衡量管理层努力程度较为客观。对于传统的业绩指标，人们只关注业绩目标期末的最终完成情况，而对于收入业绩指标，存在目标完成—执行—动态调整的完整链条，从收入业绩目标角度研究高管-员工薪酬差距的激励效应，丰富了业绩目标的研究层次。

研究高管-员工薪酬差距对管理层收入业绩目标的影响还需考虑以下几个问题。首先，在收入业绩目标完成情况方面，表面上薪酬差距提升了收入业绩目标完成程度，仍无法证明薪酬差距的锦标赛观点，其中可能涉及代理问题，如管理层为了提升收入业绩目标完成程度，可能事先降低营业收入目标的预测值——制定松弛的收入业绩目标（刘浩等，2014），而管理层业绩目标松弛是博弈行为的结果。

其次，在执行收入业绩目标的过程中，管理层与董事会间在公司经营方面存在信息不对称。尽管年末管理层完成了收入业绩目标，但这里面是否有管理层的隐藏和操纵行为难以观测（刘浩等，2014；潘飞和程明，2007）。比如，在收入业绩目标执行过程中，管理层可能会通过销售操纵行为来增加实际营业收入（刘浩等，2014；廖冠民和吴溪，2013），最终使得收入业绩目标完成程度较高。因此，分析高管-员工薪酬差距影响收入业绩目标完成的机制需要从积极方面和消极方面入手，打开管理层积极手段的"黑匣子"。

最后，收入业绩目标动态调整存在"棘轮效应"，即委托人将代理人过去的收入业绩目标完成信息作为下一期收入业绩目标设定的依据（Leone and Rock，2002；陈锡惠等，2018；Wei，2021），下一期收入业绩目标的设置基准与当期收入业绩目标完成程度正相关。由于信息不对称问题的存在，"棘轮效应"会使管理层降低当期收入业绩目标的完成程度，以降低下一期收入业绩目标的完成难度。因此，为了规避下一期收入业绩目标设置基准过高，管理层是否会降低当期收入业绩目标完成程度，而高管-员工薪酬差距能够抑制这一行为吗？在目标导向下，企业高管-员工薪酬差距是否影响了管理层收入业绩目标完成情况以及收入业绩目标动态调整行为（棘轮效应）成为理论界和实务界亟须回答的问题。

　　因此，从管理层收入业绩目标完成—目标执行—目标动态调整维度研究高管-员工薪酬差距的激励效应，能够全角度辨析薪酬差距的激励效应，为学术界与实务界关于薪酬差距激励效应的争论提供新的解释。

# 第一章　文献综述

## 一　管理层业绩目标的相关文献

根据研究主题，本节将从管理层业绩目标设置的影响因素、目标动态调整以及目标松弛三个方面对相关文献进行综述。

### （一）管理层业绩目标设置的影响因素

目前，学术界以社会学、心理学以及管理学等理论为支撑，探讨了管理层业绩目标设置过程中的影响因素，包括参与度、监管程度等（Anderson et al. , 2010；Bol et al. , 2010；Chow et al. , 1991），其中隐含的信息就是在设置业绩目标时，必须依据一定的信息源（Bol et al. , 2010；Ittner and Larcker, 2001；Dekker et al. , 2012）。学者从业绩目标设置的标准（合理水平）角度探讨了其影响因素，认为公司在设置业绩目标时一般参考历史信息、同行业的标杆信息以及公司未来的经营计划等，通过这三个途径来获取信息以期能够为合理的业绩目标设置提供及时充足的信息（Milgrom and Roberts, 1992; Ittner and Larcker, 2001; Merchant and Otley, 2006）。对于究竟选择何种信息源，必须考虑获取信息的成本、是否可操作以及信息的准确性三个要素。

在成本方面，Dekker 等（2012）研究发现，相对于其他两个信息源，历史信息（不论是上一年度的业绩还是以往年度的业绩增长率）具有成本低的优势，这里的成本主要是指狭义的成本。从广义来看，由于"棘轮效应"的存在，管理层往往会追求目标达成即可，不愿意超越目标，以此避免企业内部员工消极工作而出现消极比赛的行为（Anderson et al., 2010; 陈磊, 2017）。另外一个信息源——公司未来的经营计划，主要是根据公司的商业计划以及预算来制订的，相较于历史信息来说，基于未来经营计划的业绩目标的准确性和相关性更强，并且具有更大的预测价值，但是这会带来较高的成本（Anderson et al., 2010）。最后一个信息源——标杆信息，主要以同行业或者相似企业的业绩为基准设定，这种信息源的一个重要优势就是能够消除环境对这个行业造成的共同影响，从而更容易评估代理人的努力程度，对管理层干预业绩目标设定的能力进行约束，减弱管理层业绩目标设置的可操纵性（Frederickson, 1992; Holmström, 1999），但是这种信息源的一个劣势是需要耗费高额的成本，由于很难找到合适的标杆，该类信息很少被企业采用。

针对这三个信息源的利弊，学术界进行了大量的研究。

Leone 和 Rock（2002）认为在设置管理层业绩目标时，应该优先选择历史业绩作为基准。但是另外一些研究则发现，如果以历史业绩作为目标设置的基准，就会导致业绩目标出现"棘轮效应"，进而使得管理层在完成当期业绩目标时，有意降低努力水平，以规避下一期面临更高的目标设置基准（Bouwens and Kroos, 2011）。因此，如果使用绝对业绩指标作为评价的基础，则会使得管理层更容易干预业绩目标的设置，从而需要将标杆业绩加入业绩目标的设置中，作为基准，以克服绝对业绩指标的缺陷。

虽然学者围绕业绩目标设置的信息源，即业绩目标设置的基准进行了大量的研究，但是针对业绩目标完成情况的研究相对较少。陈磊等（2015）研究了高管激励（包括股权激励和货币薪酬激励）与业绩目标完成程度之间的关系，发现高管货币薪酬激励直接提升了管理层业绩目标完成程度，而股权激励替代了非线性的薪酬契约，与股权激励相比，货币薪酬激励具有更强的业绩敏感性。从契约执行的角度来看，如果管理层无法完成业绩目标，不仅无法得到奖金，而且会丧失控制权，乃至会被解雇（Merchant and Manzoni, 1989）。叶建芳等（2014）则从管理层变更的视角研究了它与管理层业绩目标完成程度之间的关系，发现 CEO 被替换的概率越高，管理层业绩目标完成程度越低，并且这种关系在国企表现得更显著。

## （二）管理层业绩目标动态调整及其经济后果

管理层业绩目标作为一种契约设计，能够为委托人有效评价管理层的努力程度以及衡量管理层的能力提供及时有效的信息，提升激励效果（Holmström，1982）；如果在薪酬契约设计时以业绩目标为导向，激励效应会更强（Locke and Latham，2006）。以此为基础，学者探讨了业绩目标设计所产生的经济后果。管理层业绩目标设计的一个重要经济后果就是"棘轮效应"的产生，并且这种效应会呈现不对称性：企业面临的投资机会越多，"棘轮效应"越明显。在管理层的薪酬契约中设定目标能够更容易产生激励效应（Bonner and Sprinkle，2002；Merchant and Van der Stede，2007），因为与绝对业绩数据相比，将目标业绩同实际业绩进行比较，能降低管理层对业绩的操控能力，从而更能够反映管理层的努力程度（Indjejikian and Nanda，2002）。

其他学者将业绩目标设置引入委托代理理论架构中，探讨了管理层业绩目标设置的经济后果。研究发现，如果将历史业绩作为业绩设置的基准，会导致在设定下一期业绩目标时，历史业绩如齿轮一样成为下一期目标的起点，产生"棘轮效应"。然而，由于"棘轮效应"的存在，管理层业绩目标设置会对高管激励造成负面影响，主要原因在于"棘轮效应"使得管理层业绩目标难降易升。由于管理层业绩目标完成与否以及完成程度会成为下一期业绩目标设置的依据，所以管理层会做出机会主义行为。在实践中，管理层年度绩效奖励的一个较为重要的依据就是管理层的业绩目标完成情况（Murphy，2000；Leone and Rock，2002；余思明等，2019，2020）。如果公司使用业绩目标完成情况作为绩效奖励的依据，管理层通常就会采取盈余管理的手段使得业绩刚好达标。Bouwens 和 Kroos（2011）发现由于存在"棘轮效应"，管理层通常会降低第四季度的努力程度，从而避免由于当期业绩目标完成情况较好而导致下一期的业绩目标较高。另外一些研究则发现，业绩"目标棘轮"不一定会负向影响薪酬契约的激励效应。

根据最优契约理论，不利用历史业绩信息作为业绩目标设置的依据，会缓解业绩目标设置过程中的"棘轮效应"问题（Milgrom and Roberts，1992；Indjejikian and Nanda，1999；张锡惠等，2018）。因此，委托人应该向代理人做出一定承诺以避免业绩目标"棘轮效应"带来的负面影响。Indjejikian 和 Nanda（2002）研究发现，如果公司未来业绩目标不受当期业绩影响的话，"棘轮效应"就会进一步增强薪酬的激励效应。Leone 和 Rock（2002）发现，如果管理层的当期目标是通过永久性盈余来实现的，下一期业绩目标完成难度就不会相应增加。而 Choi 和 Varian（2012）则发现管理层的业绩目标完成情况有序列相关性特征，如果公司当前完成情况较好，下一期完成情况也相对较好。Indjejikian 等（2014a）研究发现公司会灵活调整当期业绩目标，奖励当期业绩目标完成情况较好的管理层，惩罚业绩目标完成情况较差的管理层，Kim 和 Shin（2017）认为股权激励与管理层业绩目标"棘轮效应"不对称之间呈现相互替代的关系，而

Arce（2017）认为将同行业历史业绩的信息作为业绩目标设置的依据，会减弱"棘轮效应"的负向影响。

### （三）管理层业绩目标松弛

#### 1. 管理层业绩目标松弛的定义

管理层业绩目标松弛问题最早出现于 1940～1950 年，西方实务界在预算管理过程中发现预算人员思想僵化、员工消极怠工等问题。针对这些问题，心理学家 Argyris（1952）深入企业进行了调查研究，他建议应该让员工积极参与到预算编制过程中去，参与制定企业的业绩目标。但是他随后发现，即便让员工参与到业绩目标制定过程中去，效果也并不理想，主要是员工在预算编制时仍不愿意表达他们的真实意见，通常会倾向于隐藏部分真实的信息，通过隐藏信息来为他们随后的工作制造缓冲空间。Argyris 将这种行为定义为"伪参与"，后来的学者陆续发现了员工的"伪参与"问题。

Cyert 和 March（1963）以微观经济学的相关理论为基础研究发现，管理层业绩目标松弛产生于预算人员的谈判过程，当预算人员试图控制更多的资源时，就会产生管理层业绩目标松弛。Williamson（1963）的研究发现，预算的下属（主要是指经理）在预算编制时更有可能试图获得更为松弛的预算。Lowe 和 Shaw（1968）通过销售预测的数据研究发现，关于销售预测的预算也有可能被编制得较为松弛。Onsi（1973）通过到 5 个部门进行实地访谈，发现 32 位经理中有 80% 的经理认为在预算（成本、销售、价格）谈判过程中，存在争取松弛预算的目的。Leibenstein（1979）直接认为如果实际成本与最小成本间的差距达到30%～40%，就存在管理层业绩目标松弛。

尽管管理层业绩目标松弛行为在西方国家受到了足够的重视，但是针对管理层业绩目标松弛学术界尚未形成统一的定义。Merchant（1985）认为管理层业绩目标松弛是预算数额与实际所需数额的差值。Lukka（1988）认为管理层业绩目标松弛是指在预算编制时，预算参与人员有意制定较为容易实现的目标；因此，预算下属可能有意低估收入、高估成本，通过这些措施更有可能完成或者达到期望的业绩目标。该定义同Young（1985）对管理层业绩目标松弛的定义一致，Young认为当公司的下属有权力决定自身的工作标准，并以此作为自身绩效的评价标准时，下属会有意低报工作标准，被低报的数量就是管理层业绩目标松弛。Moene（1992）将管理层业绩目标松弛概括为预算核准的成本与实际最小的成本之间的差额。Mann等（1988）将管理层业绩目标松弛定义为高估成本、低估收入，或者通过有意低估收入以便更容易完成业绩目标。他们进一步指出，预算经理确定的预算资源量超过实际所需，或有意将实际生产能力低估。Waller（1988）将管理层业绩目标松弛定义为超过实际所需资源的那部分。Dunk（1993）将管理层业绩目标松弛定义为预算人员基于易完成等特殊目的，在预算编制时有意低估或高估造成的非恰当部分。Greenberg等（1994）、Anthony和Govindarajan（2000）以及Little等（2002）将管理层业绩目标松弛定义为本应根据企业实际经营情况及能力做出无偏估计的预算目标（包括成本、收入以及生产等），在实际执行过程中比较容易实现。Chow 等（1991）将管理层业绩目标松弛定义为有意影响业绩目标的行为，这些行为会降低管理层的预期水平。

潘飞和程明（2007）以 2001～2004 年的 A 股上市公司为样本，研究了管理层业绩目标松弛问题在我国上市公司中是否存在。研究发现，在披露信息的沪深 A 股上市公司中普遍存在管理层业绩目标松弛问题。王宣人（2011）基于潘飞和程明的衡量指标，发现 50% 的样本企业在 2006～2010 年存在管理层业绩目标松弛问题。张祎和宋效中（2017）将样本局限于房地产企业，发现将近一半的房地产公司存在管理层业绩目标松弛问题。于增彪和张双才（2004）将管理层业绩目标松弛视为预算管理过程中预算人员的一种逆向选择问题，这种逆向选择问题可能在预算编制或执行过程中出现。许云（2006）从于增彪和张双才的研究视角出发，认为存在管理层业绩目标松弛与预算计划的真实性相违背的现象，同时他将管理层业绩目标松弛分为自利性与明智性两种不同的类型，即管理层业绩目标松弛既可能是有害也可能是有利的。

根据已有的研究发现，不管是国外还是国内，管理层业绩目标松弛都是预算管理过程中普遍存在的问题。预算编制时，预算参与人员通常会故意虚报业绩目标，从而使最终制定的业绩目标是松弛的，具体体现为营业收入的低估或者成本或资源的高估，从而更加容易完成业绩目标。

**2. 管理层业绩目标松弛的影响因素**

国内外学者主要从组织层面研究了管理层业绩目标松弛的影响因素，具体包括预算参与、信息不对称、预算强调以及声誉机制等。

（1）预算参与的相关研究。预算参与主要是指预算的下属就其职责范围内的事务同上级分享、沟通，从而影响预算编制与执行过程（Milani，1975；Brownell，1982）。预算管理过程中的预算参与最初由 Argyris（1977）提出，Argyris 将预算参与视为缓解劳资双方矛盾、提高预算管理效果的有效方法。Hofstede 和 Knight（1969）以 6 家制造业企业为样本，通过案例研究发现预算参与是解决管理层业绩目标松弛问题的重要方法。随后，大量学者的研究都认为预算参与给企业的员工乃至整个企业带来了较为积极的影响，具体体现为提升员工的工作满意度、避免工作的角色模糊、提高业绩以及改善员工的工作态度，也能减少管理层业绩目标松弛问题。Cammann（1976）研究发现预算管理过程中预算参与行为较少会导致管理层业绩目标松弛问题增加。Onsi（1973）研究认为预算参与能够消除预算下属的业绩目标松弛问题。Young（1985）研究认为在预算编制时，预算人员承受了一定的社会压力，这会直接影响企业管理层业绩目标松弛的程度。此外，预算参与直接影响预算人员对预算程序与分配公平的认知（Kohlmeyer et al.，2014）。Su 和 Ni（2013）研究发现预算参与反向影响管理层业绩目标松弛。

另外一些学者研究得出预算参与诱发了管理层业绩目标松弛

这一截然相反的观点。Lowe 和 Shaw（1968）从理性经济人角度出发，研究认为理性的经理由于被允许参与到预算编制过程中，往往会基于个人的利益编制松弛的预算，从而完成业绩目标以获取奖励。Schiff 和 Lewin（1968）的研究也发现，在将预算业绩作为预算下属的奖惩依据时，预算下属会在预算参与过程中有意编制松弛的预算。Brownell 和 McInnes（1986）指出，如果预算下属试图从预算参与过程中获利，尤其是预算业绩同预算下属的报酬有关，当预算下属在预算参与过程中就业绩目标谈判时，就会产生管理层业绩目标松弛问题。Lukka（1988）的研究进一步支持预算人员的高度参与直接增加了管理层业绩目标松弛发生的机会；相反，低程度的参与降低了管理层业绩目标松弛发生的概率。国内学者高严（2009）研究发现预算参与增加了管理层业绩目标松弛发生的概率。

上述研究表明，预算参与虽然影响了管理层业绩目标松弛，但预算参与与管理层业绩目标松弛之间既有可能是正相关关系，也有可能是负向关系，预算参与主要通过工作满意度、业绩评价、工作角色的模糊以及预算强调间接提高或降低管理层业绩目标松弛程度。总之，预算参与是影响管理层业绩目标松弛的一个重要因素。

（2）预算管理过程中的信息不对称相关研究。预算管理时，预算代理人（主要是指预算下属）就自身生产能力与公司经营情况拥有信息优势，而预算委托人（主要是预算上级）拥有信息劣势，这就产生了信息不对称（Baiman and Evans，1983；Penno，

1984）。Chow 等（1988）的研究表明，很多企业的预算下属在企业经营业绩等方面相对于股东拥有信息优势。

学者从预算管理过程中的信息不对称角度探讨了管理层业绩目标松弛的影响因素。Baiman 和 Evans（1983）研究认为如果预算下属拥有足够多的企业信息，在参与式预算管理控制模式下，预算下属被允许交流信息，这些私人信息一旦融入业绩考核和评价，管理层业绩目标松弛程度就低；相反，预算下属如果有意错报或隐瞒部分私人信息，最终的预算指标就会存在管理层业绩目标松弛。下属有意瞒报信息使得本已松弛的业绩目标更容易完成，下属付出少许努力就能够获得基于业绩目标的奖励。因此，下属更愿意编制松弛的预算，从而完成业绩目标。Waller（1988）研究发现，如果下属认为预算上级在制定业绩评价标准时会采纳他们的私人信息，预算下属就会有更强的动机来隐瞒信息或歪曲预算，编制更为松弛的预算以便更容易完成目标，尤其是当预算指标直接与下属的薪酬挂钩，且预算又是参与式的时，信息不对称的问题表现得更为明显。这与我们的预期相符，因为一旦经理的薪酬直接与业绩目标完成情况相关，并且他们的信息又会被用于业绩评价标准的制定，这种信息不对称就会导致管理层业绩目标松弛问题的产生（Christensen，1982）。Young（1985）进一步证明了私人信息的存在会使得预算下属有意高报所需要的资源，或者低估产能。

国内学者宋岩（2001）较早地研究了管理层业绩目标松弛问题，他认为预算基层或下属与预算上级之间的信息不对称和利益冲突导致了管理层业绩目标松弛问题的发生。潘飞和程明（2007）首次通过实证方法证明了代理问题是管理层业绩目标松弛的重要原因之一。而郑石桥等（2008）在潘飞和程明的基础上，结合权变理论进一步证明了代理问题与环境不确定性均是管理层业绩目标松弛问题的重要原因。虽然已有的研究都发现了信息不对称与权变理论下的环境不确定性均是管理层业绩目标松弛的重要原因，但尚未形成较为统一的结论。另外一些学者，如张朝宓等（2004）运用实验研究方法证明了预算公平性、信息不对称性、信息透明性等均显著影响了管理层业绩目标松弛行为，信息不对称性与管理层业绩目标松弛呈正相关关系，而真实诱导报酬计划会负向调节信息不对称性与管理层业绩目标松弛之间的关系。此外，预算公平性与信息透明性也会负向调节这种关系。

（3）预算强调的相关研究。预算强调的内涵就是公司日常管理与控制的核心围绕预算展开，公司各部门及其员工的绩效考核、薪酬计划以及奖惩的依据就是预算中的业绩目标完成程度。Collins（1978）的研究虽然没有直接发现预算强调与管理层业绩目标松弛有关，但他仍然推断如果业绩目标未设置在合理的水平，经理们就会有意编制松弛的预算。Lowe 和 Shaw（1968）与 Fama（1980）研究发现，业绩标准的制定以及管理层之间的相互竞争会抑制管理层业绩目标松弛。

然而，更多的学者认为在预算控制系统中应用业绩评价（即预算强调）是管理层业绩目标松弛产生的一个重要因素。如 Hopwood（1972）研究了非财务指标等业绩评价系统对管理层业绩目标松弛的影响，研究发现如果经理们更加强调预算，他们的异化行为就会表现得更为明显，具体体现为管理层业绩目标松弛。Onsi（1973）的研究发现，经理们制造管理层业绩目标松弛的主要目的是完成业绩目标，尤其是当股东对业绩目标关注程度更高时，经理们制造管理层业绩目标松弛的意图就更为明显。Cammann（1976）的研究发现当上级在薪酬、奖励等分配上更强调业绩目标时，下属就更有可能制造管理层业绩目标松弛。Baiman 和 Evans（1983）研究发现，如果委托人在业绩评价时依据预算控制系统的信息，代理人在预算参与过程中就更有可能隐藏私人信息，从而造成管理层业绩目标松弛问题。

另外的一些文献发现预算强调并非管理层业绩目标松弛行为的充分条件，它同信息不对称一起主要是通过预算参与而成为管理层业绩目标松弛行为的必要条件。Christensen（1982）的研究表明，在高程度的预算参与和高水平的信息不对称情况下，预算下属会试图通过谈判编制松弛的预算；当信息不对称程度较低而预算强调水平较高时，预算下属虽然想编制松弛的预算，但无能力编制松弛的预算（Chow et al. , 1988；Penno，1984；Waller，1988）。因此，只有在高程度的预算参与下，预算下属才有制造管理层业绩目标松弛的机会（Lukka，1988）。Dunk（1993）进一步研究了信息不对称、预算参与和预算强调三者的共同作用对管理层业绩目标松弛的影响，研究发现三者的程度越高，管理层业绩目标松弛程度越低；反之，管理层业绩目标松弛程度越高。但Buzzi 等（2014）的研究则发现如果公司信息不对称程度较高，更加重视预算参与，管理层业绩目标松弛程度就会更高。

以上研究证明了预算强调是影响管理层业绩目标松弛的一个重要因素，但没有形成统一的结论。尤其是考虑了其他因素后，预算强调对管理层业绩目标松弛的影响更加复杂。

（4）声誉机制的相关研究。契约设计不完全时，声誉机制下代理人更有可能做出利己的机会主义行为（Baiman，1990），而完善治理机制能够有效地应对相机事件发生时出现的机会主义行为（Williamson，1963，1985，1996）。学者们从相机激励机制与再谈判机制两个方面提出了完善治理机制的途径。相机激励机制是指根据市场环境和公司状况灵活调整激励政策；再谈判机制是指如果发生了相机事件，代理人就报酬、行动等问题同委托人重新进行协商。一旦出现相机事件，代理人与委托人之间的"讨价还价"能力就直接影响双方的行动。

Baiman（1990）研究了预算控制模式与预算行为之间的关系，认为预算控制模式不同，预算的下属与上级之间的信息就不同，这些信息会影响预算上下级之间的讨价还价能力，因此会直接影响他们的系列行为。在企业实践过程中，相机激励普遍存在，比如员工的工作认可、股权激励、职务晋升、奖金与薪酬的发放等，这些相机激励并非事先就确定了。因此，下属对声誉的关注（在预算方面表现为对管理层业绩目标松弛的倾向性以及制造管理层业绩目标松弛带来的声誉）均会影响这些相机激励的发生。Young（1985）研究认为下属的业绩目标松弛行为受到社会压力的影响。下属承担的社会压力会使得他们认为一旦制造了业绩目标松弛，上级就会将他们视为偷懒的员工或者不如实报告预算信息的员工，为了减轻上级的这些感受，下属会避免管理层业绩目标松弛问题的产生。Dunk 和 Nouri（1998）研究发现预算下属在制造管理层业绩目标松弛时，会将与自身利益相关的自信、自我约束以及责任等因素考虑进去。Evans 等（2001）认为如果预算下属对自身的声誉更加关注，在设计激励契约时，预算下属就会更愿意如实报告预算信息。Stevens（2002）研究认为如果预算下属将自己的管理层业绩目标松弛行为视为不诚实或与社会公正等规范不符，基于维护自身声誉的考虑，他们就更不愿意编制松弛的预算。Webb（2002）以预算可靠性为出发点，研究了声誉与管理层业绩目标松弛之间的关系。研究发现，如果业绩目标更为容易完成，管理层就会将不可靠的业绩目标归咎于下属。Brickley 等（1997）研究发现下属对声誉的关注受到真实报告与不真实报告业绩目标所带来的收益影响：不如实报告业绩目标带来的收益越高，下属对声誉的关注度就越低。

翟月雷（2010）建立了多期博弈下的预算声誉模型，他采用实验研究方法研究了预算声誉、预算控制松紧度与管理层业绩目标松弛之间的关系。研究表明：参与式预算控制方式与管理层业绩目标松弛之间呈负相关关系，这种关系在声誉机制较强的一组表现得更为明显。郑石桥和丁凤（2010）建立了单一的声誉控制模型，得出了同样的结论。吴粒（2012）进一步考虑了道德认知和声誉二者共同对管理层业绩目标松弛的影响。研究发现，道德认知和声誉均会抑制管理层业绩目标松弛，并且声誉的影响更加受到道德因素的驱动。

已有的研究均表明，声誉机制会使得下属在预算管理过程中报告更多的信息，从而缓解信息不对称问题，抑制管理层业绩目标松弛行为的发生。

（5）业绩目标特征的相关研究。已有的研究发现业绩目标的公平性、完成难度以及清晰度等特征均与管理层业绩目标松弛倾向有关。业绩目标公平性是指预算管理过程中目标设置、预算分配及预算结果是否平等与公正。预算分配及预算结果的公平性主要体现为业绩目标的可完成性，如果想要完成业绩目标，在目标设置时，尤其要重视预算分配及预算结果的公平（Lindquist, 1995）。在业绩目标公平的情况下，允许预算参与会提升企业的业绩以及员工的工作满意度。另外一些研究发现如果预算程序是公平的，公司的业绩就会显著提升。Libby（2001）采取实验研究方法研究发现，预算程序公平通过减少下属的松弛行为来提升公司业绩，即预算程序公平会减少管理层业绩目标松弛行为。

Yuen（2004）基于业绩目标清晰度研究了管理层业绩目标松弛的影响因素。研究发现，清晰的业绩目标更容易被下属所理解，从而能够得到有效执行，这有助于降低管理层业绩目标松弛程度。Locke 和 Schweiger（1979）也发现业绩目标越清晰，越能够更好地指导员工工作，提升公司业绩；相反，模糊的业绩目标会造成员工的不满、紧张，导致工作处于无序状态。业绩目标不清晰，会使得预算执行人员在实现业绩目标时具有高度的不确定性感觉，而不确定性会增加执行人员的工作压力，为了缓解这种压力，预算执行人员更有可能编制较为松弛的预算（Ross，1995）。已有的研究还发现，业绩目标清晰度与管理层业绩目标松弛倾向之间呈显著的负相关关系。

还有一些学者研究了组织目标的设置对行为的影响，形成了两种相互对立的观点（Fried and Slowik，2004；Latham and Kinne，1974；Locke and Latham，1990）。一些学者认为目标难度推动了绩效的改善。Locke 和 Latham（1990，2002，2006）的研究发现，与无目标相比，精确性的目标和难度较高的目标能够促使员工更加努力，并且获得心理和物质的益处。Knight 等（2001）的研究发现获取更好绩效的好处就是设置难度更高的目标。另外一些学者则发现在特定情况下，目标难度导致了消极的后果（Barsky，2008；Ordóñez et al.，2009）。困难的目标扭曲了风险偏好，降低了关注度和满意度，并会导致管理层业绩目标松弛以及其他的非道德行为（Larrick et al.，2009；Staw and Boettger，1990；Galinsky et al.，2002；Barsky，2008；Schweitzer et al.，2004）。Schweitzer 等（2004）研究发现，当参与者分配到的总目标难以实现时，生产任务中的参与者更不诚实地报告他们的生产水平，即产生管理层业绩目标松弛行为。

（6）薪酬计划的相关研究。薪酬计划作为一项显性的激励机制直接影响管理层业绩目标松弛倾向。已有的研究将薪酬计划分为真实诱导报酬计划与松弛诱导报酬计划，而真实诱导报酬计划对预算有重要的影响（Ijiri et al.，1968；Weitzman，1976）。如果管理层是风险中立的，真实诱导报酬计划会促使管理层积极披露与业绩有关的信息，从而最大限度地提升公司业绩（Weitzman，1976；Kren and Liao，1988；Waller，1988）。

Chow 等（1988）进一步采用实验研究方法，研究了真实诱导报酬计划与松弛诱导报酬计划对管理层业绩目标松弛的影响。研究发现，如果信息不对称不存在，二者对管理层业绩目标松弛的影响无差别，但在信息不对称存在时，相对于真实诱导报酬计划，松弛诱导报酬计划对管理层业绩目标松弛的影响更为显著。Waller（1988）选取了 51 名会计主管作为实验对象，在考虑了管理层的风险态度后研究发现：在松弛诱导报酬计划下不管是风险中立还是风险厌恶的管理层，都有可能编制松弛的预算；而在真实诱导报酬计划下，风险中立的管理层更不愿意编制松弛的预算，而风险厌恶的管理层更有可能编制松弛的预算。因此，真实诱导报酬计划对风险中立的人员更有效。

尽管大量的实验研究已经证明不同报酬计划对管理层业绩目标松弛的影响，但这些计划并未被应用于实践，因为已有的研究主要采用的是实验研究方法，很少采用经验研究，有效性不强（Waller，1988）。虽然已有的研究发现真实诱导报酬计划与管理层业绩目标松弛呈负相关关系，但这种计划无法彻底消除管理层业绩目标松弛，对公司的利润等指标也会产生不利影响，这也是它很少被企业所采用的一个重要原因。为了最大限度地降低管理层业绩目标松弛行为发生的可能性，提升公司的业绩，预算管理过程中委托人会将生产、销售人员的薪酬同预算指标挂钩，因为这能够增强他们的工作积极性以及提高他们的工作满意度，从而增强合作（Shields and Young，1993）。Fisher 等（2002）研究发现如果将预算作为企业人、财、物等资源配置的依据，并且将薪酬与预算挂钩，就有可能抑制企业的管理层业绩目标松弛。他们通过实验研究发现如果将预算作为业绩考核以及资源配置的依据，预算下属就不太在乎管理层业绩目标松弛，并且这会提升公司业绩。此外，预算下属之间披露彼此的信息也有可能抑制管理层业绩目标松弛。

国内学者郑石桥等（2008）研究了信息不对称性、报酬方案、代理问题以及环境不确定性，实验研究表明这些均是造成管理层业绩目标松弛的重要因素。程新生等（2008）和高严（2009）均发现了真实诱导报酬计划与管理层业绩目标松弛之间呈负相关关系，而松弛诱导报酬计划与管理层业绩目标松弛之间呈正相关关系，即松弛诱导报酬计划是造成或加剧管理层业绩目标松弛的重要原因。刘俊勇等（2019）进一步结合心理学的"大五人格"理论研究了管理层业绩目标松弛的影响因素，通过实验研究发现：在不同人格特质下，不同的激励方案对管理层业绩目标松弛产生了不同的影响，真实导向报酬方案比松弛导向报酬方案更能够抑制管理层业绩目标松弛行为；进一步地，这种影响对随和性更强和尽职程度更高的管理层业绩目标松弛影响更大。

已有的文献表明，设计真实诱导报酬计划能够减少管理层业绩目标松弛行为，但这种关系还会受到预算人员对风险态度与偏好的影响，如果仅仅依靠以往的薪酬计划就会加剧管理层业绩目标松弛，但是在考虑一些竞争性因素后，薪酬计划对管理层业绩目标松弛的影响减弱，未来应该考虑多项薪酬机制对管理层业绩目标松弛的影响。

### 3.管理层业绩目标松弛的经济后果

针对管理层业绩目标松弛的经济后果，虽然国内外学术界进行了系列的研究，但得出的结论截然不同，主要归结为三类。

第一类是管理层业绩目标松弛的有害论。持这类结论的学者普遍认为管理层业绩目标松弛会增加公司的运营成本，错配企业的资源，进而降低公司的经营效率。并且管理层业绩目标松弛会让员工养成不诚实的习惯，导致破坏公司的诚信文化，损害其他部门和员工的利益（Jensen，2002，2003），从长远来看不利于公司的健康发展。这些学者都认为管理层业绩目标松弛是预算管理过程中的一种功能异化现象（Collins，1978），会导致企业的股东、管理层利用的预算信息失真，不利于他们做出有效的决策（Greenberg et al.，1994）。国内学者祝红月（2003）和黄海梅（2004）均发现管理层业绩目标松弛程度越高，企业的经营效率越低，主要原因是松弛的管理层业绩目标更为容易实现，这对于员工工作积极性的增强不利，为预算执行人员的经营失误、偷懒等行为提供了掩饰。马勇（2004）的研究进一步发现管理层业绩目标松弛不利于公司业绩的提升。王桂萍（2005）的研究发现管理层业绩目标松弛损害了员工的工作积极性，不利于激发员工的潜能，浪费了公司的成本，使得业绩考核不公平。潘飞和程明（2007）的研究发现代理问题是造成管理层业绩目标松弛的重要原因，并且它损害了公司的长短期业绩。罗彪和李嘉玲（2012）的研究发现管理层业绩目标松弛使得管理层更加容易操控业绩，提高了公司的盈余管理程度。柳佳（2017）研究发现在业绩目标"棘轮效应"存在的条件下，管理层业绩目标松弛会降低企业的业绩评价水平。刘元玲（2016）的研究发现管理层业绩目标松弛会诱发管理层的短视行为。

第二类观点认为管理层业绩目标松弛是有益的，主要原因是管理层业绩目标松弛有利于减轻员工的工作压力，并且为部门分配足够的资源，有利于他们应对外来的环境不确定性，提升经营能力（Caiden，1978；Merchant and Manzoni，1989）。Merchant（1985）的研究表明管理层业绩目标松弛使得预算执行人员拥有一定的自由裁量权，这能够帮助他们应对突发状况，减轻风险冲击带来的压力。Lukka（1988）研究了管理层业绩目标松弛与环境不确定性的关系，发现如果存在较高的风险，管理层业绩目标松弛能够帮助预算下属获得应对风险所需要的资源，以备不时之需。安灵和沈青青（2016）以我国沪深A股上市公司为研究对象，分析了管理层业绩目标松弛对高管变更的影响，发现在高管变更这一重大治理事件中，管理层业绩目标松弛能减弱高管变更概率与高管权力之间的敏感性，且管理层业绩目标松弛与高管权力之间存在替代效应，在高管权力不足以抵抗变更风险时，可通过管理层业绩目标松弛降低变更风险。

第三类观点认为管理层业绩目标松弛既可能有益也可能有害，具体如何取决于管理层业绩目标松弛程度的高低，他们对管理层业绩目标松弛的经济后果持折中的态度。Van der Stede（2000）认为管理层业绩目标松弛并不总是对企业不利的，应该存在一个最优的水平，管理层业绩目标松弛程度过高、过低均是不好的，因此需要根据管理层业绩目标松弛的程度来研究管理层业绩目标松弛的经济后果。理论上，企业面临各种风险，应对外部的环境不确定性，企业需要一定程度的管理层业绩目标松弛，管理层业绩目标松弛对于企业风险承担水平的提升有一定作用。但是如果将管理层业绩目标松弛用于管理层牟取私利的话，管理层业绩目标松弛就会损害企业的健康发展。国内学者许云（2006）和宋岩（2001）的研究认为管理层业绩目标松弛可能是一把"双刃剑"，对公司产生的影响既可能是消极的也可能是积极的，不应该"一刀切"。

综上所述，虽然国内外学者针对管理层业绩目标松弛的经济后果进行了系列研究，但研究成果相对较少，并且大多基于理论归纳，缺乏经验研究。主要原因在于预算中的业绩相关数据是企业内部管理所需要的，学者难以获取，并且预算涉及企业的生产经营、风险决策、创新，受到外部投资者的广泛关注。需要根据预算的流程进行系统的实证研究，为深入理解管理层业绩目标松弛提供经验证据。

## 二　薪酬差距的经济后果

对于提升管理层的工作效率，薪酬契约安排被视为一种有效的手段（Jensen and Meckling，1976；Jensen and Murphy，1990）。关于企业薪酬的一项重要研究内容就是内部薪酬差距，内部薪酬差距直接影响公司和管理层的各项经济行为（张必武和石金涛，2005；张昭等，2020）。在国有企业改革与市场化进程不断推进的背景下，将企业经营业绩直接作为高管薪酬的依据，将二者挂钩，能够打破大锅饭思想，提升员工的工作效率（周静和辛清泉，2017；任广乾，2017；陈仕华等，2020）。党的十九大报告强调，要推动收入分配更加合理。改革开放以来，我国的贫富差距拉大，其中很大的原因就是收入分配不合理，这极大地损害了"共享发展成果"这一分配原则。因此，为了缩小贫富差距，促进社会公平正义，国家先后颁布了"限薪令"等系列措施和政策。我国监管机构对薪酬政策不断进行改革的一个重要原因就是薪酬激励所产生的后果引发了理论界和实务界的广泛关注。由于研究主题主要集中于高管-员工薪酬差距这一内部薪酬差距，本书主要从内部薪酬差距视角探讨了其经济后果。

学术界围绕锦标赛理论和行为理论这两种相互竞争的理论研究了内部薪酬差距所带来的经济后果，得出了截然相反的结论。锦标赛理论下，学者认为薪酬差距能够提升公司的经营管理效率，增强员工的工作积极性，主要原因在于薪酬差距能够激发员工之间的竞争，因此保持适当的薪酬差距是必要的。在锦标赛理论下，企业职工直接参与晋升比赛，对薪酬的变动较为敏感，因此扩大薪酬差距，能够降低管理层的监督成本，并且激发低层级员工的工作积极性，促使他们更加努力工作，从而可以促进公司资源的优化配置。而行为理论则认为内部薪酬差距会加剧员工被剥夺的感觉，这会削弱员工的工作积极性，降低公司的资源配置效率，对公司业绩产生负面影响（黄辉，2014；吴成颂和周炜，2016）。国际金融危机后，上市公司高额的高管薪酬引发了公众的严重质疑，由此政府部门不断完善上市公司薪酬披露制度，围绕内部薪酬差距的经济后果研究主要集中在公司业绩、盈余管理、企业风险承担与企业创新等方面。

## （一）薪酬差距与公司业绩

学术界基于锦标赛理论与行为理论研究了薪酬差距对公司业绩的影响，获得了较为丰富的经验证据。锦标赛理论下，薪酬差距能够激发员工的工作热情，增强其工作积极性，进而提升企业的经营业绩。因此，薪酬差距可以作为一种有效的激励机制。然而，行为理论下内部薪酬差距负向影响公司业绩，产生负向激励效应。另外，一些学者结合我国的经济转型背景研究了国有企业内部薪酬差距的经济后果，发现在国有企业，薪酬差距与公司业绩间表现出非线性关系。在我国的国企中，内部薪酬差距与公司业绩呈现倒 U 形关系，即在一定范围内，内部薪酬差距会提升公司业绩，超过一定程度，内部薪酬差距会降低公司业绩，即产生了负向激励效应。还有部分学者认为经营业绩并不会受到内部薪酬差距的影响，下面将围绕这几个观点进行文献述评。

一些学者认为内部薪酬差距有利于增加公司的业绩，这类学者都以锦标赛理论为基础，将内部薪酬差距比作竞赛，竞赛的胜利者将获取丰厚的奖金，薪酬差距的这种原理直接影响员工的工作积极性。Bull（2009）运用实验研究方法，分析了锦标赛理论下各个参赛者的行为表现，研究表明在锦标赛这种薪酬激励机制下，参赛者会因为较大的薪酬差距而提高努力程度。Becker 和 Huselid（1992）为了判断锦标赛理论是否正确，通过赛车比赛进行实证检验。他们将赛车手分成先到者与后到者，根据类别给予差异化的奖金。研究发现，由于先到者与后到者之间的奖金差距，先到者与后到者的参赛成绩均显著提升。

随着我国市场经济的不断发展，企业逐渐将内部薪酬差距引入内部管理实践中，学术界与实务界围绕薪酬差距的经济后果进行了广泛的研究，并将锦标赛理论引入公司治理的相关研究中。Main 等（1993）是较早研究内部薪酬差距对公司业绩影响的学者，借助锦标赛理论，他们的研究表明较大的内部薪酬差距提升了会计收入，尤其是当以总资产收益率和股票收益率衡量公司业绩时，这种关系更为明显，并且内部薪酬差距与公司业绩之间的关系随着高管规模的不断扩大而加深。Henderson 和 Fredrickson（2001）通过将内部薪酬差距分成高中低三组，检验内部薪酬差距是否产生了激励效应。研究表明，内部薪酬差距大的一组资产收益率高，进一步证明了锦标赛理论的观点。Lee（2008）发现了内部薪酬差距与公司股票价格之间的关系，研究发现内部薪酬差距显著提高了股票价格，同样说明了内部薪酬差距产生了正向激励效应。Jirjahn（2010）发现内部薪酬差距与公司业绩之间并非线性关系，而是会受到激励方案、工资制度等因素的影响。另外一些学者则将公司的业绩分为短期业绩与长期业绩，探讨了内部薪酬差距对公司长短期业绩的影响。研究发现，内部薪酬差距有利于提升公司短期业绩，而不利于企业长期业绩（Connelly，2012）。

由于我国目前处于经济转型时期，学者针对内部薪酬差距的激励效应得出了众多不同的结论，但是总体来看，大多还是支持锦标赛理论，如高管团队内部薪酬差距显著增加了公司的价值（林浚清等，2003）。另外一些学者将企业分为强成长性与弱成长性两种类别，研究了高管团队内部薪酬差距与公司业绩之间的关系在这两种不同类型企业下是否存在差异。研究发现，高管团队内部薪酬差距与公司业绩之间的关系在弱成长性企业表现得更为明显（张鸣和陈震，2006）。刘春和孙亮（2010）的研究表明高管-员工薪酬差距越大，公司价值越大，市场化进程正向调节了高管-员工薪酬差距与公司价值之间的关系。梁彤缨等（2013）以锦标赛理论为支撑，研究了高管团队内部薪酬差距与公司业绩的关系，同样证明了薪酬差距的正向激励效应。并且高管团队内部薪酬差距的激励效应受到整个团队整体薪酬水平的影响，整体薪酬水平越高，投入产出比也越高，公司业绩越好。另外一些学者同样证明了内部薪酬差距的锦标赛理论，他们进一步探讨了内部薪酬差距在不同内部控制、企业生命周期下的差异。研究发现，内部控制质量越高，激励效应越明显；企业处于成长期，薪酬差距的激励效应更为明显（陈汉文和黄轩昊，2019；梁上坤等，2019）。

其他学者发现内部薪酬差距产生了负向激励效应，降低了公司的经营业绩。Cowherd 和 Levine（1992）认为高管-员工薪酬差距越大，引发的不公平感就越强，差距越大，员工越有可能感觉被剥夺，因此薪酬差距极大地影响员工的工作积极性，导致员工出现消极怠工、偷懒行为。相对于均等薪酬，内部薪酬差距同样也非最优的，主要原因在于在较为良好的环境中，如果无法完全准确区分不同人员的边际产出，薪酬差距就可能会降低公司的经营业绩。

部分学者进一步将政治经济学的理论纳入内部薪酬差距的研究框架，他们认为高管为了追求个人利益最大化，有意缩小薪酬差距，一旦员工认为薪酬差距是管理层自我利益的权衡，组织的和谐环境就会被破坏，而这会减弱员工的工作积极性，即内部薪酬差距产生了负向激励效应（Milgrom and Roberts，1988）。与此类似，Shapiro 和 Siegel（2007）研究发现内部薪酬差距导致员工之间相互竞争，而竞争会使得员工之间相互猜忌，降低企业内部沟通效率，进而降低公司的经营业绩，即内部薪酬差距产生了负向激励效应。Arnold 等（2012）以丹麦的公司为研究样本，同样证明了内部薪酬差距产生了负向激励效应，并且这种负向激励效应在白领人员中表现得更为显著。Martins（2005）以行为理论为依据，以葡萄牙的企业为样本，同样证明了薪酬差距的负向激励效应观点。

还有一些学者运用不同的指标来衡量企业经营业绩，研究发现，内部薪酬差距会降低企业的劳动生产率，而工会力量会负向调节内部薪酬差距与劳动生产率之间的负向关系（Faleye et al.，2018）。Fredrickson 等（2010）研究了高管之间的薪酬差距对公司业绩的影响，研究发现，高管之间的薪酬差距会降低企业的经营业绩，并且这种关系受到股价波动幅度的影响：股价波动幅度越大，高管团队内部薪酬差距与经营业绩之间的负相关关系越弱。

国内学者张正堂（2007）将儒家文化引入内部薪酬差距的激励效应研究中，主要原因在于锦标赛理论无法解释我国企业内部薪酬差距的作用，因此需要结合我国的文化背景，将不同的理论引入薪酬差距相关研究中。一些学者从行为理论出发，发现我国上市公司内部薪酬差距会降低公司的经营业绩（张正堂，2008）。李绍龙等（2017）以公司管理层为研究对象，发现同层级管理层由于职务等相似，往往更倾向于比较薪酬，内部薪酬差距越大，越不利于增强管理层的工作积极性，从而内部薪酬差距会降低公司的业绩。步丹璐和王晓艳（2014）将政府补助纳入薪酬激励机制中，发现企业内部薪酬差距虽然会提升企业经营业绩，但是政府补助会负向调节二者之间的关系。

由于市场经济的不断发展以及市场竞争激烈程度的不断提升，影响薪酬差距的因素变得日益复杂，学者不再单一强调某一种理论的正确性，而是将锦标赛理论与行为理论结合起来研究内部薪酬差距的经济后果。他们发现公司内部薪酬差距与公司业绩之间呈现倒 U 形关系，即只有将薪酬差距维持在一定范围之内，才会产生激励效应（Bingley and Eriksson，2001）。Ridge 等

（2015）得出了类似的结论，他们发现行为理论的结论在内部薪酬差距较小时得到验证，而锦标赛理论的结论在薪酬差距较大时得到验证。

还有一些学者认为内部薪酬差距下的行为理论与锦标赛理论并不是相互替代的关系，而是呈现相互统一的关系，需要结合企业的具体特征及其所处的环境来分析内部薪酬差距的经济后果（Gupta et al.，2018）。基于上述研究结论，Trevor 等（2012）研究发现内部薪酬差距在员工方面既有甄选效应，同时又有激励效应，由此导致内部薪酬差距与企业业绩的关系变得更加复杂。

学者围绕薪酬差距下的锦标赛理论和行为理论进行了实证研究，获得了大量的经验证据。后来的学者采用二次曲线回归，全面验证锦标赛理论与行为理论，他们的研究发现内部薪酬差距与公司业绩之间呈现先上升后下降的倒 U 形关系，即当内部薪酬差距较小时内部薪酬差距会提升公司的业绩，而在超过一定程度后内部薪酬差距则会降低公司的业绩（陈丁和张顺，2010；石永拴和杨红芬，2013）。由于我国正处于经济转型时期，尤其是国企面临的薪酬改革制度和方案处于不断变化过程中，学者以国企为研究对象，发现国有企业的内部薪酬差距与公司业绩之间呈现非对称性关系，主要体现为国企内部薪酬差距呈现边际递减的门槛现象（高良谋和卢建词，2015）。郝东洋（2016）在此基础上研究了内部薪酬差距与公司经营业绩倒 U 形关系的异质性特征，发现这种倒 U 形关系在不同市场竞争程度下具有差异性。

## （二）薪酬差距与盈余管理

盈余管理是管理层操纵企业业绩的一种手段，受到管理层激励机制的影响。在我国经济转型时期，薪酬激励直接诱发了企业的盈余管理行为，因此学者认为内部薪酬差距同样影响了企业的盈余管理。俞震和冯巧根（2010）的研究发现内部薪酬差距导致了企业盈余管理行为的发生，证明了薪酬契约假说，同时也说明加大内部薪酬差距会诱发管理层追求私利的动机和欲望，进一步引发盈余管理行为。随着我国国有企业薪酬机制和制度的不断改革，政府出台了"限薪令"，以及不断优化国企负责人绩效考核制度，学者开始关注内部薪酬差距与盈余管理是否受到产权性质的影响。玄文琪（2012）将薪酬差距的公平理论引入盈余管理的研究中，发现内部薪酬差距提高了盈余管理程度，但是这一关系受到产权性质的影响。部分学者研究了薪酬差距与盈余管理之间关系的其他调节变量，如股权集中度正向调节了薪酬差距与盈余管理间的关系（杨志强和王华，2014）。张泽南和马永强（2014）发现市场化进程正向调节了内部薪酬差距与盈余管理之间的关系，即市场化程度越高，内部薪酬差距越能提升盈余管理程度，并且市场化进程的调节作用在国企表现得更为明显。杨薇和孔东民（2019）发现了薪酬差距与盈余管理程度负相关，并且这种关系受到外部监督机制的影响。

### （三）薪酬差距与企业风险承担

根据薪酬差距的锦标赛理论，内部薪酬差距之所以能够增加企业的经营收入，主要原因在于内部薪酬差距能够提升企业的风险承担水平。为了从风险承担角度证明薪酬差距影响公司收入的原因，学术界研究了内部薪酬差距与企业风险承担水平的关系。部分学者以锦标赛理论为基础，在企业风险承担模型中考虑了薪酬激励因素，研究了薪酬差距对企业风险承担的影响（Thakor，2016）。在模型中，他们首先假定企业的经营收入是董事会是否聘任 CEO 的评价标准，管理层为了在收入考核中追求个人收入最大化，通常会实施风险更高的项目，因此高风险项目有利于管理层提升其收入，进而获得晋升。Ryan 和 Wang（2012）发现内部薪酬差距不仅提高了企业的风险承担水平，还提升了企业的创新水平、收入集中度与财务杠杆比率。鲁海帆（2011）将企业风险承担作为内部薪酬差距与企业收入之间的路径，研究发现内部薪酬差距通过提升企业的风险承担水平来提升企业的收入。刘思彤等（2018）进一步将前景理论引入内部薪酬差距与企业风险承担之间的关系中，研究发现内部薪酬差距显著降低了企业的风险承担水平，并且管理层能力正向调节了二者之间的关系。

### （四）薪酬差距与企业创新

企业的一项重要经济活动就是创新。近年来，学者开始从薪酬激励层面探讨企业创新的影响因素（唐清泉等，2009；王燕妮，2011），然而这些学者并未得出统一的结论。孔东民等（2017）发现了薪酬差距影响企业创新的经验证据，即高管–员工薪酬差距会提升企业创新水平，支撑了锦标赛理论的观点，但是当薪酬差距过大时，薪酬差距与企业创新间的关系不再显著，即薪酬差距失去了激励效应。其他学者发现高管团队内部薪酬差距的加大会显著提高企业的创新效率，具体来看，内部薪酬差距会增加公司专利的授予数量（牛建波等，2019）。

吕巍和张书恺（2015）的研究表明内部薪酬差距显著降低了企业的研发强度，但是两职合一、非总经理管理人数正向调节了内部薪酬差距与研发强度之间的关系；而翟淑萍等（2017）以高新企业为样本，发现内部薪酬差距降低了企业的创新水平，证明了薪酬差距的行为理论。钟熙等（2019）研究了高管之间的薪酬差距与企业创新的关系，发现较大的薪酬差距会引发管理层的不公平感，弱化他们的工作积极性，导致消极怠工的行为出现，从而压低企业的研发投入，抑制企业创新。杨婵等（2017）以新创企业为研究样本，发现随着垂直薪酬差距的加大，新创企业创新精神不断增强，但是超过一定范围后，新创企业的创新精神不断减弱，即二者之间呈现倒 U 形关系。

### （五）其他经济后果

实务界和理论界不断丰富内部薪酬差距的相关理论，内部薪酬差距的经济后果研究也在不断扩展。Chen 等（2018）研究了内部薪酬差距与权益资本成本之间的关系，发现内部薪酬差距会显著增加权益资本成本。雷霆和周嘉南（2014）在此基础上探讨了股权激励在内部薪酬差距与权益资本成本之间的作用，研究发现股权激励正向调节了内部薪酬差距与权益资本成本之间的正向关系，并且这一关系受到产权性质的影响。在投资效率方面，高管团队内部薪酬差距和投资效率间呈现先上升后下降的倒 U 形关系，虽然股权激励与投资效率正相关，但是会负向调节薪酬差距与投资效率之间的关系（刘美玉和姜磊，2019）。李健等（2016）发现如果企业实施差异化战略，则应该保持较低程度的薪酬差距，因为较低程度的薪酬差距会增强管理层之间的协作意愿，增强管理层的工作积极性，提高和改善企业经营管理的效率与效果。

还有学者从离职率视角出发，研究发现内部薪酬差距会增加公司的离职率，并且这种关系在国企表现得更为明显（步丹璐和白晓丹，2013）。贺伟和篙坡（2014）研究了薪酬差距对员工情感承诺的影响，发现部门之间的薪酬差距削弱了员工的情感承诺，并且这种关系在员工多元化、绩效薪酬水平低的部门表现得更为明显。缪毅和胡奕明（2016）认为内部薪酬差距会显著提升员工的晋升激励强度，因此保持薪酬差距是推动员工晋升的重要手段，他们的研究证实了薪酬差距的锦标赛理论。夏宁和董艳（2014）从生命周期视角出发，研究了薪酬差距与公司成长性的关系。研究发现，内部薪酬差距与公司成长性之间呈负相关关系，证实了薪酬差距的行为理论。张蕊和管考磊（2016）从职务犯罪角度出发，研究发现薪酬差距降低了管理层的职务犯罪概率，并且这种关系在低法治水平地区的企业以及多自由现金流的企业表现得更为明显。与之相似，魏芳和耿修林（2018）研究了内部薪酬差距与企业违规行为之间的关系，发现管理层之间较大的薪酬差距会诱发管理层为了获取私有利益，从事违规活动。其他学者探讨了薪酬差距与投资效率之间的关系，研究发现高管-员工薪酬差距、高管-高管薪酬差距与投资效率之间呈现完全不同的线性关系，前者降低了投资效率，后者提升了投资效率（黎文靖和胡玉明，2012；王建军和刘红霞，2015）。

## 三　研究现状评述

综合来看，目前国内外学术界针对企业管理层业绩目标和内部薪酬差距的研究都较为丰富，但将二者结合起来研究高管-员工薪酬差距对管理层业绩目标影响的研究较少。同时，针对管理层业绩目标松弛的研究主要集中在其成因方面，包括预算参与、信息不对称、预算强调、声誉机制、业绩目标特征以及薪酬计划等，而针对管理层业绩目标松弛经济后果的研究数量较少，且研究结论不统一，大多是规范性的研究。在此，对这些文献进行梳理总结。

（1）现有研究主要将管理层业绩目标松弛视作有害的，从治理的角度探讨了如何解决管理层业绩目标松弛问题，这些研究都是以委托代理理论为理论依托的。从现有关于管理层业绩目标松弛的研究中可以看出研究内容较为分散，没有清晰的研究脉络以及系统化的研究内容，研究思路也较为零散，导致现有的研究无法对实务工作起到启发、借鉴作用。现有研究由于主要将管理层业绩目标松弛视作有害的，因此从委托代理理论出发探讨了管理层业绩目标松弛的影响因素以及治理机制，认为管理层业绩目标松弛的经济后果也是有害的。然而，管理层业绩目标松弛也有权变理论、心理学理论等。管理层业绩目标松弛不一定对企业有害，可能对企业的其他决策产生有益的影响。因此，在委托代理理论下，结合权变理论探究管理层业绩目标松弛的经济后果，有助于实务者与学术界深入理解管理层业绩目标松弛。

在管理层业绩目标松弛的经济后果方面，现有研究主要从公司业绩、盈余管理等较为单一的角度探讨。企业的预算管理涉及企业的生产—销售—利润等完整的经营环节，与企业的风险承担决策、创新决策等密切相关。近年来，国家强调管理会计的重要性，大量企业开始对外披露管理会计的信息，预算作为一种重要的管理控制手段，必然也会受到外部投资者的关注。因此，管理层业绩目标松弛可能会影响外部资本市场的反应。现有文献主要从单一因素角度考虑管理层业绩目标松弛的经济后果，缺乏多综合因素的经济后果研究。

（2）学者以锦标赛理论和行为理论为基础研究了薪酬差距的激励效应，得出了两种截然相反的结论。锦标赛理论认为由于技术和责任的不同，保持薪酬差距是必要的，薪酬差距能够激发组织成员更加努力工作（Gupta et al.，2012）。锦标赛理论的支持者认为具有更高层次知识、技能和能力的员工应该获得更高的薪酬（Brown and Ryan，2003）。Bloom 和 Michel（2002）研究发现保持薪酬差距可能是吸引、留住和激励高绩效员工的必要条件。而另外一些学者从行为理论出发，认为薪酬是个人努力与辛勤劳动的结果，因此他们会将自己的薪酬与同级甚至与上级员工进行横向与纵向比较，从而形成对薪酬公平性的认知与主观评价；薪酬差距会引发不公平感，从而破坏团队的合作（Pfeffer and Langton，1993；Bloom，1999；Main et al.，1993；张蕊和管考磊，2016）。锦标赛理论下的薪酬差距能够起到正向激励作用，而行为理论下的薪酬差距产生负向激励效应。

（3）公司业绩指标主要包括以会计核算为基础的利润指标与以市场评价为基础的股价指标两种类型（刘浩等，2014；Bushman and Smith，2001），研究过程中选取何种指标衡量公司业绩需要结合以下原则：如果某项业绩指标能反映管理层的能力和经营行为，在设计薪酬契约时，应该更多地依赖该指标；当某种业绩指标更难被计量或者噪声更多时，高管薪酬契约设计就应减少该指标的权重（Core et al.，1999）。营业收入增长往往意味着企业规模的扩张，但这和公司利润的变化并不同步（Dechow and Dichev，2002），经过审批并在年报中公布的营业收入数据一般直接与高管的薪酬挂钩。由于下列三个原因，营业收入在管理层的薪酬契约中仍然占据重要的地位（刘浩等，2014）。

首先，现代企业越来越重视目标管理的重要性，根据收入业绩目标完成情况进行绩效考核能够克服管理层基于销售收入增长率的考核而一味追求企业规模扩张的弊端，同样能够为企业带来规模经济，从而降低交易成本与生产成本，帮助企业形成定价优势，使之获取市场的信任与认可，受到资本市场的青睐，实现提质增效（Krugman，1979；Williamson，1985）。其次，相对于利润指标，收入指标事前有一个比较基准，更容易被计量，操纵的手段有限，存在的噪声较少，收入业绩达标与否能够直接反映管理层的努力程度。最后，已有的研究直接从利润指标的结果来研究薪酬差距的影响，难以发现薪酬差距对管理层具体行为的影响，而收入业绩目标的设置与执行是一个动态的过程，首先需要事前制定一个标准，然后以标准为基础由管理层和员工负责执行。

# 第二章　理论基础

## 一　委托代理理论

### （一）代理问题

随着经济的快速发展以及企业生产规模的不断扩大，Berle和 Means（1932）提出应该将企业的控制权与所有权分离。企业的所有人由于出资拥有整个企业的所有权，但是没有经营管理能力，从而需要将公司的经营权（控制权）委托给经理人。通过两权分离，公司的分工更加明确、专业，从而极大地提升了经营效率。这里企业的所有人与经理人之间就是典型的委托代理关系。委托代理关系在本质上就是一项隐性或显性契约，在这个契约中，行为主体雇用或指定另外的主体为他们提供服务，被雇用的行为主体将会获得一定的报酬或奖励（Jensen and Meckling，

1976）。这种契约关系是委托代理双方在市场中互相博弈达成的。

委托代理理论中有狭义的委托代理关系与广义的委托代理关系：狭义的委托代理关系是指在公司治理中委托人与代理人根据具体的权利义务而建立的契约关系；广义的委托代理关系是指委托人将某些特定的权力授予代理人，由此形成了一些隐性或显性的契约关系。不管是广义的还是狭义的委托代理关系，这种关系在建立起来后都不一定会导致代理问题产生。如果委托代理双方建立起完全理性契约，委托代理双方之间不存在信息不对称，或者代理人具有较高的道德水准，代理问题就不会产生。只有存在信息不对称或者代理人是不完全理性的，委托代理关系才会引发代理问题。这里提及的代理问题主要是指代理人在履行委托人交付的代理职责与义务时，未按照委托人的利益最大化要求，有意损害委托人利益。

在企业管理控制系统中，由于内部上下级之间也存在信息不对称，委托代理理论被逐渐应用到企业的管理控制系统中。在企业现有的产权架构下，委托人即授权人拥有企业的产权，代理人就作为被授权者，二者会在日常的经营管理活动中博弈，以寻求均衡。在企业的管理控制系统中，还存在一个重要的特征，就是上下级作为委托方与代理方，他们的身份并非固定不变，而是会随着企业组织结构、时间等因素变化而不断转变。由于代理问题产生的一个重要原因就是信息不对称，因此在研究管理层业绩目标时，需要将信息经济学的理论纳入理论架构中。

由于企业各项决策的依据是有用的信息，会计信息作为一种重要的信息，也会被企业决策系统所吸收，为管理层做出正确的决策提供信息支持，即会计信息是具有价值的（Laffont and Tirole，1993）。委托代理理论为研究会计信息系统的管理层业绩目标、激励以及管理层的行为提供了一个良好的理论架构，帮助学者和管理层直接识别企业会计信息中的利益冲突、激励等问题（Lambert，2001）。由于两权分离是产生代理问题的重要原因，所以委托人可以设计一套良好的约束与激励机制规范代理人的行为。在不同形态的激励契约下，由于给定了不同的条件，约束条件存在差异，加上管理层个人的效用函数存在差异，契约产生的激励效应有所不同（Holmström，1979；Kuhnen and Zwiebel，2008）。因此，委托人与管理层签订激励契约时，需要考虑公司所处宏微观环境、制度安排、治理完善程度以及管理层自身的效用函数，需要从委托人和代理人双方利益出发，兼顾相容性原则，最大限度地提升激励效果，从而实现和代理人之间的收益效用最大化。

资本市场上，由于上市公司的管理层会存在一些隐藏行动行为，股东在对管理层进行奖励时，往往只能依据其行动产出，即剩余收益来判断管理层的努力程度与结果。但是在实际工作中，股东无法直接观测到公司真正的剩余收益，使得用剩余收益来衡量公司的业绩，并将之作为管理层薪酬契约的设计依据具有较大的难度（Bushman and Indjejikian，1993）。因此，需要采用特定计量方法推断出管理层业绩目标，用于衡量和反映管理层的努力程度（谢德仁，2004）。

理性经济人假设认为，人们在做出决策之前，会分析与决策有关的收益、成本，只有净收益为正，他们才会采取行动（Chrisman et al.，2007）。管理层是理性的经济人，在激励与约束机制下，通过采取一套明文规定的显性契约，将管理层努力与回报之间的关系以契约的形式确定下来，可以更好地监督和激励管理层。根据最优契约理论，激励契约能够将公司的业绩最大限度地与管理层的薪酬关联起来，这能够极大地提升管理层的管理水平，增加股东的价值回报（Jensen and Murphy，1990）。同时，如果管理层的努力程度越高，他们获取的报酬也越多，即管理层努力与薪酬的关联性较强，那么管理层就有较强的动机努力工作，获取报酬，从而增强薪酬契约的有效性。现实世界中，管理层的努力程度往往不具备可观测性，这增强了股东的监督成本，导致股东将公司业绩作为管理层努力水平的衡量标准成为一种次优选择（Watts and Zimmerman，1990）。

Holthausen 等（1995）研究了高管薪酬与公司业绩之间的关系，发现二者呈现非对称性，即高管能否完成他们事先设置的业绩目标决定了奖金是否发放以及发放的金额。另外一些学者将业绩目标纳入非线性薪酬合同中去，提出了基于分段式奖金的薪酬制度，通过建立模型来检验管理层薪酬契约所产生的激励效应是否会受到业绩目标的影响（Murphy，2000）。他们认为非线性薪酬契约一般包括三个方面的内容：业绩目标、业绩衡量标准以及薪酬业绩敏感性。学者主要围绕薪酬业绩敏感性以及业绩目标展开了研究，较少关注业绩目标对薪酬的激励效应（Holmström，1979；Sloan，1993；Ittner et al. ，1997；Murphy，2000；Ittner and Larcker，2001）。企业在设计薪酬契约时，契约中的激励薪酬与业绩呈现非线性关系，只有完成业绩目标（即达到或超过阈值）才会发放激励薪酬，否则管理层无法获取这部分激励薪酬。从整体来看，管理层的薪酬与公司业绩之间是非对称的关系，并且需要将业绩目标作为阈值才能够真正描述该特征，也就是说，管理层薪酬激励受到管理层业绩目标的影响。因此，管理层业绩目标会受到特定薪酬激励的影响，受薪酬激励影响的业绩目标反过来也会影响管理层的心理和行为。

## （二）信息不对称与有限理性

（1）信息不对称。1970～1980年，Joseph等学者先后从金融市场、劳动力市场以及商品交易等领域研究了信息不对称，得出了基本一致的结论。他们认为信息不对称即各项市场经济活动的参与人员就交易相关的信息了解程度不一致，也就是交易双方的信息分布不是对称的。拥有更多信息的市场参与者在交易中处于优势，而拥有较少信息的参与者在交易中处于劣势，这类参与者面临的风险较大，收益较低。信息不对称理论为市场交易中信息的重要性提供了理论支撑。该理论认为市场中的不同参与者拥有不同的信息获取渠道，能够得到的信息量也就不同，这种不同影响了他们承担的风险以及获得的收益。现代信息经济学的核心就是信息不对称理论，该理论已经被市场中的众多现象所解释，如商品促销、股市波动以及劳动力市场配置等，并且逐渐被会计与财务等众多其他领域所应用。现有的研究表明，相对于发达国家，发展中国家处于市场转型时期，信息不对称程度更高，由此带来的风险更大和问题更严重，然而相关研究相对较少。

（2）有限理性。古典经济学的研究都以市场参与主体是完全理性的经济人为前提假设，他们的研究都认为市场的参与主体能够拥有所有的信息，做出正确并且完全理性的选择。完全理性的经济人是一种近乎完美的市场参与主体，在实际经济活动中，由于情感、信仰、知识、环境、能力等各个因素的影响，经济活动参与人员的选择、经济行为都不可能做到绝对理性。如下属会由于心理压力接受上级的不合理要求，人们会出于怜悯购买农民的水果等。正是现实中各种因素的影响使得古典经济学关于完全理性的研究成为空中楼阁，无法指导如何解决现实问题。

Chester（1938）修正了古典经济学关于经济人是完全理性的假说。他认为由于意志等的影响，人们在做出各项决策时并不是完全理性的，能力是有限的，因此人们是有限理性的。然而，他的理论最初并未引起学术界的重视。直至 20 世纪 40 年代，著名的管理学家 Herbert 在其研究的基础上，认为人们是社会人而不是经济人，由于存在有限理性以及一般的满意标准，任何一个人的行为都无法达到最高程度的理性，一个人面临的选择方案众多，因此需要更多的信息，即使他足够客观理性，也无法做出完美的决策。由此，他得出个人的理性是介于完全理性与完全不理性之间的有限理性的结论。

### （三）道德风险与逆向选择

委托代理理论下，逆向选择和道德风险是阻碍契约得到有效执行的两个重要因素。

（1）逆向选择。逆向选择是指在订立契约时，由于信息不对称的存在，具有信息优势的契约主体凭借自身的信息优势在做决策时往往有利于自身而损害对方。由于存在逆向选择，现实经济活动中往往存在很多违背常理的情况。如厂商降价会导致优良产品被劣质产品替代，从而降低整个市场产品的平均质量。逆向选择往往发生在契约订立之前，代理人往往会隐瞒真实的信息，或者向委托人传递错误的信息，使得委托人由于缺乏足够的信息而做出错误的决策。

（2）道德风险。20世纪80年代，经济学家首次提出了"道德风险"的概念。道德风险也被称为道德危机，其定义同逆向选择基本一致，内涵就是经济活动当事人在实现自身效用最大化的同时，也做出了损害他人的行动。一旦委托人和代理人签订了契约，在自身不需要承担任何风险并且委托人不知情的情况下，由于是有限理性的，代理人就会采取各种行动让自身效用最大化。这主要是因为代理人的道德水平较低，故意或恶意损害委托人的利益，道德风险会扰乱市场秩序，不利于经济活动健康高效运转。委托代理双方的契约不完全性以及信息不对称性是造成道德风险的重要原因。道德风险往往发生在企业签订契约之后，代理人故意或有意隐藏自身的信息与行动，进而损害委托人的利益。

逆向选择与道德风险均是代理人由于信息不对称的存在而选择利己的机会主义行为。二者均损害了契约关系中委托人的利益。为了缓解契约关系中的代理问题，委托人需要设计系列的契约，使得代理人能够以委托人的利益为出发点，做出有利于委托人的决策和行动。

## （四）委托代理理论与管理层业绩目标松弛

（1）委托代理关系在预算管理中的表现。企业的预算管理过程总体来看包括三个阶段。第一个阶段，公司的上级依据企业的战略目标，就公司下年度或下阶段的业绩目标同公司的下属等进行协商与谈判，意见达成一致后正式签订合同，即以预算的方式确定下来。这一阶段上级需要结合公司的战略将整体业绩目标分成具体的可操作性业绩目标，下发至各个层级的部门，由它们负责完成。第二个阶段，下级部门根据分配来的业绩目标进行经营活动，以业绩目标为依托，对经营活动进行监督控制。该阶段业绩目标是由各个部门的员工来执行的，他们拥有更多的执行方面的信息，业绩目标能否完成也取决于他们，上级依据预算执行人员反馈的信息，或者根据其他管理控制手段来了解预算下属以及部门的业绩目标执行情况。第三个阶段，上级根据预算执行人员的执行效果对员工进行绩效考评，将业绩目标完成情况作为员工薪酬发放和晋升考核的依据。从整个预算管理流程来看，上级以预算的方式将各个阶段的经营业绩目标委托给下属，并根据业绩目标的完成程度给下属支付奖励或报酬。因此，预算管理过程中的上级与下属之间就是一种典型的委托代理关系。

一旦签订了预算合同，上级与下属之间就形成了预算管理过程中的委托代理关系，由于委托代理关系已经形成，预算上级与下属之间会基于信息不对称以及有限理性产生系列代理问题。主要在于企业实施了预算管理，上级会依据业绩目标是否实现（预算结果）来考核和评价预算下属，并将之作为其业绩报酬和晋升的依据。由于预算下属的奖金直接与业绩目标完成情况关联，下属就有可能凭借自己拥有的私人信息，有意降低业绩目标，通过编制松弛的预算来轻易完成业绩目标。这不仅能够轻松取得更好的业绩，还能够获得与预算相关的奖金或报酬。显而易见，这与预算上级的期望不一致，上级本来试图通过预算来激励、监督下属，改善公司的经营状况，提升公司的业绩，而下属却借助自身的信息优势，有意低报业绩目标，损害了公司和上级的利益，这是预算管理过程中的代理问题。总之，管理层业绩目标松弛问题从本质来看就是代理问题。

（2）有限理性与信息不对称在预算管理中的体现。下属员工是企业经营管理的先锋，在获取信息方面拥有天然的优势，他们对自身的能力以及企业的信息更为了解。比如，根据日常的工作掌握产能、工时、市场对产品的预计需求数量以及竞争对手的信息等，通过日积月累的工作经验，对自己的工作能力有足够的了解，并且能根据企业经营环境的变化合理估计和评估企业的经营业绩。这些信息是下属员工私人所拥有的，不被上级所掌握，这就使得上级和下属在预算管理过程中存在信息不对称，下属拥有更多的信息，进而导致上级与下属在预算管理过程中的利益冲突。上级希望下属能够从部门和企业的视角出发，最大限度地提升公司的业绩，同时也为自己创造更多的报酬或奖励以及获取晋升的机会；而下属则希望自己在低压力的工作环境下尽最少的努力完成业绩目标，获取晋升的机会以及得到更多的报酬。上级与下属之间的利益冲突使得下属可能会基于私利不向上级披露与自身和公司相关的真实信息，以便能够在预算谈判过程中获得更强的讨价还价能力。

公司的上级和下属都是有限理性的社会人，都在经济活动中寻求效用最大化，这种目的在预算管理过程中也存在，上级与下属在预算管理过程中的博弈、协商、谈判等行为都基于自身效用最大化目标。由于上级存在信息劣势，对下属的真实能力和情况无法掌握，也无法预料未来的各种不确定性，他们在预算谈判过程中无法做到百密而无一疏，无法签订出完美的契约，由此管理层业绩目标松弛问题也就产生了。

（3）逆向选择和道德风险在预算管理中的体现。如果企业的预算编制方式是参与式的，且以下属的预算执行结果作为其业绩考核的依据，逆向选择和道德风险等行为就会在预算管理中存在。逆向选择是由下属造成的，发生在预算契约签订之前。参与式预算的上级与下属会协商谈判业绩目标，而在协商谈判过程中，由于预算下属有信息优势，他们经常会隐藏部分信息，或者不真实报告信息，从而为自己在预算谈判中争取更多的筹码，有意制定松弛的业绩目标以便更加轻易地完成目标，这就是逆向选择导致的管理层业绩目标松弛问题。如生产部门的员工在预算谈判时，会有意低报自己的生产能力，并就相关信息进行隐瞒，让上级感受到工作难度，一旦上级认可了他们的信息，他们就会更容易地完成业绩目标。这种做法严重损害了预算的资源配置功能，进而使得整个企业的资源配置紊乱，不利于提升公司的业绩。

而道德风险发生在预算契约签订之后，下属会通过隐藏行动或信息等方式损害企业的利益。业绩目标制定后，下属的薪酬、奖励以及职务晋升就直接与业绩目标的完成情况相关，导致下属在预算执行过程中会隐瞒对自己不利的信息，或者隐瞒自己的消极行为，以便能够获得基于业绩目标的奖励或报酬。如在拓展市场时，销售人员即使发现销售群体比他们估计的要多得多，他们也不会将这一情况向上级报告，而是通过谎报市场是由他们开拓的，借此来证明自己的工作努力程度，从而超额完成业绩目标。业绩目标确定后，生产部门的员工也会产生道德风险问题，如果业绩目标是松弛的，生产部门的员工在生产过程中会消极怠工、偷懒，但是又要表现出工作十分努力，以此来掩饰他们的消极怠工行为。下属隐藏信息或行动的行为歪曲了预算的资源配置功能，降低了企业的经营效率。

# 二　权变理论

委托代理理论目前被广泛应用到管理层业绩目标松弛的相关研究中。除了委托代理理论，权变理论也是西方学者研究管理层业绩目标松弛的重要理论。权变理论认为企业编制松弛的预算是为了储备充足的资源以应对未来的不确定性，为未来企业内外部环境不确定性提供重要的缓冲。企业的成长性、市场竞争程度、经济不确定性等内外部环境不确定性影响了企业如何设计其管理控制系统，进而影响了企业的管理层业绩目标松弛程度。因此，根据企业的战略目标，保留一定程度的管理层业绩目标松弛，能够更好地帮助企业应对内外部环境的变化。如果企业采取的是防御型或低成本战略，那么其产品的销售范围相对较窄，市场发展进程也相对缓慢，在市场竞争中更加追求低成本、标准化以及无差异化的产品、规模经济；相反，如果企业采取进攻型或差异化战略，在市场中则更加注重差异化的产品。由于后者比前者面临的不确定性更大，后者情况下企业更有可能通过编制松弛预算来应对不确定性。因此，权变理论也是本书的一个重要理论基础。

20世纪60年代末期，经验主义学派首次提出了权变理论，该理论的核心思想就是根据具体情况采取具体的应对措施。权变理论随后在美国受到学术界和实务界的广泛关注，主要原因是当时美国经济形势不稳定、社会也较为动荡，中东的石油危机给美国的经济造成了严重的影响，美国企业当时面临极其不确定的内外部环境。而当时比较著名的管理科学理论以及行为科学理论等均无法解决企业面临的各种问题，实务界以往普遍追求的管理理论在当时变得不再适用，这使得理论界和实务界不得不重新探索一种更好的管理理论和方法。在这种背景下，管理学家开始意识到企业的管理没有固定的模式和方法，企业必须根据实际情况做好管理工作，于是就产生了权变理论，该理论的要点就是权宜应变。

权变理论的一个重要特点就是利用系统观点来解决问题，他们认为由于不存在统一有效的管理模式，因此只要是能解决实际问题的管理模式，就是有效的。这种思想推动了管理理论向实用主义方向发展。要想找到行之有效的方法首先需要充分了解企业的内外部实际情况，这就要借助系统观点来考虑问题。系统观点要求从整个组织出发，通过组织内部各个系统间的相互联系，来确定存在各种可能的结构模型。因此，在权变理论下，由于企业的内外部环境、状况都存在较大的差异，所以不存在一套普遍适用的管理原则和方法，即管理理论和实务是在不断发展的，组织需要根据内外部条件变化不断改变创新，针对所处的环境寻求一套合适的方案、管理模式与方法。该理论的代表人物包括豪斯、卢桑以及费德勒等。另外一些学者认为权变理论也是一种行为理论，在公司的经营管理活动中，没有一套固定完善的方法，帮助企业做出决策和整合团队。虽然某一种决策方式或领导风格在当时的条件下应用效果可能较好，但是换成另外一种情况，这些优势都会丧失，因为不同情境，组织面临的内外部环境以及决定因素是不同的。

权变理论的中心思想包括三个方面的内容。第一，随着企业规模的扩大以及市场竞争程度的提升，企业应该结合内外部环境系统的变化情况采取相对应的管理措施。任何一个企业组织都可以视作整个社会大系统中的一个子系统，这个子系统也会受到各种环境变化的影响。因此，企业需要结合自身在社会大系统中的作用及当时的处境，相对应地采取各种管控措施，从而更好地适应环境，寻求更好的顾客服务以及更优质的产品。第二，企业组织的管理方法需要依据环境的变化不断进行调整。企业的各项组织活动应当适时地根据内外部环境的不断变化通过反馈的方式向组织整体目标趋同。因此，需要结合企业的长短期目标和当时所处的环境，不断调整管理方式。第三，企业管理的效果最终体现为企业各要素之间的相互作用过程和结果，从而企业在确定管理方式时，需要根据内部各个要素的关系，并且依据一定的函数关系。

总之，权变理论强调的是企业的各项管理控制活动必须适应企业当时所处的内外部环境，并不存在一套固定的管理模式。具体到企业的预算管理控制决策，在权变理论下，预算管理控制系统是否有效既取决于它的建立方式，也取决于它是否与组织结构、外部市场竞争程度、公司战略目标等相适应。因此，管理层业绩目标松弛是预算管理过程中根据企业面临的内外部环境不断进行调整而形成的，能够更好地帮助企业应对外部环境不确定性，缓冲风险。

# 三　预算管理理论

预算管理自诞生之日起，发展至今不足一百年时间，它是伴随经济管理发展的需要而产生的，也是企业为了应对内外部环境变化而采用的。预算管理理论受到经济学理论与管理学理论的影响。McKinsey（1922）首次对预算管理的方法和理论进行了介绍，这也意味着企业的预算管理初步形成。虽然当时预算管理被用于帮助企业应对内外部环境的变化，从而提升经营管理效率，并且起到了重要的作用，但是由于尚不完善，预算管理发挥的作用及应用领域相对有限，主要采用自上而下的预算编制方式，忽视了企业中关于人的因素，而预算管理理论对组织人员之间的相互影响也考虑不足。

20 世纪 40 年代末期，众多新的管理思想在西方产生，以及众多的新学科和学派不断出现，极大地影响了预算管理理论的发展，其中对预算管理影响最大的学科是行为科学。预算管理理论纳入了行为科学的内涵，已经实施了预算管理的企业逐渐让员工参与到预算管理中，预算编制方式由传统的自上而下变成了上下结合，参与式预算编制方式逐步发展起来。让员工直接参与到预算编制过程中，能够使得预算标准更体现人性化和符合企业的实际情况，同时也有利于预算执行人员深入理解预算，从而根据业绩目标努力工作，合理配置企业的资源，并使它们能够得到充分有效的利用（余绪缨，1990）。这一阶段，产生了预算参与。

随着行为科学被广泛应用到预算管理中，委托人会将预算结果同业绩目标进行比较，并以此作为部门和员工绩效考核的依据，这种考核方式会直接影响管理层及员工随后的行为。该阶段业绩目标完成情况作为企业经营业绩评价依据的预算强调就产生了，学者更加强调预算管理会受到企业内外部各种环境的影响，预算管理理论的实质与外延不断得到丰富和发展，主要体现为：首先，受到行为科学的影响，预算管理作为一种管理控制系统，会直接影响公司的业绩和员工的绩效，制定激励性的业绩目标、参与式程度更高的业绩目标能够有效地激励员工，提升公司的业绩；其次，企业的内部控制系统逐渐吸纳了预算管理，并且能够将一些重要的问题纳入同一个系统中（Otley，1999）。

这一阶段随着预算管理的发展，管理层业绩目标松弛现象不断出现。Lowe 和 Shaw（1968）指出，在销售部门经理"报酬多少取决于业绩目标完成程度"这一报酬系统下，不断有管理层业绩目标松弛现象的发生。Schiff 和 Lewin（1968）的研究也发现，管理层业绩目标松弛问题在企业中普遍存在。随后，管理层业绩目标松弛问题成为学术界和实务界难以解决的一个难题，从20 世纪 70 年代至今，对管理层业绩目标松弛问题的研究不断深入，这充分说明管理层业绩目标松弛问题广泛受到西方学术界的关注。

自 1985 年开始，企业的预算管理理论和实践逐渐成熟起来，尤其是随着社会经济由传统的工业经济向新时代的知识经济转变，企业面临的经营环境不确定性更大，竞争也更为激烈，企业组织内部出现了模块化等特征。这些变化使得传统的预算管理难以适应环境发展的需要，并且预算管理也面临更高的管理成本以及更为严重的各个预算主体之间的利益冲突和矛盾，这使得传统的预算管理同企业面临的环境不相适应。

学术界针对预算管理方面出现的这些情况逐步形成了两种截然不同的观念：一种观念是改进预算管理，另一种观念是超越预算管理。前者强调预算管理需要根据企业内外部的各种问题进行改进和优化，从而使得预算管理能够更加有效地为企业服务；后者则认为预算管理展现出的众多问题说明预算管理是无效的，因此企业应该摒弃预算管理，通过其他的管理手段取代预算管理。管理层业绩目标松弛从本质上来说是属于预算管理改进观，因此需要深入分析管理层业绩目标松弛的经济后果，从而更好地完善预算管理。

# 四　行为科学理论

业绩目标作为一种重要的管理控制手段，离不开人的行为因素。Rast 等（1981）研究发现，外部环境会受到行为的影响，外部环境不仅是指自然环境，还包括社会环境；行为由于是空间运动和时间运动相结合的行为，因此必然会受到周围环境的影响。另外一些学者（Thorndike，1915）采取实验研究方法，研究了行为反应型条件反射产生的过程，发现了反射行为能够使得行为主体对中性刺激产生条件反射。Thorndike 最主要的贡献就是他描述了效果定律，该定律的内涵就是由环境刺激带来的良好行为会在将来重复发生。Watson（1913）指出主体能够被观测的行为是心理学研究的重要主题，主体的这些行为由刺激部分和反应部分组成，且受到外部环境的影响，刺激部分的因素既有身体内部的刺激，也有外部环境的刺激，而反应是与刺激同步存在的，有刺激就会有反应。行为心理学逐渐被应用到管理科学中来。

Devine（1994）认为会计理论研究没有重视会计信息使用者在心理方面的特征，国内学者余绪缨（1999）也号召学者从行为理论出发进行会计行为的研究。行为会计的诞生以及随后的发展，使得行为理论在西方会计领域的应用越来越多，研究领域越来越广，并且会计与自然科学、社会科学相互融合、贯通，推动了会计由重视实务发展向重视技术、方法等方面转变。会计关系行为取向和价值观念，更深层次来说，会计职能就是行为职能，即会计能够影响人们的行为。进一步地，Hopwood（1972）认为会计程序是否有效直接与它能否有效影响人们的行为有关。在20世纪60年代，行为科学被逐渐应用到管理会计中，并且经过学术界和理论界的推动，从行为理论出发研究管理会计问题成为一个热门话题。总体来看，行为科学与管理会计相结合的研究有以下几个方面的特征：第一，管理会计研究逐步引用行为理论的概念、原理以及研究方法；第二，管理领域也采用了现代管理理论和行为科学理论最新的研究成果，并加以利用，发展成组织行为学；第三，以行为科学的理论为基础，采取规范研究方法，并且以此作为管理会计问题的行为假设，或者采取问卷调查、实验研究和实证研究等方法，来验证行为科学在管理会计研究中是否适用。经过多年发展，社会学、心理学以及人类文化学成为行为科学领域重要的三门学科，而这三者中，心理学对管理会计的影响更为深远。

而行为主义有两种不同的理论流派，即中间变量理论与古典行为理论。古典行为理论由著名的心理学家 Chaney 等（1923）提出，其中最为著名的是刺激-反应心理模型，其内涵就是环境直接决定了人类的各项行为，行为是环境因素刺激产生的；但是该模型也存在一个较大的缺陷，就是没有重视不同行为主体是有差异的。托尔曼在此基础上提出了中间变量理论，并用函数的形式进行了表达，具体为 $F(e, p) = y$，式中个体行为用 $y$ 表示，而 $e$ 和 $p$ 分别表示环境因素和个体特征，个体特征包括价值观念、民族心理以及文化等方面的内容。中间变量理论可看作一个复合函数，该函数涉及的因素由个体特征与环境因素共同组成，它们综合在一起影响了个体的行为。管理会计逐渐引用中间变量理论，发展成管理控制系统。根据 Kren（1997）的研究，管理控制系统主要包括四个方面的内容，即会计收入指标如何使用、预算管理、预算参与以及薪酬合约等。相关文献集中在这四个方面内容的决定因素与经济后果等方面，主要研究了管理控制系统与前因变量之间的关系以及管理控制系统与各类标准变量间的关系。因此，借助行为科学研究管理层业绩目标完成情况是十分必要的。

另外一个与本书密切相关的行为科学理论就是相对剥夺理

论，指行为个体面对期望与实际之差会产生消极反应（Crosby，
1976）。基于 Crosby 的研究，Martin（1981）在组织情境中引入
相对剥夺理论，认为企业内部员工会将自己所能得到的薪酬与其
他同层级的员工进行对比，一旦差距过大，员工就会感觉到被剥
夺，进而员工的心理特征受到影响，这会直接影响员工的努力程
度与工作积极性。因此，员工在将自己的薪酬与别的员工薪酬进
行对比时，如果发现差距过大，被剥夺感就会产生，从而他们在
工作过程中就会懈怠，工作积极性会减弱。根据相对剥夺理论，
员工的公平感与绩效之间的关系极为密切。此外，员工还十分关
注其投入和产生能否成正比，一旦员工认为其工作所得与付出不
成正比，就会产生不公平感，进而损害公司的利益。

# 五　锦标赛理论

　　锦标赛理论最初源于劳动经济学文献，后来被推广至法学、
生态学、心理学和金融学等不同学科，在管理学文献中也得到广
泛应用，主要用于解释公司薪酬结构（Messersmith et al.，
2011）。由于传统的边际产品理论无法解释上市公司 CEO 与其他
管理者之间薪酬差距存在的原因，Lazear 和 Rosen（1981）在研
究最优劳动合同时，提出锦标赛理论来解释这一现象。

　　锦标赛理论借用体育竞赛来解释企业员工的竞争行为，其基
本内涵在于，劳动力市场的参与者根据其产出排名获取奖励。在
这样的激励制度下，是否获胜并非取决于员工个人的绝对产出水

平，而是他与其他竞争者之间的相对产出水平。锦标赛理论认为，职务晋升和高额薪酬能够有效激励员工。职务晋升和高额薪酬相当于锦标赛获胜者的奖励，而不同层级岗位之间的薪酬差距则有助于激发员工的工作积极性。Lazear 和 Rosen（1981）指出，基于相对产出的激励机制优于绝对产出激励机制，前者能够激励更大范围的员工追寻晋升机会，而非仅仅激励某一特定个体。在锦标赛形式的薪酬激励下，CEO 与其他管理者之间的薪酬差距越大，则薪酬差距对公司管理层的激励作用越大。薪酬差距促使公司高管更加专注于超越竞争对手，而非自己过去获得的成就，因为哪怕是微小的业绩差异，也会导致巨大的薪酬差异。

基于锦标赛理论，内部薪酬差距的核心在于降低股东与高管之间的监督成本——通过激励相容的薪酬契约设计，避免高管自利行为给股东利益带来的损失，降低代理成本。具体而言，按照业绩排名进行奖励的方式可以激励竞争者主动披露工作努力程度和对经营收入的贡献，从而可以减少因信息不对称而导致的代理问题。相对于以往的经营收入评价方式，锦标赛激励制度更能实现有效评价管理层的努力程度，也因此得到了理论界的广泛认同。国外大量文献提供了经验证据，如 Main 等（1993）与 Henderson 和 Fredrickson（2001），而国内学者阮素梅等（2013）、李争光等（2015）以及马凯敏（2020）均研究发现高管之间薪酬差距与企业收入之间存在显著的正相关性。然而，行为理论极力反对多层级、差异化的薪酬结构，主张扁平的组织结构。例如，Cowherd 和 Levine（1992）研究发现，薪酬差距带来的收入分配不公平问题，会引发员工内部矛盾，从而降低公司业绩。另一部分学者则融合锦标赛理论和行为理论的优点，发展出一种折中主义的理论——权变理论。该理论认为随着公司内部薪酬差距的增大，薪酬差距先发挥激励作用，接着它的激励作用逐渐弱化，员工的不公平感逐渐增强，导致公司业绩先提升后下降。由此可见，锦标赛理论的成立需要满足以下条件。

第一，奖金水平的合理设计。锦标赛理论中，参赛者基于相对排名获取竞赛奖品，该奖品旨在激发员工做出最高水平的努力。"最优"奖金分配的评判标准在于，该奖金是否能够最大化竞争参与者的努力。如果奖金水平过低（如 CEO 薪酬与其他管理者薪酬差距过小），那么管理者就不会被激励，从而导致总产出下降；相反，如果奖金水平过高，就会导致管理者付出过多努力，而这必须得到补偿，从而导致竞争效率降低。因此，合理设计奖金水平，将 CEO 与其他高管薪酬差距控制在合理范围内，是锦标赛理论有效应用的必要前提。

第二，确定恰当的竞争参与人员。每个竞争参与者的获胜可能性是基于参与者意愿、能力以及比赛宽度（竞争人数）和深度（竞争者层级）的一个函数。在满足理性经济人假设的前提下，每个竞争参与者追求个人效用的最大化，以获取薪酬奖励作为主要动机，而企业内部的薪酬差距可以增强被激励对象参与竞争的意愿和积极性。然而，如果被激励对象自身禀赋较差，那么他无论如何投入努力都很难提高获胜的可能性。在此情形下，被激励对象可能会发现自己无法在竞争中获胜，从而放弃竞争，甚至因为激励制度带来的不公平而放弃努力。因此，锦标赛理论是否合理的重要条件就是确定合适的竞争参与者。

第三，考虑薪酬差距扩大引发的边际收益和成本之间的关系。内部薪酬差距扩大会导致公司用人成本增加，但同时也会为公司带来额外收益，即被激励者工作的努力程度的提高为公司带来的边际产品价值。随着公司内部薪酬差距的扩大，被激励者的努力程度提高，但是竞争者的个人禀赋是有限的，他每单位投入所产生的边际收益是递减的，在薪酬结构设计时需要权衡边际成本与边际收益的关系，以两者相等为上限。

需要注意的是，锦标赛理论并不适用于所有场景。对于对团队合作要求较高的公司，尤其是团队成员具有较强互补性的公司，应当谨慎使用该理论，否则会带来新的问题，如参与竞争的员工在团队合作时有选择性地参与，通过设置各种障碍来降低其竞争者的业绩，由此形成恶性竞争关系。

# 六　管理控制理论

根据前文所述，管理会计下企业管理控制系统研究的话题有预算参与、激励机制以及会计收入指标等（Kren，1997），它们主要探讨这些要素的影响因素与经济后果。我国管理会计学家于增彪（2014）在 Kren 的研究基础上结合我国管理会计发展的实践，将前因、中间和后果变量纳入管理会计系统研究架构中，并认为这三个变量是一个整体性的变量，管理会计系统需要研究三组变量间的相互作用。以前因、中间与后果变量为基础，管理会计需要研究的问题就分为下列三种：第一，前因变量是否影响中间变量，通过这种相互关系研究探讨管理会计子系统的影响因素；第二，中间变量对后果变量的影响，以此来分析管理会计子系统所产生的影响；第三，将三者结合起来，以探讨前因变量影响后果变量的机制，从而探索管理会计子系统是否合理。他将组织内外部变量均定义为前因变量。

管理层业绩目标是一种重要的管理控制系统，在该系统中，那些对管理层业绩目标制定、完成有影响的变量均为前因变量，既有内部的环境，如薪酬激励等，也有外部环境；中间变量主要是指对管理层业绩目标制定、执行等有影响的管理控制系统；后果变量则是管理层业绩目标所产生的经济后果等。这些变量形成了完整的管理层业绩目标系统架构，本书则主要探讨管理层（收入）业绩目标完成的影响因素（前因变量）以及影响机制（中间变量）。

由于目前针对管理层业绩目标影响因素的研究相对较少，而管理层业绩目标的完成、执行、监控与预算管理控制系统有所类似，本书主要结合预算管理控制系统来寻找管理层业绩目标的理论架构。学术界对预算管理控制系统做出了如下界定，即为了完成组织目标所采取的行为均是管理控制系统（Flamholtz，1983），并且将详细、可执行的预算计划以及计划能否有效执行作为预算管理控制系统的两个关键要素。

另外一些学者结合管理控制理论认为预算管理控制系统应该

具有预算参与、预算目标完成难易程度、预算目标维度、预算松弛以及预算结果报告等特征（Dent，1990；Waterhouse and Tiessen，1978；Schweitzer et al.，2004）。总体来看，管理控制系统应该包括计划、执行与控制和决策等功能（Garrison，2006）。在管理层业绩目标制定时，存在以下与预算编制相类似的问题，即管理层通过管理控制系统将董事会和市场的期望传递给下属员工，并且通过其他管理控制工具将之转化为能够执行的业绩目标。因此，从管理层角度出发，整个管理层业绩目标管理控制系统的流程应该包括：首先，结合企业经营情况和管理层能力，决定需要采取什么样的管理控制系统，为管理层业绩目标的制定、执行提供支持，如何激励管理层完成业绩目标；其次，在制定管理层业绩目标时，采取何种方式就业绩目标完成的难易程度进行商榷；最后，评估管理层业绩目标的完成情况。

# 第三章　高管-员工薪酬差距对管理层收入业绩目标完成程度的影响

## ——目标完成的视角

管理层收入业绩目标作为公司激励契约的重要内容，直接反映了管理层的努力程度，管理层薪酬同企业收入的正相关关系已被大量文献证明（方军雄，2009）。目前，相关的业绩指标主要是指 EPS 等会计利润指标，营业收入等非利润指标与之存在显著差异。营业收入增长通常意味着企业规模的扩张，与公司利润变化并不同步（Dechow and Dichev，2002；刘浩等，2015）。在公司年报中披露的营业收入目标属于绩效评价体系中关键的、综合化的、显性的一项契约设计，该目标既是预算执行体系的最高引领，同时也是绩效评价的基础，其重要性与日俱增。营业收入指标是除利润指标外，用于收入考核的最常见的市场指标（潘飞和程明，2007；刘浩等，2015），营业收入目标直接体现了公司的经营状况，能够反映公司未来的经营前景，具有较高的信息含量，但是由于公司的营业收入目标数据难以获取，这方面的研究相对较少。

虽然营业收入的增加能为企业带来规模经济，从而降低交易成本与生产成本，帮助企业形成定价优势，从而获取市场的信任与认可，受到资本市场的青睐，提质增效（Krugman，1979；Williamson，1985），但是在目标完成过程中存在代理问题，公司管理层是否真的基于股东利益最大限度地完成收入业绩目标值得怀疑。因此，通过设计有效的薪酬激励驱使管理层同公司利益保持一致，能有效解决收入业绩目标完成过程中的代理问题，从而最大限度地完成收入业绩目标。大量的文献证实了管理层的行为受到薪酬的影响，但是关于薪酬差距是否以及如何影响收入业绩目标完成情况的文献较少。

锦标赛理论和行为理论奠定了薪酬差距影响收入业绩目标完成情况的理论基础。锦标赛理论认为薪酬差距可以让努力工作的员工得到应有的回报（于富生和张颖，2013），让不努力工作的员工因"不劳而获"产生"负罪感"，将薪酬与公司收入业绩目标完成情况最大限度地结合，以确保管理层的努力方向与股东价值最大化一致，激励效率最高的员工，从而调动他们的工作积极性，提升收入业绩目标完成程度。而行为理论则认为个人在做决定时，会经常将自己与上级、同级或者下属的薪酬进行对比，薪酬差距过大会引发不公平感或被剥夺的感觉，这种不公平会进一步影响管理层的行动（Dornstein，1991；吴联生等，2010），使之在收入业绩目标实现过程中降低努力程度或者采取"搭便车"的方式以"弥补"薪酬差距带来的不公平感（Rankin et al.，2008；

Zhang，2008；Clor-Proell et al.，2015），从而降低收入业绩目标完成程度。因此，本章要回答的问题是：在我国，高管-员工薪酬差距究竟是提升还是降低了管理层收入业绩目标的完成程度？

# 一 高管-员工薪酬差距影响管理层收入业绩目标完成程度的理论分析

管理层收入业绩目标完成程度是公司管理层努力的结果，管理层会将自身的工资水平与企业内部不同级别及同级别人员的工资进行对比，以此确定他们在工作中所需付出的努力程度（张丽平等，2013）。可见，薪酬差距通过"薪酬差距—努力程度—收入业绩目标完成程度"的传导机制影响收入业绩目标完成程度。根据锦标赛理论和行为理论，我们认为薪酬差距与收入业绩目标完成程度之间存在下列两种竞争性的关系。

锦标赛理论下，高管-员工薪酬差距会增强与提升管理层和员工的工作积极性与努力程度，从而有利于完成销售目标。锦标赛理论下，公司内部的晋升与奖励就像一场竞赛，保持一定的薪酬差距会使努力工作的员工获取更高水平的薪酬奖励，基于此，员工会更加努力地工作（鲁海帆，2011；Lazear and Rosen，1981）。有效的薪酬契约设计为代理人提供了较强的激励机制，使得代理人能与委托人利益保持一致，从而降低委托人监督代理人的成本，由此管理层更加重视企业的发展，朝着企业的战略目标方向努力（胡玲和黄速建，2012）。高管-员工薪酬差距直接影响竞赛参与者（失败者和成功者）间的薪酬差距，随着差距的扩大，代理人会更加努力地工作（Lazear and Rosen，1981）。由于锦标赛的激励机制具有更为宽松的适用条件（Milgrom，1989），企业员工间能够以相对收入业绩比较为前提条件展开竞赛。与收入指标相比，传统的利润等绝对指标的噪声较大，高管-员工薪酬差距更能激发管理层完成收入业绩目标。

首先，与利润业绩目标相比，收入业绩目标的完成不仅意味着公司规模扩大任务的完成，还能够帮助辖区政府完成 GDP 等考核任务，帮助地方政府官员实现晋升，带来规模经济的公司还能够提升公司价值和利润（刘浩等，2014），管理层愿意付出更大的努力以获取报酬。会计利润决定预计发放的薪酬，而收入规模决定实际发放的薪酬，经过审批并在年报中公布的营业收入数据一般直接与薪酬挂钩（刘浩等，2014）。

其次，销售不仅对资本市场的决策很重要，对上级评估经理业绩也很重要（Wei，2021）。Graham 等（2005）的调查研究表明，高管认为销售额是三个最重要的业绩指标之一，仅次于收益和经营现金流。此外，在中国国有企业中，销售指标比盈利指标更常用。这是因为国有企业的收益受到政府补贴和税收优惠政策的影响，因此与销售指标相比，其他指标反映管理层努力的信息较少（Wei，2021）。

最后，对于传统的业绩指标，人们只关注业绩目标期末的完成情况，管理层收入业绩目标是公司薪酬激励机制的重要内容，在目标导向下，将目标完成情况与目标设置基准进行比较，能够直接反映管理层的努力程度，通过收入业绩目标完成程度衡量管理层努力程度较为客观，目标完成程度越高，获取的薪酬越高。

基于以上分析，从锦标赛理论出发，高管-员工薪酬差距可能会提升收入业绩目标完成程度。因此，本章提出如下假设：

H3-1a　高管-员工薪酬差距越大，收入业绩目标完成程度越高。

社会比较理论认为，由于缺乏真正客观的评价标准，个体通常会通过与他人相比较对自身的观点和能力进行自我评价（Festinger，1954；吴联生等，2010），通过社会比较，个体会形成公平性认知。现有文献通过实验研究发现，个体通常会表现出公平偏好，不仅会关注自身的薪酬，还会通过将自己与他人的收益进行比较，确定收入分配是否公平（Gachter and Fehr，2002）。社会比较后的公平感与喜悦感显著正相关（Wicker and Bushweiler，1970）。中国对公平的重视程度远远高于其他国家（Kim and Leung，2007），如传统的"不患寡而患不均"等思想源远流长。行为理论认为薪酬差距过大引发的不公平感或被剥夺的感觉会进一步影响团队的合作意愿以及努力程度（Dornstein，1991；吴联生等，2010）。Pfeffer等（1991）以学术机构成员为研究对象，研究发现科研成员内部薪酬差距较大，会降低其心理满意度，成员之间更不愿意合作，从而降低了研究效率。过大的薪酬差距不仅无法发挥积极的激励作用，而且会阻碍组织的发展

（鲁海帆，2009）。薪酬差距过大时，员工感觉到其付出与所得不成正比，不公平感增强，使得他们在完成收入业绩目标时，消极怠工，以"弥补"薪酬差距带来的不公平感（Zhang，2008；Hannant and Jetnikoff，2015）。根据社会比较理论和行为理论，高管-员工薪酬差距过大可能会降低收入业绩目标完成程度。因此，本章提出如下假设：

H3-1b 高管-员工薪酬差距越大，收入业绩目标完成程度越低。

## 二 高管-员工薪酬差距影响管理层收入业绩目标完成程度的研究设计

### （一）模型构建

为了检验假设 H3-1a 和假设 H3-1b，参考 Bouwens 和 Kroos（2011）以及 Kim 和 Shin（2017）的研究建立如下模型：

$$COMP = a_0 + a_1 Gap + a_2 Controls + \varepsilon \qquad (3-1)$$

其中，COMP 表示管理层收入业绩目标完成程度；Gap 表示高管-员工薪酬差距，Controls 表示控制变量，$\varepsilon$ 表示残差项。

### （二）变量选择

（1）被解释变量：收入业绩目标完成程度（COMP）。参考

Bouwens 和 Kroos（2011）以及 Kim 和 Shin（2017）的做法，用实际营业收入对目标营业收入的偏离程度衡量，具体等于实际营业收入与目标营业收入之差与总资产的比值。

（2）核心解释变量：高管-员工薪酬差距（*Gap*）。参照杨志强和王华（2014）以及张洪辉和章琳一（2016）的研究，选取高管薪酬与普通员工薪酬的绝对薪酬差距（*Gap*1）和相对薪酬差距（*Gap*2）来衡量高管-员工薪酬差距：

$$Gap1 = \ln\left(\frac{\text{所有高管薪酬总额}}{\text{所有高管人数}} - \frac{\text{普通员工薪酬总额}}{\text{员工人数} - \text{所有高管人数}}\right)$$

$$Gap2 = \frac{\text{所有高管薪酬总额}}{\text{所有高管人数}} \Big/ \frac{\text{普通员工薪酬总额}}{\text{员工人数} - \text{所有高管人数}}$$

（3）控制变量（*Controls*）。本章控制了影响收入业绩目标完成的其他因素，包括第一大股东持股比例、两职合一、监事会规模、资产收益率、资产负债率和公司规模等（潘飞和程明，2007；刘浩等，2014），并控制了行业（Ind）与年份（Year）层面的固定效应。

相关变量说明见表 3-1。

表 3-1　主要变量说明

| 变量名称 | 变量符号 | 变量说明 |
| --- | --- | --- |
| 收入业绩目标完成程度 | *COMP* | （实际营业收入-目标营业收入）/总资产，数值越大，完成情况越好 |
| 高管-员工薪酬差距 | *Gap*1 | 高管平均薪酬和非高管平均薪酬差额的自然对数 |
| | *Gap*2 | 高管平均薪酬和非高管平均薪酬的比值 |
| 第一大股东持股比例 | *Hold* | 第一大股东持股数占总股本数的比重 |

| 变量名称 | 变量符号 | 变量说明 |
|---|---|---|
| 两职合一 | Chair_Ceo | 虚拟变量,总经理和董事长为同一人时取值为1,反之取值为0 |
| 监事会规模 | Sup | 监事会人数的自然对数 |
| 资产收益率 | Roa | 总利润/总资产 |
| 资产负债率 | Lev | 总负债/总资产 |
| 公司规模 | Size | 公司期末总资产的自然对数 |

## （三）数据来源与处理

本章选取 2007~2020 年全部 A 股上市公司为研究样本，收入业绩目标数据来自 2006~2019 年的上市公司年报，通过手工搜集整理而得。并对样本进行了如下处理：（1）剔除金融行业的样本；（2）剔除 ST 与 * ST 公司的样本。最终披露收入业绩目标数据的样本有 5856 个，财务数据均来自国泰安（CSMAR）数据库。本章对连续变量数据均进行了1%分位的缩尾（Winsorize）处理以减弱极端值的影响。

## 三 高管-员工薪酬差距影响管理层收入业绩目标完成程度的实证分析

### （一）初步验证

#### 1.描述性统计

表 3-2 显示，收入业绩目标完成程度的最小值为 - 0.620，

最大值为 0.730，说明样本中收入业绩目标完成程度存在较大的差异，并且中位数为 0.001，说明样本中有一半以上完成了收入业绩目标。绝对薪酬差距的最小值为 8.380，最大值为 13.87，标准差为 1.050，说明公司的绝对薪酬差距存在较大的差异。相对薪酬差距的最小值为 0.190，最大值为 15.62，标准差为 2.630，同样也说明了相对薪酬差距在不同公司间差异较大。

表 3-2　变量描述性统计

| 变量 | 样本量 | 最小值 | 25 百分位数 | 中位数 | 75 百分位数 | 最大值 | 标准差 |
|---|---|---|---|---|---|---|---|
| $COMP$ | 5695 | -0.620 | -0.080 | 0.001 | 0.060 | 0.730 | 0.190 |
| $Gap1$ | 5164 | 8.380 | 11 | 11.71 | 12.32 | 13.87 | 1.050 |
| $Gap2$ | 5639 | 0.190 | 1.690 | 2.630 | 4.070 | 15.62 | 2.630 |
| $Chair\_Ceo$ | 5404 | 0 | 0 | 0 | 0 | 1 | 0.350 |
| $Hold$ | 5697 | 0.100 | 0.250 | 0.360 | 0.490 | 0.770 | 0.160 |
| $Lev$ | 5697 | 0.090 | 0.380 | 0.530 | 0.660 | 1.050 | 0.200 |
| $Sup$ | 5697 | 1.100 | 1.100 | 1.100 | 1.610 | 2.200 | 0.300 |
| $Size$ | 5691 | 18.15 | 18.76 | 20.13 | 21.13 | 24.62 | 0.930 |
| $Roa$ | 5691 | -0.750 | -0.060 | 0.110 | 0.360 | 11.36 | 1.490 |

2. 相关性分析

表 3-3 显示，绝对薪酬差距（$Gap1$）和相对薪酬差距（$Gap2$）同收入业绩目标完成程度之间的相关系数为正，但不显著，需要进一步分析。在控制变量方面，两职合一（$Chair\_Ceo$）与收入业绩目标完成程度的相关系数为 -0.070，并在 1% 的水平下显著，说明两职合一情况下管理层收入业绩目标完成程度较低，主要原因可能是当公司董事长和总经理两职合一时，公司治

表 3-3 变量相关性分析

| 变量 | COMP | Gap1 | Gap2 | Chair_Ceo | Hold | Lev | Sup | Size | Roa |
|---|---|---|---|---|---|---|---|---|---|
| COMP | 1 | | | | | | | | |
| Gap1 | 0.005 | 1 | | | | | | | |
| Gap2 | 0.009 | 0.637*** | 1 | | | | | | |
| Chair_Ceo | −0.070*** | −0.004 | 0.021 | 1 | | | | | |
| Hold | 0.098*** | 0.011 | −0.062*** | −0.107*** | 1 | | | | |
| Lev | 0.007 | −0.022 | 0.007 | −0.062*** | 0.027** | 1 | | | |
| Sup | 0.071*** | 0.005 | −0.018 | −0.088*** | 0.047*** | 0.115*** | 1 | | |
| Size | 0.069*** | 0.013 | −0.059*** | 0.014 | 0.027** | 0.102*** | −0.048*** | 1 | |
| Roa | −0.050*** | −0.105*** | −0.085*** | 0.039*** | −0.047*** | −0.050*** | −0.015 | 0.015 | 1 |

注：*、**和***分别表示 10%、5%和 1%的显著性水平，余表同。

理不完善，难以监督管理层的努力程度，从而导致管理层收入业绩目标完成程度较低。第一大股东持股比例（*Hold*）与收入业绩目标完成程度的相关系数为 0.098，同样在 1% 的水平下显著，说明第一大股东持股比例越大，管理层收入业绩目标完成程度越高。主要原因可能是第一大股东持股比例越大，大股东越能够对管理层的努力程度进行监督，督促他们按照股东利益行事，完成收入业绩目标。

## （二）基准回归分析

为了检验高管-员工薪酬差距与收入业绩目标完成程度间的关系，并剔除异方差与多重共线性给模型估计带来的影响从而确保回归结果的可靠性，在此对基准回归模型做了如下工作：不加控制变量以及不控制行业与年份固定效应，不加控制变量但是控制行业与年份固定效应，加入控制变量但是不控制行业与年份固定效应，加入控制变量以及控制行业与年份固定效应。表 3-4 中，高管-员工薪酬差距对收入业绩目标完成程度的影响系数在四种情况下至少在 10% 的水平下显著为正，说明回归结果相对稳健。

表 3-4 高管-员工薪酬差距与收入业绩目标完成程度

| 变量 | （1） | （2） | （3） | （4） | （5） | （6） | （7） | （8） |
|---|---|---|---|---|---|---|---|---|
| $Gap1$ | 0.018*** | 0.023*** | 0.015*** | 0.011*** | | | | |
| | （0.000） | （0.000） | （0.000） | （0.000） | | | | |
| $Gap2$ | | | | | 0.013*** | 0.004** | 0.012** | 0.002* |
| | | | | | （0.000） | （0.046） | （0.032） | （0.068） |
| $Chair\_Ceo$ | | | −0.015*** | −0.026*** | | | −0.017*** | −0.024*** |
| | | | （0.000） | （0.000） | | | （0.000） | （0.001） |
| $Hold$ | | | 0.034*** | 0.071*** | | | 0.056** | 0.083*** |
| | | | （0.000） | （0.000） | | | （0.041） | （0.000） |
| $Lev$ | | | −0.008* | −0.012 | | | −0.012* | −0.016 |
| | | | （0.073） | （0.345） | | | （0.092） | （0.208） |
| $Sup$ | | | 0.012* | 0.025*** | | | 0.013*** | 0.027*** |
| | | | （0.065） | （0.003） | | | （0.000） | （0.001） |
| $Size$ | | | 0.027*** | 0.011*** | | | 0.027*** | 0.011*** |
| | | | （0.001） | （0.000） | | | （0.000） | （0.000） |
| $Roa$ | | | −0.001*** | −0.001*** | | | −0.001*** | −0.001*** |
| | | | （0.000） | （0.002） | | | （0.000） | （0.000） |
| $\_cons$ | | | −0.235* | −0.105* | | | −0.323 | −0.004 |
| | | | （0.082） | （0.064） | | | （0.985） | （0.937） |
| Year | NO | YES | NO | YES | NO | YES | NO | YES |
| Ind | NO | YES | NO | YES | NO | YES | NO | YES |
| N | 4917 | 4917 | 4917 | 4917 | 5355 | 5355 | 5355 | 5355 |
| R-sq | 0.112 | 0.092 | 0.105 | 0.101 | 0.103 | 0.092 | 0.096 | 0.095 |

注：括号内为 P 值，余表同。

第（4）列和第（8）列的结果显示，绝对薪酬差距（$Gap1$）对收入业绩目标完成程度的影响系数为 0.011，并在 1% 的水平下显著，而相对薪酬差距（$Gap2$）对收入业绩目标完成程度的影响系数为 0.002，并在 10% 的水平下显著，说明高管-员工薪酬差距越大，收入业绩目标完成程度越高，支持了锦标赛理论下薪酬差距的正向激励效应观点，验证了假设 H3-1a。

## （三）内生性与稳健性检验

### 1. 内生性问题

此处通过倾向得分匹配法（PSM）解决基准回归模型的内生性问题。首先，根据高管-员工薪酬差距的中位数将样本分为较高组与较低组，将较高组作为处理组；其次，根据公司规模、销售收入增长率与资产负债率等变量进行多维度匹配，选择合适的匹配样本；最后，采用半径匹配等方法来匹配样本，绝对薪酬差距匹配后包含 2525 个样本，相对薪酬差距匹配后包括 2708 个样本。匹配后的回归结果见表 3-5，第（1）列和第（2）列的结果进一步验证了本章的研究假设。

表 3-5　PSM 与 Heckman 两阶段回归结果

| 变量 | PSM | | 两阶段 | |
| --- | --- | --- | --- | --- |
| | （1） | （2） | （3） | （3） |
| Gap1 | 0.018 *** | | 0.009 *** | |
| | （0.001） | | （0.003） | |
| Gap2 | | 0.002 | | 0.001 |
| | | （0.132） | | （0.246） |
| IMR | | | 0.162 *** | 0.117 *** |
| | | | （0.001） | （0.000） |
| Chair_Ceo | −0.008 | −0.010 | −0.020 *** | −0.021 *** |
| | （0.357） | （0.186） | （0.000） | （0.001） |
| Hold | 0.050 ** | 0.042 ** | 0.071 *** | 0.080 *** |
| | （0.033） | （0.027） | （0.001） | （0.000） |

续表

| 变量 | PSM | | 两阶段 | |
|---|---|---|---|---|
| | （1） | （2） | （3） | （3） |
| Lev | 0.028 | 0.023 | −0.035 | −0.001 |
| | （0.216） | （0.375） | （0.203） | （0.372） |
| Sup | 0.023** | 0.023** | 0.026*** | 0.025*** |
| | （0.037） | （0.045） | （0.001） | （0.000） |
| Size | 0.011*** | 0.007** | 0.009*** | 0.008*** |
| | （0.001） | （0.035） | （0.000） | （0.001） |
| Roa | −0.001** | −0.001*** | −0.001** | −0.001*** |
| | （0.014） | （0.000） | （0.048） | （0.007） |
| _cons | −0.275*** | 0.017 | −0.136** | −0.042 |
| | （0.001） | （0.258） | （0.043） | （0.315） |
| Year | YES | YES | YES | YES |
| Ind | YES | YES | YES | YES |
| N | 2525 | 2708 | 4917 | 5355 |
| R-sq | 0.115 | 0.110 | 0.306 | 0.252 |

同时，我国上市公司年报中关于营业收入目标信息的披露属于自愿信息披露，可能导致样本分布不随机。因此，本章的基准回归结果可能受到样本自选择问题的影响，在此利用 Heckman 两阶段分析方法控制样本自选择问题，结果见表3-5的第（3）列和第（4）列，仍然证明了研究假设 H3-1a。

2.稳健性检验

为了保证研究结论的可靠性，除了采取不同的高管-员工薪酬差距衡量指标外，本章还进行以下几项稳健性检验。第一，重新定义 COMP，实际营业收入大于目标营业收入时取值为1，反之取值为0，采用 Logit 模型进行回归，结果（见表3-6）与前文基本一致，高管-员工绝对薪酬差距与相对薪酬差距和管理层收入业绩目标完成程度间的关系分别在1%和10%的水平下显著。第二，删除样本较少的行业，包括J、Q和O（证监会行业分类代码），以及仅仅保留样本最多的行业即制造业（C），以避免样本行业分布不均对结果造成的偏差，分别重新进行回归估计，结果仍然支持了前文的结论。第三，高管背景特征（如性别和学历）会影响管理层的努力程度，在此新增高管背景特征变量 $Sex$ 和 $OCC$。$Sex$ 表示性别，用女性高管人数占比衡量；$OCC$ 表示学历，用大专及以上学历高管人数占比衡量。新的回归结果仍然支持前文的结论。以上检验结果说明本章的研究结论是稳健的。

表 3-6 稳健性检验结果

| 变量 | 更换变量（Logit 回归） | | 剔除样本较少的行业 | | 仅仅保留样本最多的行业 | | 新增变量 | |
|---|---|---|---|---|---|---|---|---|
| $Gap1$ | 0.116 *** (0.001) | | 0.011 *** (0.000) | | 0.009 *** (0.001) | | 0.013 *** (0.000) | |
| $Gap2$ | | 0.021 * (0.073) | | 0.002 * (0.082) | | 0.003 ** (0.024) | | 0.002 ** (0.017) |
| $Chair\_Ceo$ | -0.205 ** (0.019) | -0.227 *** (0.002) | -0.025 *** (0.001) | -0.024 *** (0.000) | -0.023 *** (0.003) | -0.022 ** (0.025) | -0.026 *** (0.001) | -0.024 *** (0.002) |
| $Hold$ | 0.593 *** (0.003) | 0.782 *** (0.000) | 0.071 *** (0.000) | 0.083 *** (0.000) | 0.070 *** (0.002) | 0.082 *** (0.000) | 0.068 *** (0.000) | 0.082 *** (0.000) |
| $Lev$ | -0.257 (0.125) | -0.286 * (0.078) | -0.023 (0.335) | -0.017 (0.149) | -0.015 (0.683) | -0.032 (0.720) | -0.016 (0.546) | -0.012 (0.314) |
| $Sup$ | 0.170 * (0.074) | 0.200 ** (0.050) | 0.025 *** (0.001) | 0.026 *** (0.002) | 0.013 (0.147) | 0.012 (0.135) | 0.025 *** (0.001) | 0.026 *** (0.004) |

续表

| 变量 | 更换变量（Logit 回归） | | 剔除样本较少的行业 | | 仅仅保留样本最多的行业 | | 新增变量 | |
|---|---|---|---|---|---|---|---|---|
| Size | 0.078 *** (0.001) | 0.092 *** (0.000) | 0.011 *** (0.001) | 0.011 *** (0.001) | 0.029 *** (0.000) | 0.029 *** (0.001) | 0.011 *** (0.000) | 0.012 *** (0.001) |
| Roa | -0.001 *** (0.001) | -0.001 *** (0.002) | -0.001 *** (0.001) | -0.001 *** (0.001) | -0.001 *** (0.002) | -0.001 *** (0.001) | -0.001 ** (0.023) | -0.001 ** (0.001) |
| Sex | | | | | | | -0.017 (0.144) | -0.021 * (0.061) |
| OCC | | | | | | | 0.001 ** (0.012) | 0.001 *** (0.008) |
| _cons | 0.187 (0.813) | 0.711 (0.240) | -0.106 * (0.063) | -0.004 (0.923) | -0.092 (0.182) | -0.012 (0.835) | -0.154 ** (0.019) | -0.019 (0.731) |
| Year | YES | YES | YES | YES | YES | YES | YES | YES |
| Ind | YES | YES | YES | YES | YES | YES | YES | YES |
| N | 4911 | 5348 | 4901 | 5334 | 3000 | 3163 | 4366 | 4743 |
| R-sq | | | 0.099 | 0.094 | 0.113 | 0.115 | 0.105 | 0.103 |

第四，虽然基准回归结果支持了薪酬差距的锦标赛理论观点，但是根据学术界关于薪酬差距的经济后果的研究，对于锦标赛理论和行为理论并非某一理论占绝对主导地位（解维敏，2017；孔东民等，2017），因此需要研究薪酬差距与管理层收入业绩目标完成程度之间是否呈现非线性关系。在此参照高良谋和卢建词（2015）与解维敏（2015）的研究，在模型中纳入绝对薪酬差距和相对薪酬差距的一次项和平方项，以检验薪酬差距与管理层收入业绩目标完成程度之间是否呈现倒 U 形关系。表 3-7 显示，$Gap1$ 与 $Gap2$ 一次项的系数分别在 5% 和 10% 的水平下显著，二次项的系数均不显著，说明高管-员工薪酬差距与管理层

收入业绩目标完成程度之间不存在倒 U 形关系，表明高管-员工薪酬差距对收入业绩目标完成程度的影响符合锦标赛理论观点，进一步支撑了本章的研究结论。

表 3-7　高管-员工薪酬差距与收入业绩目标完成程度（倒 U 形关系检验）

| 变量 | （1） | （2） |
|---|---|---|
| $Gap1$ | 0.023 ** <br> （0.031） | |
| $Gap1^{st}$ | 0.005 <br> （0.924） | |
| $Gap2$ | | 0.011 * <br> （0.072） |
| $Gap2^{st}$ | | 0.312 <br> （0.624） |
| $Chair\_Ceo$ | 0.013 * <br> （0.083） | −0.032 * <br> （0.076） |
| $Hold$ | 0.059 *** <br> （0.003） | 0.027 ** <br> （0.026） |
| $Lev$ | −0.021 * <br> （0.063） | −0.021 <br> （0.342） |
| $Sup$ | 0.031 <br> （0.642） | 0.032 * <br> （0.057） |
| $Size$ | 0.003 * <br> （0.084） | 0.023 *** <br> （0.000） |
| $Roa$ | −0.001 *** <br> （0.002） | −0.001 *** <br> （0.008） |
| $\_cons$ | −0.324 <br> （0.764） | −0.044 <br> （0.873） |
| Year | YES | YES |
| Ind | YES | YES |
| N | 4923 | 4985 |
| R-sq | 0.097 | 0.083 |

第五，替换被解释变量。除了营业收入相关数据外，笔者还进一步搜集了年报中"管理层讨论与分析"（MD&A）部分的净利润相关数据，净利润相关数据样本相对较少，故将之用于稳健性检验。在此，用净利润业绩目标完成程度（衡量方式与收入业绩目标完成程度类似）替换收入业绩目标完成程度，回归结果与基准回归结果基本保持一致，具体见表 3-8。

表 3-8　高管-员工薪酬差距与净利润业绩目标完成程度

| 变量 | （1） | （2） |
|---|---|---|
| Gap1 | 0.021 ** | |
| | （0.032） | |
| Gap2 | | 0.012 * |
| | | （0.071） |
| Chair_Ceo | −0.032 *** | −0.015 *** |
| | （0.000） | （0.000） |
| Hold | 0.032 ** | 0.076 * |
| | （0.024） | （0.091） |
| Lev | −0.015 | −0.013 * |
| | （0.121） | （0.078） |
| Sup | 0.012 *** | 0.015 * |
| | （0.000） | （0.061） |
| Size | 0.013 *** | 0.014 *** |
| | （0.000） | （0.000） |
| Roa | 0.023 *** | 0.017 *** |
| | （0.002） | （0.000） |
| _cons | −0.123 * | −0.028 |
| | （0.056） | （0.512） |
| Year | YES | YES |
| Ind | YES | YES |
| N | 4923 | 4985 |
| R-sq | 0.121 | 0.113 |

## （四）异质性分析

### 1.产权性质

薪酬差距具备激励效应的重要条件就是保证锦标赛中的竞争获胜者能够取得更高级别的薪酬，然而，我国的企业有国企与民企之分，不同产权性质企业的内部文化差异较大。国有企业的文化使员工很难接受薪酬差距过大的事实（缪毅和胡奕明，2014），薪酬差距过大引发的不公平感更强，导致的不满程度更高，管理人员在完成收入业绩目标的过程中消极怠工和搭便车的想法更加强烈。此外，国有企业管理层拥有更大的权力，国企较大的薪酬差距可能是其高管通过自身权力牟取私利，通过对股东和员工利益的侵占而造成的，高管-员工薪酬差距越大，管理层越不愿意通过自身努力提升企业收入，这种情况下管理层的注意力不是如何提高收入业绩目标完成程度，而是集中在如何寻租以获取更高的租金收益（佟爱琴和陈蔚，2017）。相反，民企的委托人在制定薪酬契约制度时，更加注重员工和管理层薪酬的合理性与公平性，将薪酬或奖励与个人的能力及其对公司价值的贡献相关联，只要排名达到赢得锦标赛胜利的标准，就可以获得更高等级的薪酬，因此薪酬差距的正向激励效应可能在民企中更明显（佟爱琴和陈蔚，2017）。

为了检验高管-员工薪酬差距对管理层收入业绩目标完成程度的影响在不同产权性质下的差异，按照国企和民企分组进行回归，检验结果见表3-9。第（1）列和第（2）列显示，民企样本下绝对薪酬差距（Gap1）对收入业绩目标完成程度（COMP）的影响系数为 0.015，并在 1% 的水平下显著，而在国企组，绝对薪酬差距（Gap1）对收入业绩目标完成程度（COMP）的影响系数为 0.003，并在 10% 的水平下显著。国企绝对薪酬差距对收入业绩目标完成程度的影响弱于民企，组间系数通过了 Wald 检验，说明薪酬差距与收入业绩目标完成程度的正相关关系在民企表现得更为明显。第（3）列和第（4）列中的结果与第（1）列和第（2）列基本一致。

表 3-9　产权性质、高管-员工薪酬差距与收入业绩目标完成程度

| 变量 | (1) 国企 | (2) 民企 | (3) 国企 | (4) 民企 |
|---|---|---|---|---|
| Gap1 | 0.003 * (0.063) | 0.015 *** (0.001) | | |
| Gap2 | | | 0.0002 (0.756) | 0.004 *** (0.001) |
| Chair_Ceo | −0.015 (0.121) | −0.024 ** (0.025) | −0.014 (0.113) | −0.024 ** (0.028) |
| Hold | 0.002 (0.368) | 0.088 *** (0.002) | 0.018 (0.273) | 0.098 *** (0.001) |
| Lev | −0.013 (0.351) | −0.012 (0.217) | −0.021 (0.172) | −0.023 (0.183) |
| Sup | 0.036 ** (0.018) | 0.006 (0.243) | 0.037 ** (0.021) | 0.007 (0.172) |
| Size | 0.005 (0.134) | 0.017 *** (0.001) | 0.005 * (0.063) | 0.016 *** (0.004) |
| Roa | −0.001 *** (0.002) | −0.001 *** (0.003) | −0.001 *** (0.001) | −0.001 ** (0.001) |

| 变量 | （1）<br>国企 | （2）<br>民企 | （3）<br>国企 | （4）<br>民企 |
|---|---|---|---|---|
| _cons | -0.072<br>（0.168） | -0.065<br>（0.172） | -0.013<br>（0.242） | 0.026<br>（0.157） |
| Year | YES | YES | YES | YES |
| Ind | YES | YES | YES | YES |
| Wald 检验 | 2.05* | | 4.01** | |
| N | 1935 | 2982 | 2053 | 3302 |
| R-sq | 0.096 | 0.119 | 0.09 | 0.112 |

## 2. 公司规模

高管-员工薪酬差距在激励管理层完成收入业绩目标时不仅受到产权性质的影响，还会受到公司规模的影响。已有的研究发现相对于大规模企业，小规模企业拥有规模效应优势，此外，随着规模的扩大，企业的代理成本会逐渐增加，进而降低公司的相对价值（Lang and Stulz，1994）。相对于大规模企业的股东，小规模企业的股东更能有效监督企业的管理层（Offenberg，2010），主要原因在于相对于大规模企业，小规模企业的内部监督机制与外部监督机制均有着明显的优势，如大规模企业可能拥有规模较大的董事会（Boone et al.，2007），而规模较大的董事会难以更好地监督公司的管理层，监督功能难以有效发挥（Jessen，1993）。

此外，外部大股东同样能够有效地监督管理层，缓解代理问题，发挥着重要的治理作用（Yermack，2006）。然而 Agrawal 和

Knoeber（1996）的研究发现，随着公司规模的扩大，外部大股东存在的概率不断降低，小规模企业更有可能存在外部大股东。Doukas 和 McKnight（2005）的研究表明小规模企业更有可能引入证券分析师，这作为一种外部监督机制能够更好地发挥监督作用。由于大规模企业存在高昂的监督成本，高管-员工薪酬差距作为缓解代理问题的一种重要激励机制，更易于被大规模企业所采用，并且薪酬差距的锦标赛理论更容易采用。另外，由于大规模企业已经形成了稳定的客户关系，管理层保持工作积极性，更容易完成收入业绩目标，因此保持一定程度的薪酬差距更容易激励管理层完成收入业绩目标。因此，相对于小规模企业，高管-员工薪酬差距与收入业绩目标完成程度的正相关关系在大规模企业表现得更明显。

在此根据营业收入中位数分组，大于中位数的为大规模企业，反之为小规模企业，分组回归结果如表 3-10 所示。第（1）列和第（2）列显示，大规模企业的绝对薪酬差距（$Gap1$）对收入业绩目标完成程度（$COMP$）的影响系数为 0.023，并在 5% 的水平下显著，而在小规模企业组，绝对薪酬差距（$Gap1$）对收入业绩目标完成程度（$COMP$）的影响系数为 0.002，并在 5% 的水平下显著。大规模企业的绝对薪酬差距对收入业绩目标完成程度的影响强于小规模企业，组间系数通过了 Wald 检验，说明薪酬差距与收入业绩目标完成程度的正相关关系在大规模企业表现得更为明显。第（3）列和第（4）列中的结果与第（1）列和第（2）列基本一致，组间差异同样通过了 Wald 检验，进一步说明薪酬差距与收入业绩目标完成程度的正相关关系在大规模企业表现得更为明显。

表 3-10　公司规模、高管-员工薪酬差距与收入业绩目标完成程度

| 变量 | （1）<br>小规模企业 | （2）<br>大规模企业 | （3）<br>小规模企业 | （4）<br>大规模企业 |
|---|---|---|---|---|
| Gap1 | 0.002 **<br>（0.027） | 0.023 **<br>（0.023） | | |
| Gap2 | | | 0.001 **<br>（0.015） | 0.015 *<br>（0.068） |
| Chair_Ceo | -0.021 *<br>（0.075） | -0.013 ***<br>（0.001） | -0.021 *<br>（0.062） | -0.024 **<br>（0.027） |
| Hold | 0.082<br>（0.572） | 0.071 **<br>（0.021） | 0.032<br>（0.452） | 0.212 **<br>（0.028） |
| Lev | -0.023 **<br>（0.027） | -0.015<br>（0.215） | -0.013<br>（0.182） | -0.016<br>（0.413） |
| Sup | 0.001<br>（0.217） | 0.032 **<br>（0.034） | 0.037 *<br>（0.063） | 0.012<br>（0.379） |
| Size | 0.013 **<br>（0.018） | 0.015 ***<br>（0.001） | 0.013 **<br>（0.025） | 0.012 ***<br>（0.001） |
| Roa | -0.001 ***<br>（0.000） | -0.001 ***<br>（0.000） | -0.001 ***<br>（0.000） | -0.001 ***<br>（0.000） |
| _cons | 0.065<br>（0.109） | -0.132<br>（0.314） | -0.014<br>（0.726） | 0.025<br>（0.148） |
| Year | YES | YES | YES | YES |
| Ind | YES | YES | YES | YES |
| Wald 检验 | 3.75 ** | | 5.33 *** | |
| N | 2701 | 2702 | 2658 | 2659 |
| R-sq | 0.013 | 0.112 | 0.090 | 0.112 |

### 3.企业成长性

公司管理层职务晋升、薪酬等体系能否有效运行依赖于管理层所处组织的成长性情况（Baker et al.，1998）。从职务晋升体系来看，该体系在强成长性公司运行得更为良好，在弱成长性公司可能会出现问题。因此，企业成长性会影响内部薪酬差距对公司员工的激励效应，具体体现为：相对于弱成长性公司，强成长性公司由于存在更高的信息不对称程度，在完成收入业绩目标的过程中，管理层的努力程度可能很难被识别，因为强成长性公司的管理层在项目投资方面拥有更多的私有信息（Clinch，1991），以及了解影响公司收入变动、不为股东所了解的具体信息。为了缓解这种代理问题，通过保持一定程度的薪酬差距，能够使得管理层同公司利益保持一致，降低代理成本，从而使得管理层更有效地完成收入业绩目标。此外，相对于弱成长性公司，强成长性公司面临的风险更大（Clifford，2017），通过保持一定的薪酬差距能够增强管理层的风险偏好，使之积极投资项目从而完成收入业绩目标。基于上述分析，本章认为相对于弱成长性企业，高管-员工薪酬差距与收入业绩目标完成程度的正相关关系在强成长性企业表现得更明显。

在此根据公司营业收入增长率（成长性）的中位数分组，检验高管-员工薪酬差距对收入业绩目标完成程度的影响在不同成长性公司中的差异，检验结果如表 3-11 所示。第（1）列和第（2）列显示，强成长性企业的绝对薪酬差距（Gap1）对收入业绩目标完成程度（COMP）的影响系数为 0.036，并在 1% 的水平下显著，而在弱成长性企业组，绝对薪酬差距（*Gap*1）对收入业绩目标完成程度（*COMP*）的影响系数为 0.013，但不显著。强成长性企业的绝对薪酬差距对收入业绩目标完成程度的影响强于弱成长性企业，组间系数通过了 Wald 检验，说明薪酬差距与收入业绩目标完成程度的正相关关系在强成长性企业表现得更为明显。第（3）列和第（4）列展示了相对薪酬差距与收入业绩目标完成程度之间的关系，结果与第（1）列和第（2）列基本一致。

表 3-11　企业成长性、高管-员工薪酬差距与收入业绩目标完成程度

| 变量 | （1）弱成长性 | （2）强成长性 | （3）弱成长性 | （4）强成长性 |
|---|---|---|---|---|
| *Gap*1 | 0.013 (0.153) | 0.036 *** (0.001) | | |
| *Gap*2 | | | 0.024 (0.263) | 0.056 *** (0.000) |
| *Chair_Ceo* | −0.032 * (0.068) | −0.025 ** (0.017) | −0.041 ** (0.026) | −0.021 *** (0.000) |
| *Hold* | 0.075 (0.163) | 0.035 (0.141) | 0.043 (0.443) | 0.038 (0.251) |
| *Lev* | −0.013 * (0.056) | −0.017 * (0.073) | −0.014 ** (0.031) | −0.011 ** (0.028) |
| *Sup* | 0.021 (0.576) | 0.034 (0.385) | 0.082 (0.699) | 0.034 (0.453) |
| *Size* | 0.012 *** (0.000) | 0.025 *** (0.001) | 0.014 ** (0.012) | 0.042 *** (0.001) |
| *Roa* | −0.001 *** (0.001) | −0.001 *** (0.000) | −0.001 *** (0.000) | −0.001 *** (0.001) |
| _*cons* | −0.021 (0.172) | −0.023 (0.342) | −0.041 (0.135) | 0.021 (0.347) |

续表

| 变量 | （1）<br>弱成长性 | （2）<br>强成长性 | （3）<br>弱成长性 | （4）<br>强成长性 |
|---|---|---|---|---|
| Year | YES | YES | YES | YES |
| Ind | YES | YES | YES | YES |
| Wald 检验 | 2.43* | | 6.32*** | |
| N | 2701 | 2702 | 2658 | 2659 |
| R-sq | 0.023 | 0.105 | 0.112 | 0.142 |

## （五）环境不确定性的调节作用

高管-员工薪酬差距提升了管理层收入业绩目标完成程度，然而，这一关系还会受到环境不确定性的影响。根据组织行为学理论，个体与环境之间的相互作用产生了动机。环境不确定性影响企业的经营发展，主要体现在以下方面。首先，企业作为一个开放的复杂系统，难以避免会受到环境影响，导致各项决策可能无法达到预期效果。其次，环境处于不断变化之中，这在为企业发展提供机会的同时，也带来了危险，管理层难以做出完美的决策，并且难以保证战略的有效实施。最后，环境不确定性使得线性因果关系失调，各项决策后果无法预计。随着环境不确定性的增强，管理层努力程度对企业收入业绩目标完成情况的影响变小，并且管理层付出的边际成本变大，这会影响管理层的工作积极性（Lazear and Rosen，1981）。在薪酬差距保持一定水平的条件下，如果管理层的晋升很大程度受到运气等因素的影响，那么就会导致薪酬制度的激励效应减弱（De Varo，2006）；也就是

说，环境不确定性减弱了个人努力程度同公司业绩之间的关系
（Lawrence and Lorsch，1967）。

1. 宏观环境：经济政策不确定性

宏观经济政策的影响下，企业的销售路径、经营模式以及服务对象都会发生变化。一方面，在不确定性宏观环境下，市场整体需求降低，需要及时有效的信息和资源，才能完成既定业绩目标，这需要管理层更好地履职。因此，在锦标赛理论下，薪酬差距能够激励管理层勤勉工作，为员工提供及时的信息，帮助拓宽销售渠道。另一方面，宏观经济政策的不确定性限制了员工完成收入业绩目标的手段，主要体现为：降低了商业信用的供给，而商业信用是完成销售收入目标的一个重要手段，受到整个宏观经济政策不确定性的影响，公司提供商业信用的动机减弱（陈胜蓝和刘晓玲，2018），不利于收入业绩目标的顺利完成。为了检验宏观环境不确定性是否调节了薪酬差距与管理层收入业绩目标完成情况之间的关系，此处在式（3-1）的基础上，加入了经济政策不确定性（$IEPU$）及其与高管-员工薪酬差距的交互项：

$$COMP = a_0 + a_1 Gap1(Gap2) + a_2 IEPU + a_3 IEPU \times Gap1(Gap2) + a_4 Controls + \varepsilon$$

$$(3-2)$$

根据 Baker 等（2016）颁布的经济政策不确定性月度指数，参考陈胜蓝和刘晓玲（2018）的研究，计算中国经济政策不确定性指数，并将之转化为年度变量（顾夏铭等，2018），具体为取月度经济政策不确定性指数的算术平均值，并除以100，回归

结果见表3-12。结果显示，绝对薪酬差距与经济政策不确定性交互项的系数为0.027，并在10%的水平下显著，相对薪酬差距与经济政策不确定性交互项的系数为0.013，并在5%的水平下显著，这些表明经济政策不确定性正向调节了薪酬差距与管理层收入业绩目标完成程度之间的正相关关系，说明在宏观环境不确定性下，保持一定的薪酬差距能够激励管理层完成收入业绩目标。

表 3-12 经济政策不确定性的调节作用

| 变量 | (1) | (2) |
|---|---|---|
| $Gap1$ | -0.017<br>(0.125) | |
| $IEPU$ | -0.019<br>(0.920) | 0.251 ***<br>(0.000) |
| $Gap1×IEPU$ | 0.027 *<br>(0.092) | |
| $Gap2$ | | -0.009 **<br>(0.027) |
| $Gap2×IEPU$ | | 0.013 **<br>(0.031) |
| $Chair\_Ceo$ | -0.025 ***<br>(0.001) | -0.022 ***<br>(0.001) |
| $Hold$ | 0.048 ***<br>(0.003) | 0.052 ***<br>(0.001) |
| $Lev$ | 0.024 *<br>(0.065) | 0.023 *<br>(0.074) |
| $Sup$ | 0.018 **<br>(0.027) | 0.017 **<br>(0.031) |
| $Size$ | 0.010 ***<br>(0.000) | 0.010 ***<br>(0.000) |

| 变量 | （1） | （2） |
|------|-------|-------|
| Roa | −0.001*** <br> （0.000） | −0.001*** <br> （0.000） |
| _cons | 0.033 <br> （0.806） | −0.125*** <br> （0.009） |
| Year | YES | YES |
| Ind | YES | YES |
| N | 4915 | 5353 |
| R−sq | 0.140 | 0.136 |

### 2. 微观环境：产品市场竞争

董事会在年末制定下一年的经营目标与计划，由管理层负责执行计划并完成目标，通常收入业绩目标完成情况是与管理层薪酬、晋升激励等挂钩的。管理层收入业绩目标以一种契约的形式约定了双方的权利和义务，而该契约目标需要管理层努力才能够完成。产品市场竞争对薪酬差距与管理层收入业绩目标完成程度之间关系的调节作用主要体现在下列两个方面。

第一，信息比较假说认为产品市场竞争能够帮助股东获得竞争对手公司的收入信息，他们以此来评估自家公司管理层的努力程度，从而减弱股东与管理层的信息不对称性，减少监督成本（刘志强和余明桂，2009）。产品市场竞争越激烈，信息不对称程度越低，管理层的努力程度与经营能力等信息越公开，从而股东以及外部投资者越能够加强对公司管理层的监管（Shleifer，1985）。相对于绝对收入指标，收入业绩目标具体而又明确，能够直接衡量管理层的努力程度（Holmström，1982；Watts and Zimmerman，1990）。产品市场竞争能够为股东提供竞争对手公司的收入信息，股东能够通过直接对比自家公司与竞争对手公司年度的实际营业收入，来评价管理层的努力程度，因此产品市场竞争有助于提高公司高管的工作努力程度。Machlup（1967）最先发现竞争能够减轻管理者的懈怠心理。Meyer 和 Vickers（1997）研究发现市场能够通过公司收入评价管理层的努力程度与工作能力。Schmidt（1997）发现产品市场竞争可以减少管理层的懈怠行为，进而提升公司的收入。产品市场竞争除了可以不断提高管理者的工作努力程度外，还可以提高工人的工作努力程度（Smirlock and Marshall，1983；Dickens and Katz，1987；Stewart，1990）。因此，产品市场竞争能够促使管理层提升努力程度，如通过提高生产效率、加强研发投入（刘志强，2015），增加不低于竞争对手公司的营业收入，从而提升收入业绩目标完成程度。

第二，根据清算威胁假说，受到产品市场竞争的影响，管理层之间会形成激烈的竞争，同时公司破产风险会加大（Schmidt，1997）。在激烈的市场竞争条件下，如果环境的变化会加大公司的破产风险，管理层则有更强烈的动机经营好公司，降低破产风险发生的概率。因为一旦公司破产，管理层不仅会失去工作，而且会在经理人市场上损失声誉（Webb，2002）。因此，产品市场竞争会削弱管理层的懈怠心理，提高管理层的努力程度（蒋荣和陈丽蓉，2007）。产品市场竞争通过激励管理层提高努力程度提升营业收入能够帮助公司扩大规模，带来规模经济，从而降低生产与交易成本，导致公司形成良好的产品信誉，受到资本市场的认可（Williamson，1985），降低公司破产风险。因此，在清算威胁假说下，产品市场竞争同样能够激励管理层努力工作，提升收入业绩目标完成程度。

为了检验微观环境不确定性是否调节了高管-员工薪酬差距与管理层收入业绩目标完成情况的关系，此处在式（3-1）的基础上，加入产品市场竞争程度（$EPU$）及其与高管-员工薪酬差距的交互项：

$$COMP = \beta_0 + \beta_1 Gap1(Gap2) + \beta_2 EPU + \beta_3 EPU \\ \times Gap1(Gap2) + \beta_4 Controls + \varepsilon \quad (3-3)$$

用产品市场竞争程度来衡量微观层面的环境不确定性，即参照胡令和王靖宇（2020）以及李英和马文超（2020）的做法，采取赫芬达指数衡量微观层面的环境不确定性，具体是企业所处行业中整体市场占有份额的平方和，即 $EPU = \sum (X_i / \sum X_i)^2$，式中 $X_i$ 表示沪深上市公司中 $X$ 行业中 $i$ 公司的市场销售额（用营业收入来表示）。赫芬达指数衡量了公司的行业市场份额集中度，该指标数值越小，说明行业中大规模企业数量越小，行业的集中度就越低，市场竞争越发激烈。为了保持系数的一致性，本节将指标乘以-1作为产品市场竞争的衡量指标，即数值越大，市场竞争越激烈。

表3-13显示，绝对薪酬差距与产品市场竞争程度交互项系

数为 0.037，并在 1% 的水平下显著，相对薪酬差距与产品市场竞争程度交互项的系数为 0.007，并在 5% 的水平下显著，这些表明产品市场竞争正向调节了薪酬差距与管理层收入业绩目标完成程度之间的正相关关系，说明在微观环境不确定性下，保持一定的薪酬差距能够激励管理层完成收入业绩目标。

表 3-13　产品市场竞争的调节作用

| 变量 | （1） | （2） |
|------|------|------|
| $Gap1$ | 0.013 *** <br> （0.001） | |
| $EPU$ | −0.343 *** <br> （0.000） | 0.074 *** <br> （0.000） |
| $Gap1×EPU$ | 0.037 *** <br> （0.000） | |
| $Gap2$ | | 0.004 *** <br> （0.007） |
| $Gap2×EPU$ | | 0.007 ** <br> （0.032） |
| $Chair\_Ceo$ | −0.016 * <br> （0.096） | −0.009 <br> （0.372） |
| $Hold$ | −0.023 <br> （0.340） | −0.011 <br> （0.628） |
| $Lev$ | −0.035 * <br> （0.059） | −0.036 ** <br> （0.046） |
| $Sup$ | −0.01 <br> （0.423） | −0.007 <br> （0.566） |
| $Size$ | 0.014 *** <br> （0.000） | 0.012 *** <br> （0.000） |
| $Roa$ | −0.001 <br> （0.276） | −0.001 <br> （0.495） |

续表

| 变量 | （1） | （2） |
|---|---|---|
| _cons | −0.121** <br> （0.039） | 0.01 <br> （0.798） |
| Year | YES | YES |
| Ind | YES | YES |
| N | 4915 | 5353 |
| R−sq | 0.137 | 0.128 |

# 第四章　高管-员工薪酬差距影响管理层收入业绩目标完成的路径

## ——目标执行的视角

由于管理层的自身利益与收入业绩目标完成情况直接相关，管理层必然会借助各种手段来完成收入业绩目标，既有常规的手段，也有机会主义手段（叶建芳等，2014）。由于股东与管理层之间存在信息不对称，与管理层相比，股东在企业生产运营方面存在信息劣势。虽然对于股东将管理层激励与收入业绩目标完成情况挂钩，表面上薪酬差距激励了管理层完成收入业绩目标，但实际收入业绩目标完成过程中是否有管理层的隐藏和操纵行为是难以观测的（刘浩等，2014；潘飞和程明，2007）。如在收入业绩目标制定时，管理层为了提升目标完成程度，有可能事先降低预计营业收入，制定松弛的目标（刘浩等，2014）。在收入业绩目标执行过程中，管理层也有可能通过销售操纵行为来增加实际营业收入（刘浩等，2014；廖冠民和吴溪，2013），最终使得收入业绩目标完成程度较高。而抑制收入业绩目标完成过程中管理层的机会主义行为会增加收入业绩目标完成的难度，但能剔除收入业绩目标完成的虚假成分。

因此，在管理层收入业绩目标完成过程中，薪酬差距是否真正起到正向激励作用还需要透视收入业绩目标完成过程中管理层的机会主义行为，打开管理层努力的"黑匣子"。如果薪酬差距能够通过抑制管理层的机会主义行为，剔除收入业绩目标完成的虚假成分，使得管理层同股东利益保持一致，则证明了锦标赛理论下薪酬差距的正向激励观点；反之，如果薪酬差距激发管理层为了私利采取这些行为以提升收入业绩目标完成程度，说明薪酬差距会产生负向激励效应，证明了行为理论观点。因此，本章拟从收入业绩目标执行的视角深入探讨高管−员工薪酬差距影响管理层收入业绩目标完成的路径。

# 一　关于高管−员工薪酬差距影响管理层收入业绩目标完成的路径的理论分析

## （一）基于目标制定的路径——目标松弛

虽然薪酬差距能够提升收入业绩目标完成程度，但是较大的薪酬差距影响管理者采取何种手段完成收入业绩目标仍然是"黑箱"。管理层收入业绩目标是董事会和管理层关于剩余价值分享机制签订契约的博弈结果（Merchant and Van der Stede，

2012）。在博弈过程中，管理层可能会事前制定较为松弛的收入业绩目标，以轻松完成收入业绩目标，获取报酬（刘浩等，2014；叶建芳等，2014）。抑制这种机会主义行为会增加收入业绩目标的实现难度，不利于收入业绩目标的完成，但能优化资源配置，提升公司的运营效率（Markus，2015；Locke and Latham，2002），进而影响报酬或奖励、职务晋升等（潘飞和程明，2007；叶建芳等，2014）。虽然目标松弛行为是目标制定过程中管理层之间相互串谋的结果，是信息不对称下的一种机会主义行为，但能够降低契约目标实现的难度，提高收入业绩目标完成程度（潘飞和程明，2007；王斌和李苹莉，2001）。

锦标赛理论认为较大的薪酬差距能够激励代理人在晋升锦标赛中投入更大的努力，加强对收入业绩目标契约设计的监督，减少高管间在收入业绩目标制定过程中的串谋，抑制管理层的机会主义行为（杨志强和王华，2014），使得高管层缺少制定松弛目标的动机（Lazear and Rosen，1981）。因此，从锦标赛理论出发，较大的薪酬差距会降低目标松弛程度。但是根据以往的研究，目标松弛程度的降低会降低目标完成率和达标率（刘浩等，2014；叶建芳等，2014），即薪酬差距通过降低目标松弛程度降低管理层收入业绩目标完成程度，目标松弛的间接效应可能削弱了薪酬差距对收入业绩目标完成程度的直接效应，最终表现出一种"遮掩效应"。因此，从锦标赛理论出发，目标松弛行为可能在薪酬差距与管理层收入业绩目标完成程度之间产生"遮掩效应"。据此，我们提出如下假设：

H4-1a　目标松弛行为在高管-员工薪酬差距与收入业绩目标完成程度之间的表现为"遮掩效应"。

而行为理论则认为当高管-员工薪酬差距过大时，员工感觉到其付出与所得不成正比，不公平感增强，从而员工在提供收入业绩目标数据时，有意低估收入以制定较为松弛的预算目标。由于松弛的目标很容易实现，员工在工作过程中不用付出较大的努力就能够实现目标从而获取报酬和晋升。目标松弛是代理人偷懒的一种有效途径，通过"消极努力"抵消薪酬差距带来的不公平感（Rankin et al.，2008；Zhang，2008；Hannan et al.，2010；Clor-Proell et al.，2015）。因此，从行为理论出发，我们认为高管-员工薪酬差距越大，管理层越可能通过目标松弛行为提升收入业绩目标完成程度，即目标松弛行为在薪酬差距和收入业绩目标完成程度之间产生中介效应。综上分析，提出如下假设：

H4-1b　目标松弛行为在高管-员工薪酬差距与收入业绩目标完成程度之间产生中介效应。

## （二）基于目标执行的路径——销售操纵

在完成收入业绩目标的过程中管理者既可能通过事前制定松弛的目标以提升收入业绩目标完成程度（刘浩等，2014），也可能在契约执行过程中通过销售操纵行为来提升收入。如采用不正当竞争手段异常降价促销，或者违背企业经营风险管理的原则进行放宽信用条件等商业决策活动，或者提前确认收入或虚构收入，这些销售操纵行为均能在短期内有效影响销售收入（Feroz et al.，1991）。目标契约执行过程中的销售操纵行为隐蔽性较强，收入业绩目标完成情况变成管理者干预行为所产生的结果（孙蔓莉等，2018；金宇超等，2016）。

锦标赛理论认为过大的薪酬差距会影响高管对个人薪酬欲望是否得到满足的认识和评价，进而影响高管个人的行为，其中也包括是否实施职务犯罪行为（张蕊和管考磊，2016）。较大的高管-员工薪酬差距使高管绝对的财富水平和相对的财富水平均处于一个较高的水平，增强了高管对薪酬的满足感，从而降低了高管不惜以实施非法行为的方式来满足个人的欲望和增强个人的满足感的可能性，降低了管理层做出销售操纵行为的概率。因此，从锦标赛理论出发，薪酬差距会抑制管理层的销售操纵行为，进而降低收入业绩目标完成程度。即销售操纵行为的间接效应表现为"遮掩效应"。综上分析，提出如下假设：

H4-2a 高管-员工薪酬差距会抑制管理层的销售操纵行为，进而降低收入业绩目标完成程度，即销售操纵行为的间接效应体现为"遮掩效应"。

而行为理论则认为过大的高管-员工薪酬差距会增强员工的不公平感，收入业绩目标也会在短期内带给员工高强度的绩效考核压力，而收入业绩目标无法完成会使管理层面临损失，普通员工在目标完成过程中可能有意对收入进行操纵，而管理层有可能基于目标完成的高额报酬认可收入操纵行为（Roychowdhury，2006）。从行为理论出发，销售操纵行为可能在高管-员工薪酬差距和收入业绩目标完成程度之间产生中介效应。据此，提出如下假设：

H4-2b　销售操纵行为在高管-员工薪酬差距与收入业绩目标完成程度之间产生中介效应，即薪酬差距通过销售操纵行为提升收入业绩目标完成程度。

## （三）基于目标执行的路径——内部控制

企业生产经营活动的顺利开展需要良好的内部控制制度作为保障，管理层是企业内部控制制度和措施的设计者和执行者，他们对内部控制质量的高低具有决定性作用。由于委托人和代理人之间存在信息不对称，管理者有可能会弱化内部控制以实现自身利益最大化（杨有红和胡燕，2004）。因此，应当通过设计合适的薪酬契约激励管理层勤勉工作，降低代理成本（Jensen and Murphy，1990）。已有的研究发现薪酬差距能够使管理层有效实施内部控制，增强内部控制的有效性。高质量的内部控制为企业的生产经营管理活动提供了合理与标准化的流程，明确了管理层的工作内容，并进行量化以便考核，及时纠正偏差，提高合约履行的效率，有助于管理层更好地实现目标（余思明等，2020；刘浩等，2015）。基于以上分析，我们认为高管-员工薪酬差距通过增强内部控制有效性提升了收入业绩目标完成程度。据此，提出如下假设：

　　H4-3a　内部控制在高管-员工薪酬差距与收入业绩目标完成程度之间产生中介效应，即薪酬差距通过内部控制提升收入业绩目标完成程度。

综合前文分析，管理层在完成收入业绩目标的过程中，也有可能事前制定松弛的收入业绩目标（低估收入），或者采取虚增收入、对应计收入进行提前确认以及将商业信用提供给信誉差的客户等手段（余思明等，2019）。为了避免这些消极手段不被发现，管理层更有可能实施较差的内部控制。薪酬差距使得管理层更有可能弱化内部控制，使得他们在收入业绩目标制定和执行过程中的机会主义行为被发现的概率更低（戴璐和宋迪，2018）。因此，行为理论下，薪酬差距使得管理层可能会弱化内部控制的有效性，进而降低收入业绩目标完成程度。据此，提出如下假设：

　　H4-3b　高管-员工薪酬差距会弱化内部控制的有效性，进而降低收入业绩目标完成程度，即内部控制表现为"遮掩效应"。

### （四）基于目标执行的路径——全要素生产率

全要素生产率的提升，一方面意味着员工工作积极性的增强，管理层在销售活动上更加积极；另一方面意味着产品质量的提升，使得企业生产出来的产品更受市场认可（文彤等，2022）。

从锦标赛理论出发，扩大管理层与员工的薪酬差距能够有效激励管理层，从而优化资本结构（盛明泉和戚昊辰，2014）、提高投资效率（熊婷和程博，2017）以及推动企业创新（邵剑兵和李威，2017），而这些均有利于提升全要素生产率。随着知识经济的到来，企业财富创造的一项重要资源就是人力资本，而这是全要素生产率的重要构成部分，提升对优质人力资源的管理水平是维持并提升企业核心竞争力的重要措施。而企业管理层作为重要的核心人力资源，是各项战略决策的制定者与实施者，适当的薪酬差距不仅能够吸引到优质的人力资源，还能提升管理层的管理水平（Gerhart and Rynes，2003），促进全要素生产率的提升。已有研究发现，薪酬差距越大，越有利于提升工人的技术水平，全要素生产率提升幅度也越大（Mahy and Moses，2011；周权雄和朱卫平，2010），而全要素生产率的提升有利于提升收入业绩目标完成程度。基于以上分析，提出如下假设：

H4-4a 全要素生产率在高管-员工薪酬差距与收入业绩目标完成程度之间产生中介效应，即薪酬差距通过提升全要素生产率提高收入业绩目标完成程度。

高管-员工薪酬差距也可能会产生负向激励效应，如影响员工的嫉妒和攀比心理，进而影响员工的工作态度、努力程度。行为理论尤其强调员工之间相互合作的状态，企业应该保持薪酬水平的一致性，不应强调个体能力差异，高管-员工薪酬差距使得员工在销售活动中更加消极，且会降低产品的质量，使得企业生产出来的产品不受市场认可，从而降低收入业绩目标完成程度。基于上述分析，提出如下假设：

H4-4b 高管-员工薪酬差距会降低全要素生产率，进而降低收入业绩目标完成程度，即全要素生产率的间接效应体现为"遮掩效应"。

由此，本章的研究思路如图 4-1 所示。

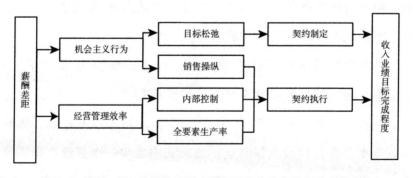

图4-1 高管-员工薪酬差距影响管理层收入业绩目标完成的路径

## 二　关于高管-员工薪酬差距影响管理层收入业绩目标完成的路径的研究设计

### （一）模型构建

为了检验高管-员工薪酬差距是否影响管理层事前制定松弛的目标，从而使得收入业绩目标完成程度较高，借鉴温忠麟等（2005）的中介效应检验方法，结合式（3-1），建立如下路径模型：

$$Slack = \beta_0 + \beta_1 Gap1(Gap2) + \beta_2 Controls + \varepsilon \qquad (4-1)$$

$$COMP = \theta_0 + \theta_1 Gap1(Gap2) + \theta_2 Slack + \theta_3 Controls + \varepsilon \quad (4-2)$$

式（3-1）中系数 $a_1$ 表示高管-员工薪酬差距影响收入业绩目标完成程度的总效应，式（4-1）中系数 $\beta_1$ 反映高管-员工薪酬差距对目标松弛的影响，式（4-2）中系数 $\theta_1$ 是高管-员工薪酬差距影响收入业绩目标完成程度的直接效应。

中介效应检验的具体步骤如下。首先，检验 $a_1$ 是否显著，如果不显著，间接效应就不存在，检验流程终止；如果显著，进行下一步。其次，检验 $\beta_1$ 和 $\theta_1$ 是否显著，如果都不显著，则间接效应不存在，检验流程终止；如果其中至少一个显著，则需要进一步做 Sobel 检验。最后，若 Sobel 检验的 Z 值在统计上显著，则松弛的收入业绩目标具有部分间接效应，否则不存在间接效应。如果回归系数 $a_1$、$\beta_1$、$\theta_1$ 及 $\theta_2$ 均显著，说明存在部分间接效应。在间接效应存在的基础上，如果 $\beta_1 \times \theta_2$ 与 $\theta_1$ 同号，则间接效应表现为中介效应，若 $\beta_1 \times \theta_2$ 与 $\theta_1$ 异号，则间接效应表现为"遮掩效应"，说明薪酬差距与管理层收入业绩目标完成程度之间还存在更大的正向中介变量。

为了检验高管-员工薪酬差距是否通过销售操纵行为影响收入业绩目标的完成程度，结合式（3-1），设立如下路径模型：

$$ABSALES = \lambda_0 + \lambda_1 Gap1(Gap2) + \lambda_2 Controls + \varepsilon \qquad (4-3)$$

$$COMP = \phi_0 + \phi_1 Gap1(Gap2) + \phi_2 ABSALES + \phi_3 Controls + \varepsilon$$
$$(4-4)$$

在间接效应存在的基础上，如果 $\lambda_1 \times \phi_2$ 与 $\phi_1$ 同号，则销售操纵行为的间接效应表现为中介效应，如果 $\lambda_1 \times \phi_2$ 与 $\phi_1$ 异号，则销售操纵行为的间接效应表现为"遮掩效应"，说明薪酬差距与管理层收入业绩目标完成程度之间还存在更大的正向中介变量。

为了检验高管-员工薪酬差距是否通过增强内部控制有效性影响收入业绩目标的完成程度，结合式（3-1），建立如下路径模型：

$$Index = \gamma_0 + \gamma_1 Gap1(Gap2) + \gamma_2 Controls + \varepsilon \qquad (4-5)$$

$$COMP = \kappa_0 + \kappa_1 Gap1(Gap2) + \kappa_2 Index + \kappa_3 Controls + \varepsilon \qquad (4-6)$$

在间接效应存在的基础上，如果 $\gamma_1 \times \kappa_2$ 与 $\kappa_1$ 同号，则内部

控制的间接效应表现为中介效应，如果 $\gamma_1 \times \kappa_2$ 与 $\kappa_1$ 异号，则内部控制的间接效应表现为"遮掩效应"。

为了检验高管-员工薪酬差距是否通过提高全要素生产率来提升收入业绩目标的完成程度，结合式（3-1），设定如下路径模型：

$$Tfp = \eta_0 + \eta_1 Gap1(Gap2) + \eta_2 Controls + \varepsilon \qquad (4-7)$$

$$COMP = \varphi_0 + \varphi_1 Gap1(Gap2) + \varphi_2 Tfp + \varphi_3 Controls + \varepsilon \qquad (4-8)$$

系数 $\eta_1$ 表示薪酬差距对全要素生产率的影响，系数 $\varphi_1$ 表示薪酬差距影响收入业绩目标完成程度的直接效应。如果中介效应模型成立，$\eta_1 \times \varphi_2$ 表示全要素生产率产生的中介效应。

## （二）变量选择

### 1. 高管-员工薪酬差距（ Gap ）

参照杨志强和王华（2014）、张洪辉和章琳一（2016）以及张正堂（2008）的做法，选取高管薪酬与普通员工薪酬的绝对薪酬差距和相对薪酬差距来衡量薪酬差距：

$$Gap1 = \ln\left(\frac{\text{所有高管薪酬总额}}{\text{所有高管人数}} - \frac{\text{普通员工薪酬总额}}{\text{员工人数} - \text{所有高管人数}}\right)$$

$$Gap2 = \frac{\text{所有高管薪酬总额}}{\text{所有高管人数}} \Big/ \frac{\text{普通员工薪酬总额}}{\text{员工人数} - \text{所有高管人数}}$$

式中，$Gap1$ 为绝对薪酬差距、$Gap2$ 为相对薪酬差距。

### 2. 目标松弛（ Slack ）

参照潘飞和程明（2007）的度量方法，$Slack = 1 - [(I_t^* -$

$I_{t-1}) / I_{t-1} - I_{t-1}^*]$。其中，$I_t^*$ 表示上市公司在第 $t-1$ 年年报中披露的第 $t$ 年营业收入目标，$I_{t-1}$ 表示上市公司第 $t-1$ 年实现的营业收入，$I_{t-1}^*$ 表示第 $t-1$ 年上市公司所处行业的平均营业收入增长率。

3. 销售操纵（ $ABSALES$ ）

对于销售操纵，参照 Roychowdhury（2006）与刘文军和谢帮生（2017）的度量方法：

$$\frac{CFO_{it}}{AT_{it}} = a_1 \frac{1}{AT_{it}} + a_2 \frac{SALES_{it}}{AT_{it}} + a_2 \frac{\Delta SALES_{it}}{AT_{it}} + \varepsilon_{it}$$

式中，$CFO_{it}$ 表示 $t$ 年 $i$ 公司的经营活动净现金流，$t$ 年 $i$ 公司的销售收入用 $SALES_{it}$ 表示，$\Delta SALES_{it}$ 为 $t$ 年 $i$ 公司的销售收入变化值，上述所有变量用总资产（ $AT_{it}$ ）进行标准化，$\varepsilon_{it}$ 为残差项，并根据国泰安数据库中制造业的二位行业代码按年份和行业回归，计算出模型的残差值，将之作为销售操纵（ $ABSALES$ ）的衡量指标。

4. 内部控制（ $Index$ ）

借鉴赵息和张西栓（2013）与戴璐和宋迪（2018）的研究，采用迪博数据库的内控指数来衡量，他们围绕公司战略、报告、经营以及资产安全和合规目标计算基本指数，再根据内部控制缺陷来修正基本指数，得出能够反映公司真实内部控制水平以及风险管理能力的指数，同时为了消除量纲对系数的影响，将内控指数除以 1000。

5. 全要素生产率（ $Tfp$ ）

参照 Olley 和 Pakes（1996）、鲁晓东和连玉君（2012）的测

量方法，估计企业的全要素生产率：

$$\ln Y_{it} = \beta_0 + \beta_1 \ln K_{it} + \beta_2 \ln L_{it} + \beta_3 \ln Mat_{it} + \beta_4 Age_{it} + \beta_5 Soe_{it} + \beta_6 Export_{it} + \varepsilon_{it}$$

其中，$Y$ 为营业收入的数额，$K$ 为固定资产金额，$L$ 为公司的员工人数；其余变量包括中间产品的投入用 $Mat$ 表示，指购买劳务与商品的花费，公司年龄用 $Age$ 表示，企业产权性质用 $Soe$ 表示，分为国企和民企，以及企业是否有海外业务（$Export$），如果有海外业务，$Export$ 取值为 1，反之取值为 0。此外，还考虑了年份与行业层面的固定效应。

6. 控制变量（ $Controls$ ）

控制变量包括第一大股东持股比例、两职合一、监事会规模、资产收益率、资产负债率和公司规模等（潘飞和程明，2007；刘浩等，2014）。此外，还考虑了年份与行业层面的固定效应。

相关变量的说明如表 4-1 所示。

表 4-1　主要变量说明

| 名称 | 符号 | 变量说明 |
|---|---|---|
| 收入业绩目标完成程度 | $COMP$ | (实际营业收入-目标营业收入)/总资产，数值越大，完成情况越好 |
| 高管-员工薪酬差距 | $Gap1$ | 高管平均薪酬和非高管平均薪酬差额的自然对数 |
| | $Gap2$ | 高管平均薪酬和非高管平均薪酬的比值 |
| 目标松弛 | $Slack$ | 见本部分前文 |
| 销售操纵 | $ABSALES$ | |
| 内部控制 | $Index$ | |
| 全要素生产率 | $Tfp$ | |

| 名称 | 符号 | 变量说明 |
| --- | --- | --- |
| 第一大股东持股比例 | Hold | 第一大股东持股数占总股本数的比重 |
| 两职合一 | Chair_Ceo | 虚拟变量,总经理和董事长为同一人时取值为1,反之取值为0 |
| 监事会规模 | Sup | 监事会人数的自然对数 |
| 公司规模 | Size | 公司期末总资产的自然对数 |
| 资产负债率 | Lev | 总负债/总资产 |
| 资产收益率 | Roa | 总利润/总资产 |

## （三）数据来源与处理

本章选取 2007~2020 年全部 A 股上市公司为研究样本，并对样本进行了如下处理：（1）剔除金融行业的样本；（2）剔除 ST 与 * ST 公司的样本。最终披露收入业绩目标数据的样本有 5856 个，财务数据均来自国泰安（CSMAR）数据库。本章对连续变量数据均进行了 1% 分位的缩尾（Winsorize）处理以减弱极端值的影响。

## 三 关于高管-员工薪酬差距影响管理层收入业绩目标完成的路径的实证分析

### （一）描述性统计

如表 4-2 所示，目标松弛的最小值为 -0.623，最大值为

2.321，而中位数为 1.012，说明样本中绝大多数公司存在目标松弛行为，并且样本公司目标松弛程度存在较大的差异。销售操纵的最小值为 -0.162，最大值为 0.339，标准差为 0.072，说明公司间的销售操纵行为也存在较大的差异。内部控制的最小值为 0，最大值为 0.921，中位数为 0.536，说明绝大多数样本公司内部控制有效性较强，但是内部控制有效性也存在较大的差异。全要素生产率的最小值为 2.321，最大值为 7.763，说明样本公司全要素生产率均较高。

表 4-2　变量描述性统计

| 变量 | 样本量 | 最小值 | 25 百分位数 | 中位数 | 75 百分位数 | 最大值 | 标准差 |
| --- | --- | --- | --- | --- | --- | --- | --- |
| COMP | 5695 | -0.620 | -0.080 | 0.001 | 0.060 | 0.730 | 0.190 |
| Gap1 | 5164 | 8.380 | 11 | 11.71 | 12.32 | 13.87 | 1.050 |
| Gap2 | 5639 | 0.190 | 1.690 | 2.630 | 4.070 | 15.62 | 2.630 |
| Slack | 5177 | -0.623 | -0.132 | 1.012 | 1.953 | 2.321 | 0.364 |
| ABSALES | 5685 | -0.162 | -0.023 | 0.154 | 0.218 | 0.339 | 0.072 |
| Index | 5697 | 0 | 0.217 | 0.536 | 0.692 | 0.921 | 0.152 |
| Tfp | 5532 | 2.321 | 5.103 | 5.356 | 5.921 | 7.763 | 0.321 |
| Chair_Ceo | 5404 | 0 | 0 | 0 | 0 | 1 | 0.350 |
| Hold | 5697 | 0.100 | 0.250 | 0.360 | 0.490 | 0.770 | 0.160 |
| Lev | 5697 | 0.090 | 0.380 | 0.530 | 0.660 | 1.050 | 0.200 |
| Sup | 5697 | 1.100 | 1.100 | 1.100 | 1.610 | 2.200 | 0.300 |
| Size | 5691 | 18.15 | 18.76 | 20.13 | 21.13 | 24.62 | 0.930 |
| Roa | 5691 | -0.750 | -0.060 | 0.110 | 0.360 | 11.36 | 1.490 |

## （二）相关性分析

表 4-3 显示，绝对薪酬差距（Gap1）和相对薪酬差距

（Gap2）与收入业绩目标完成程度之间的相关系数为正，但不显著，需要进一步分析。目标松弛（Slack）与收入业绩目标完成程度（COMP）呈正相关关系，说明目标松弛程度越高，管理层收入业绩目标完成程度越高；销售操纵（ABSLAES）与收入业绩目标完成程度（COMP）的相关系数为0.367，并在1%的水平下显著，说明销售操纵程度越高，收入业绩目标完成程度越高。在积极手段方面，内部控制和全要素生产率均与收入业绩目标完成程度正相关，说明内部控制有效性的增强与全要素生产率的提升，均能显著提升管理层收入业绩目标完成程度。

### （三）基准回归分析

#### 1. 基于目标制定的路径分析——目标松弛

表4-4的第（1）~第（3）列中，绝对薪酬差距（Gap1）对收入业绩目标完成程度的影响系数$a_1$显著为正，说明薪酬差距能够提升收入业绩目标完成程度，而绝对薪酬差距对目标松弛的影响系数$\beta_1$为负，但不显著，然而目标松弛的系数$\theta_2$显著为正，说明松弛的目标有利于提升收入业绩目标的完成程度，但是否发挥了间接效应还需要进行Sobel检验。Sobel检验中Z统计量的t值为4.14，在1%的水平下显著，说明目标松弛发挥了间接效应，并且表现为"遮掩效应"，验证了假设H4-1a，说明高管-员工薪酬差距通过抑制目标松弛行为降低了收入业绩目标完成程度，高管-员工薪酬差距和收入业绩目标完成程度之间还存在正向中介变量，并且松弛行为的间接效应虽然削弱了薪酬差距对目标完

表 4-3 变量相关性分析

| 变量 | COMP | Gap1 | Gap2 | Slack | ABSALES | Index | Tfp | Chair_Ceo | Hold | Lev | Sup | Size | Roa |
|---|---|---|---|---|---|---|---|---|---|---|---|---|---|
| COMP | 1 | | | | | | | | | | | | |
| Gap1 | 0.005 | 1 | | | | | | | | | | | |
| Gap2 | 0.009 | 0.637*** | 1 | | | | | | | | | | |
| Slack | 0.052** | -0.021** | -0.056 | 1 | | | | | | | | | |
| ABSALES | 0.367*** | -0.123* | -0.036** | 0.368 | 1 | | | | | | | | |
| Index | 0.213* | 0.076* | 0.023** | 0.218 | 0.138 | 1 | | | | | | | |
| Tfp | 0.056* | 0.091* | 0.012** | -0.128 | -0.312 | 0.231* | 1 | | | | | | |
| Chair_Ceo | -0.070** | -0.004 | 0.021 | -0.034 | 0.235 | 0.019 | 0.021* | 1 | | | | | |
| Hold | 0.098** | 0.011 | -0.062** | -0.035 | -0.012 | 0.103 | 0.059 | -0.107*** | 1 | | | | |
| Lev | 0.007 | -0.022 | 0.007 | 0.042** | -0.219** | -0.192** | -0.023 | -0.062*** | 0.027** | 1 | | | |
| Sup | 0.071*** | 0.005 | -0.018 | 0.022* | 0.231* | 0.014 | 0.041 | -0.088*** | 0.047*** | 0.115*** | 1 | | |
| Size | 0.069*** | 0.013 | -0.059** | 0.012* | 0.087 | 0.021 | 0.082 | 0.014 | 0.027* | 0.102*** | -0.048*** | 1 | |
| Roa | -0.050** | -0.105** | -0.085*** | -0.013 | -0.031 | 0.023* | 0.091* | 0.039*** | -0.047** | -0.050** | -0.015 | 0.015 | 1 |

注：*、** 和 *** 分别表示 10%、5% 和 1% 的显著性水平，余表同。

成程度的直接效应，但薪酬差距对收入业绩目标完成程度的总效应仍为正。

表 4-4 目标松弛的路径分析结果

| 变量 | (1) COMP | (2) Slack | (3) COMP | (4) COMP | (5) Slack | (6) COMP |
|---|---|---|---|---|---|---|
| Gap1 | 0.011*** (0.000) | -0.001 (0.992) | 0.011*** (0.000) | | | |
| Gap2 | | | | 0.002* (0.068) | -0.003* (0.100) | 0.002** (0.013) |
| Slack | | | 0.173*** (0.000) | | | 0.165*** (0.000) |
| Chair_Ceo | -0.026*** (0.000) | -0.062*** (0.000) | -0.015** (0.030) | -0.024*** (0.001) | -0.047*** (0.000) | -0.016** (0.017) |
| Hold | 0.071*** (0.000) | 0.084*** (0.008) | 0.056*** (0.000) | 0.083*** (0.000) | 0.087*** (0.005) | 0.069*** (0.000) |
| Lev | -0.012 (0.345) | -0.040 (0.108) | -0.005 (0.660) | -0.016 (0.208) | -0.036 (0.140) | -0.010 (0.405) |
| Sup | 0.025*** (0.003) | 0.057*** (0.000) | 0.016* (0.051) | 0.027*** (0.001) | 0.056*** (0.000) | 0.017** (0.027) |
| Size | 0.011*** (0.000) | -0.012*** (0.002) | 0.013*** (0.000) | 0.011*** (0.000) | -0.006* (0.059) | 0.012*** (0.000) |
| Roa | -0.001*** (0.002) | -0.000 (0.901) | -0.000*** (0.001) | -0.001*** (0.000) | 0.000 (0.578) | -0.000*** (0.000) |
| _cons | -0.105* (0.064) | 1 165*** (0.000) | -0.307*** (0.000) | -0.004 (0.937) | 1.133*** (0.000) | -0.191*** (0.000) |
| Year | YES | YES | YES | YES | YES | YES |
| Ind | YES | YES | YES | YES | YES | YES |
| N | 4917 | 4918 | 4917 | 5355 | 5356 | 5355 |
| R-sq | 0.101 | 0.093 | 0.197 | 0.095 | 0.093 | 0.187 |

注：括号内为 P 值，余表同。

第（4）~第（6）列中，相对薪酬差距与目标松弛之间的关系显著为负，说明过大的薪酬差距抑制了目标松弛行为。并且系数$a_1$、$\beta_1$、$\theta_1$及$\theta_2$均显著，且$\beta_1 \times \theta_2$为负，同样说明薪酬差距通过抑制松弛行为降低了收入业绩目标完成程度，松弛行为具体表现为"遮掩效应"。

### 2. 基于目标执行的路径分析——销售操纵

表4-5的第（1）~第（3）列中，绝对薪酬差距（$Gap1$）对收入业绩目标完成程度的影响系数$a_1$显著为正，说明薪酬差距能够提升收入业绩目标完成程度。薪酬差距与销售操纵行为之间的关系显著为负，说明过大的薪酬差距抑制了销售操纵行为。销售操纵的系数$\phi_2$显著为正，说明销售操纵行为有利于提升收入业绩目标的完成程度。并且系数$a_1$、$\lambda_1$、$\phi_1$及$\phi_2$均显著，且$\lambda_1 \times \phi_2$为负，说明薪酬差距通过抑制销售操纵行为降低了收入业绩目标完成程度，销售操纵产生了"遮掩效应"，本章的假设H4-2a得到验证。虽然销售操纵行为能够提升目标完成程度，但是薪酬差距抑制了销售操纵行为，进而降低了收入业绩目标完成程度，薪酬差距起到了监督和激励作用。第（4）~第（6）列的结果与第（1）~第（3）列基本一致。

表 4-5　销售操纵的路径分析结果

| 变量 | (1) COMP | (2) ABSALES | (3) COMP | (4) COMP | (5) ABSALES | (6) COMP |
|---|---|---|---|---|---|---|
| $Gap1$ | 0.011 *** (0.000) | − 0.007 *** (0.002) | 0.011 *** (0.000) | | | |

续表

| 变量 | （1）COMP | （2）ABSALES | （3）COMP | （4）COMP | （5）ABSALES | （6）COMP |
|------|-----------|--------------|-----------|-----------|--------------|-----------|
| Gap2 | | | | 0.002* | −0.003*** | 0.002* |
| | | | | （0.068） | （0.000） | （0.074） |
| ABSALES | | | 0.097*** | | | 0.090*** |
| | | | （0.000） | | | （0.000） |
| Chair_Ceo | −0.026*** | −0.001 | −0.025*** | −0.024*** | 0.006 | −0.024*** |
| | （0.000） | （0.820） | （0.001） | （0.001） | （0.330） | （0.001） |
| Hold | 0.071*** | 0.026* | 0.071*** | 0.083*** | 0.015 | 0.084*** |
| | （0.000） | （0.058） | （0.000） | （0.000） | （0.259） | （0.000） |
| Lev | −0.012 | 0.076*** | −0.018 | −0.016 | 0.077*** | −0.023* |
| | （0.345） | （0.000） | （0.183） | （0.208） | （0.000） | （0.085） |
| Sup | 0.025*** | −0.004 | 0.024*** | 0.027*** | −0.006 | 0.025*** |
| | （0.003） | （0.600） | （0.006） | （0.001） | （0.398） | （0.003） |
| Size | 0.011*** | 0.003** | 0.010*** | 0.011*** | 0.003* | 0.010*** |
| | （0.000） | （0.045） | （0.000） | （0.000） | （0.080） | （0.000） |
| Roa | −0.001*** | 0.000* | −0.000*** | −0.001*** | 0.000* | −0.000*** |
| | （0.002） | （0.077） | （0.007） | （0.000） | （0.068） | （0.001） |
| _cons | −0.105* | 0.011 | −0.099* | −0.004 | −0.026 | 0.003 |
| | （0.064） | （0.821） | （0.098） | （0.937） | （0.513） | （0.945） |
| Year | YES | YES | YES | YES | YES | YES |
| Ind | YES | YES | YES | YES | YES | YES |
| N | 4917 | 4610 | 4610 | 5355 | 5027 | 5027 |
| R−sq | 0.101 | 0.080 | 0.105 | 0.095 | 0.074 | 0.100 |

　　此外，我们对模型均进行了 Sobel 检验，Sobel 检验的 P 值均低于 0.01，Z 统计量都在 1% 的水平下显著，说明销售操纵行为产生了负向中介效应。虽然销售操纵行为有利于完成收入业绩目标，但是为什么在薪酬差距的激励下，管理层会抑制目标完成过程中的销售操纵行为呢？主要原因在于：从短期来看，销售操

纵会提升收入业绩目标完成程度，但是从长期来看，会降低公司的收入业绩目标完成程度，高管在追求公司短期利益的过程中会考虑到长期的负向激励有可能为自己带来损失，销售操纵行为也会因此受限。

3. 基于目标执行的路径分析——内部控制

表4-6的第（1）~第（3）列中，绝对薪酬差距（$Gap1$）对收入业绩目标完成程度的影响系数$\alpha_1$显著为正，说明薪酬差距能够提升收入业绩目标完成程度。薪酬差距与内部控制之间的关系显著为正，说明过大的薪酬差距能够增强内部控制有效性。内部控制的系数$\kappa_2$显著为正，说明改善内部控制有利于提升收入业绩目标的完成程度。并且系数$\alpha_1$、$\gamma_1$、$\kappa_1$及$\kappa_2$均显著，且$\gamma_1 \times \kappa_2$为正，说明薪酬差距通过改善内部控制提升了收入业绩目标完成程度，内部控制产生了正向中介效应，验证了假设H4-3a。第（4）~第（6）列的结果与第（1）~第（3）列基本一致。

表4-6 内部控制的路径分析结果

| 变量 | (1)<br>COMP | (2)<br>Index | (3)<br>COMP | (4)<br>COMP | (5)<br>Index | (6)<br>COMP |
|---|---|---|---|---|---|---|
| $Gap1$ | 0.011 ***<br>(0.000) | 0.032 **<br>(0.012) | 0.021 ***<br>(0.000) | | | |
| $Gap2$ | | | | 0.002 *<br>(0.068) | 0.026 **<br>(0.025) | 0.022 *<br>(0.087) |
| $Index$ | | | 0.056 *<br>(0.089) | | | 0.042 *<br>(0.086) |
| $Chair\_Ceo$ | -0.026 ***<br>(0.000) | -0.002<br>(0.837) | -0.017 **<br>(0.034) | -0.024 ***<br>(0.001) | -0.003<br>(0.756) | -0.018 **<br>(0.019) |

续表

| 变量 | （1）COMP | （2）Index | （3）COMP | （4）COMP | （5）Index | （6）COMP |
|---|---|---|---|---|---|---|
| Hold | 0.071*** | −0.013** | 0.056** | 0.083*** | −0.014* | 0.053** |
|  | （0.000） | （0.028） | （0.032） | （0.000） | （0.063） | （0.018） |
| Lev | −0.012 | −0.012 | 0.015 | −0.016 | −0.003 | 0.021 |
|  | （0.345） | （0.476） | （0.625） | （0.208） | （0.578） | （0.642） |
| Sup | 0.025*** | 0.023*** | −0.012 | 0.027*** | 0.010*** | −0.026 |
|  | （0.003） | （0.000） | （0.473） | （0.001） | （0.000） | （0.538） |
| Size | 0.011*** | 0.001 | 0.013*** | 0.011*** | 0.004 | 0.011** |
|  | （0.000） | （0.436） | （0.001） | （0.000） | （0.387） | （0.021） |
| Roa | −0.001*** | 0.001 | −0.001*** | −0.001*** | 0.010 | −0.003*** |
|  | （0.002） | （0.767） | （0.002） | （0.000） | （0.702） | （0.000） |
| _cons | −0.105* | 0.036** | −0.263*** | −0.004 | 0.043*** | −0.028** |
|  | （0.064） | （0.024） | （0.000） | （0.937） | （0.000） | （0.035） |
| Year | YES | YES | YES | YES | YES | YES |
| Ind | YES | YES | YES | YES | YES | YES |
| N | 4917 | 5236 | 5236 | 5355 | 5236 | 5236 |
| R−sq | 0.101 | 0.053 | 0.138 | 0.095 | 0.057 | 0.128 |

此外，我们对模型均进行了 Sobel 检验，Sobel 检验的 P 值均低于 0.01，Z 统计量都在 1% 的水平下显著，说明内部控制产生了正向中介效应。

### 4. 基于目标执行的路径分析——全要素生产率

表 4-7 的第（1）~第（3）列中，绝对薪酬差距（$Gap1$）对收入业绩目标完成程度的影响系数 $\alpha_1$ 显著为正，说明薪酬差距能够提升收入业绩目标完成程度。薪酬差距与全要素生产率之间的关系显著为正，说明过大的薪酬差距能够提升全要素生产率。全

要素生产率的系数$\varphi_2$显著为正，说明提升全要素生产率有利于提升收入业绩目标的完成程度。并且系数$\alpha_1$、$\eta_1$、$\varphi_1$及$\varphi_2$均显著，且$\eta_1 \times \varphi_2$为正，说明薪酬差距通过提高全要素生产率提升了收入业绩目标完成程度，全要素生产率产生了正向中介效应。第（4）~第（6）列的结果与第（1）~第（3）列基本一致。此外，我们对模型均进行了 Sobel 检验，Sobel 检验的 P 值均低于 0.01，Z 统计量都在 1% 的水平下显著，说明全要素生产率产生了正向中介效应。

表 4-7 全要素生产率的路径分析结果

| 变量 | (1) COMP | (2) Tfp | (3) COMP | (4) COMP | (5) Tfp | (6) COMP |
|---|---|---|---|---|---|---|
| Gap1 | 0.011*** (0.000) | 0.001* (0.083) | 0.011*** (0.000) | | | |
| Gap2 | | | | 0.002* (0.069) | 0.001** (0.038) | 0.003** (0.033) |
| Tfp | | | 0.208* (0.089) | | | 0.198* (0.088) |
| Chair_Ceo | -0.026*** (0.000) | -0.000 (0.911) | -0.020** (0.042) | -0.024*** (0.001) | -0.000 (0.840) | -0.021** (0.025) |
| Hold | 0.070*** (0.000) | -0.010* (0.073) | 0.056** (0.032) | 0.083*** (0.000) | -0.010* (0.069) | 0.063** (0.013) |
| Lev | -0.012 (0.368) | -0.003 (0.483) | 0.010 (0.640) | -0.016 (0.218) | -0.002 (0.707) | 0.007 (0.730) |
| Sup | 0.025*** (0.003) | -0.009*** (0.000) | -0.006 (0.635) | 0.026*** (0.001) | -0.010*** (0.000) | -0.005 (0.672) |
| Size | 0.011*** (0.000) | 0.000 (0.721) | 0.012*** (0.004) | 0.010*** (0.000) | 0.001 (0.383) | 0.013*** (0.001) |
| Roa | -0.000*** (0.002) | 0.000 (0.667) | -0.000*** (0.009) | -0.000*** (0.000) | 0.000 (0.801) | -0.000*** (0.005) |

126

| 变量 | (1)<br>*COMP* | (2)<br>*Tfp* | (3)<br>*COMP* | (4)<br>*COMP* | (5)<br>*Tfp* | (6)<br>*COMP* |
|---|---|---|---|---|---|---|
| _cons | −0.105*<br>(0.064) | 0.036***<br>(0.004) | −0.266***<br>(0.000) | −0.004<br>(0.936) | 0.049***<br>(0.000) | −0.094**<br>(0.017) |
| Year | YES | YES | YES | YES | YES | YES |
| Ind | YES | YES | YES | YES | YES | YES |
| N | 4910 | 5363 | 5363 | 5346 | 5363 | 5363 |
| R-sq | 0.101 | 0.342 | 0.145 | 0.095 | 0.258 | 0.135 |

## （四）内生性与稳健性检验

### 1. 内生性问题

（1）工具变量法。为了解决路径分析过程中的内生性问题，参照孔东民等（2017）的做法，以中国个人所得税税率调整作为工具变量，对路径检验模型重新进行回归。本章以高管和员工年均收入为基础，根据当年个人所得税税率计算出其税后年均收入，进而得到高管-员工税后绝对收入差距（*MERGap*1）和高管-员工税后相对收入差距（*MERGap*2）。第一阶段各个工具变量的系数均显著大于0，且调整 $R^2$ 也较大，为了避免表格过于复杂，不列示第一阶段的回归结果，第二阶段回归结果如表4-8至表4-11所示，回归结果与基准回归结果基本保持一致。

表 4-8　目标松弛的路径分析结果（工具变量）

| 变量 | （1）COMP | （2）Slack | （3）COMP | （4）COMP | （5）Slack | （6）COMP |
|---|---|---|---|---|---|---|
| MERGap1 | 0.008 *** | −0.002 * | 0.008 *** | | | |
| | （0.001） | （0.083） | （0.001） | | | |
| MERGap2 | | | | 0.003 * | −0.003 * | 0.003 ** |
| | | | | （0.072） | （0.100） | （0.026） |
| Slack | | | 0.125 *** | | | 0136 *** |
| | | | （0.000） | | | （0.000） |
| Chair_Ceo | −0.026 *** | −0.062 *** | −0.015 ** | −0.024 *** | −0.047 *** | −0.016 ** |
| | （0.000） | （0.000） | （0.030） | （0.001） | （0.000） | （0.017） |
| Hold | 0.031 *** | 0026 *** | 0.033 *** | 0.028 *** | 0.031 *** | 0.027 *** |
| | （0.001） | （0.000） | （0.000） | （0.000） | （0.001） | （0.001） |
| Lev | −0.013 * | −0.038 | −0.018 * | −0.024 | −0.041 | −0.029 |
| | （0.075） | （0.172） | （0.080） | （0.234） | （0.125） | （0.681） |
| Sup | 0.034 ** | 0.057 * | 0.024 *** | 0.014 *** | 0.025 * | 0.016 ** |
| | （0.043） | （0.081） | （0.001） | （0.000） | （0.093） | （0.013） |
| Size | 0.035 | −0.012 * | 0.041 | 0.009 | −0.006 ** | 0.011 |
| | （0.325） | （0.072） | （0.532） | （0.872） | （0.023） | （0.781） |
| Roa | −0.001 *** | −0.001 *** | −0.001 *** | −0.001 *** | 0.001 *** | −0.001 *** |
| | （0.000） | （0.000） | （0.000） | （0.000） | （0.000） | （0.000） |
| _cons | −0.113 * | 1.253 | −0.231 ** | −0.023 | 1.134 | −0.191 ** |
| | （0.078） | （0.821） | （0.020） | （0.342） | （0.243） | （0.023） |
| Year | YES | YES | YES | YES | YES | YES |
| Ind | YES | YES | YES | YES | YES | YES |
| N | 4865 | 4866 | 4865 | 5214 | 5203 | 5214 |
| R-sq | 0.086 | 0.097 | 0.135 | 0.073 | 0.084 | 0.127 |

表4-9 销售操纵的路径分析结果（工具变量）

| 变量 | (1)<br>COMP | (2)<br>ABSALES | (3)<br>COMP | (4)<br>COMP | (5)<br>ABSALES | (6)<br>COMP |
|---|---|---|---|---|---|---|
| MERGap1 | 0.008***<br>(0.001) | −0.021***<br>(0.000) | 0.015***<br>(0.000) | | | |
| MERGap2 | | | | 0.003*<br>(0.072) | −0.015***<br>(0.000) | 0.013*<br>(0.069) |
| ABSALES | | | 0.032**<br>(0.023) | | | 0.082***<br>(0.000) |
| Chair_Ceo | −0.026***<br>(0.000) | −0.026<br>(0.735) | −0.025***<br>(0.001) | −0.024***<br>(0.001) | 0.015<br>(0.258) | −0.017***<br>(0.001) |
| Hold | 0.031***<br>(0.001) | 0.022**<br>(0.038) | 0.071***<br>(0.001) | 0.028***<br>(0.000) | 0.013<br>(0.157) | 0.068***<br>(0.000) |
| Lev | −0.013*<br>(0.075) | 0.058***<br>(0.000) | −0.018<br>(0.176) | −0.024<br>(0.234) | 0.071***<br>(0.000) | −0.011*<br>(0.073) |
| Sup | 0.034**<br>(0.043) | −0.024<br>(0.587) | 0.022***<br>(0.001) | 0.014***<br>(0.000) | −0.014<br>(0.273) | 0.021***<br>(0.001) |
| Size | 0.035<br>(0.325) | 0.015**<br>(0.023) | 0.016***<br>(0.000) | 0.009<br>(0.872) | 0.013*<br>(0.065) | 0.011***<br>(0.000) |
| Roa | −0.001***<br>(0.000) | 0.001*<br>(0.068) | −0.001***<br>(0.006) | −0.001***<br>(0.000) | 0.001*<br>(0.086) | −0.001***<br>(0.001) |
| _cons | −0.113*<br>(0.078) | 0.017<br>(0.536) | −0.068*<br>(0.071) | −0.023<br>(0.342) | −0.021<br>(0.152) | 0.013<br>(0.321) |
| Year | YES | YES | YES | YES | YES | YES |
| Ind | YES | YES | YES | YES | YES | YES |
| N | 4865 | 4658 | 4658 | 5214 | 5041 | 5041 |
| R−sq | 0.086 | 0.083 | 0.093 | 0.073 | 0.071 | 0.101 |

表 4-10  内部控制的路径分析结果（工具变量）

| 变量 | （1）COMP | （2）Index | （3）COMP | （4）COMP | （5）Index | （6）COMP |
|------|------|------|------|------|------|------|
| MERGap1 | 0.008*** | 0.028** | 0.017*** | | | |
| | (0.001) | (0.011) | (0.000) | | | |
| MERGap2 | | | | 0.003* | 0.025** | 0.001* |
| | | | | (0.072) | (0.026) | (0.087) |
| Index | | | 0.053* | | | 0.042* |
| | | | (0.081) | | | (0.086) |
| Chair_Ceo | -0.026*** | -0.012 | -0.012** | -0.024*** | -0.012 | -0.018** |
| | (0.000) | (0.476) | (0.032) | (0.001) | (0.635) | (0.019) |
| Hold | 0.031*** | -0.012** | 0.032** | 0.028*** | -0.012* | 0.053** |
| | (0.001) | (0.043) | (0.031) | (0.000) | (0.065) | (0.018) |
| Lev | -0.013* | -0.026 | 0.016 | -0.024 | -0.003 | 0.021 |
| | (0.075) | (0.335) | (0.626) | (0.234) | (0.378) | (0.642) |
| Sup | 0.034** | 0.021*** | -0.011 | 0.014*** | 0.011*** | -0.026 |
| | (0.043) | (0.001) | (0.472) | (0.000) | (0.000) | (0.538) |
| Size | 0.035 | 0.023 | 0.012*** | 0.009 | 0.014 | 0.011** |
| | (0.325) | (0.442) | (0.001) | (0.872) | (0.353) | (0.021) |
| Roa | -0.001*** | 0.001 | -0.001*** | -0.001*** | 0.015 | -0.003*** |
| | (0.000) | (0.354) | (0.002) | (0.000) | (0.642) | (0.000) |
| _cons | -0.113* | 0.023** | -0.261*** | -0.023 | 0.033*** | -0.028** |
| | (0.078) | (0.021) | (0.000) | (0.342) | (0.000) | (0.035) |
| Year | YES | YES | YES | YES | YES | YES |
| Ind | YES | YES | YES | YES | YES | YES |
| N | 4865 | 5241 | 5214 | 5214 | 5228 | 5228 |
| R-sq | 0.086 | 0.083 | 0.108 | 0.073 | 0.086 | 0.112 |

表 4-11　全要素生产率的路径分析结果（工具变量）

| 变量 | （1）<br>COMP | （2）<br>Tfp | （3）<br>COMP | （4）<br>COMP | （5）<br>Tfp | （6）<br>COMP |
|---|---|---|---|---|---|---|
| MERGap1 | 0.008 *** | 0.010 * | 0.020 *** | | | |
| | （0.001） | （0.075） | （0.001） | | | |
| MERGap2 | | | | 0.003 * | 0.083 ** | 0.013 * |
| | | | | （0.072） | （0.025） | （0.074） |
| Tfp | | | 0.163 * | | | 0.176 * |
| | | | （0.098） | | | （0.055） |
| Chair_Ceo | −0.026 *** | −0.001 | −0.020 ** | −0.024 *** | −0.001 | −0.021 ** |
| | （0.000） | （0.365） | （0.050） | （0.001） | （0.436） | （0.023） |
| Hold | 0.031 *** | −0.011 * | 0.054 ** | 0.028 *** | −0.011 * | 0.072 ** |
| | （0.001） | （0.064） | （0.031） | （0.000） | （0.078） | （0.023） |
| Lev | −0.013 * | −0.012 | 0.024 | −0.024 | −0.012 | 0.007 |
| | （0.075） | （0.431） | （0.543） | （0.234） | （0.723） | （0.576） |
| Sup | 0.034 ** | −0.024 *** | −0.025 | 0.014 *** | −0.010 *** | −0.015 |
| | （0.043） | （0.000） | （0.436） | （0.000） | （0.000） | （0.316） |
| Size | 0.035 | 0.001 | 0.011 ** | 0.009 | 0.001 | 0.012 *** |
| | （0.325） | （0.572） | （0.014） | （0.872） | （0.265） | （0.001） |
| Roa | −0.001 *** | 0.001 | −0.001 ** | −0.001 *** | 0.001 | −0.001 *** |
| | （0.000） | （0.243） | （0.012） | （0.000） | （0.451） | （0.003） |
| _cons | −0.113 * | 0.028 *** | −0.237 *** | −0.023 | 0.036 *** | −0.076 ** |
| | （0.078） | （0.004） | （0.000） | （0.342） | （0.000） | （0.017） |
| Year | YES | YES | YES | YES | YES | YES |
| Ind | YES | YES | YES | YES | YES | YES |
| N | 4865 | 5325 | 5363 | 5214 | 5372 | 5372 |
| R-sq | 0.086 | 0.321 | 0.145 | 0.073 | 0.265 | 0.108 |

（2）滞后一期。本章还参照孔东民等（2017）的做法，采取滞后一期的薪酬差距，重新对中介效应模型进行回归，回归结果与基准回归结果基本保持一致，具体如表 4-12 至表 4-15 所示。

表 4-12　目标松弛的路径分析结果（滞后一期）

| 变量 | （1）COMP | （2）Slack | （3）COMP | （4）COMP | （5）Slack | （6）COMP |
|---|---|---|---|---|---|---|
| Gap1 | 0.012*** | -0.021 | 0.013*** | | | |
| | (0.000) | (0.778) | (0.000) | | | |
| Gap2 | | | | 0.011* | -0.013* | 0.012** |
| | | | | (0.073) | (0.082) | (0.011) |
| Slack | | | 0.163*** | | | 0.134*** |
| | | | (0.000) | | | (0.000) |
| Chair_Ceo | -0.015*** | -0.046*** | -0.014** | -0.021*** | -0.044*** | -0.012** |
| | (0.000) | (0.000) | (0.030) | (0.001) | (0.000) | (0.019) |
| Hold | 0.068*** | 0.085*** | 0.055*** | 0.024*** | 0.085*** | 0.054*** |
| | (0.000) | (0.008) | (0.000) | (0.000) | (0.005) | (0.000) |
| Lev | -0.011 | -0.040 | -0.005 | -0.043 | -0.032 | -0.012 |
| | (0.257) | (0.108) | (0.612) | (0.132) | (0.138) | (0.272) |
| Sup | 0.021*** | 0.057*** | 0.015** | 0.025*** | 0.058*** | 0.013** |
| | (0.000) | (0.000) | (0.048) | (0.001) | (0.000) | (0.021) |
| Size | 0.015*** | -0.012*** | 0.012*** | 0.013*** | -0.016* | 0.011*** |
| | (0.000) | (0.002) | (0.000) | (0.000) | (0.058) | (0.000) |
| Roa | -0.001*** | -0.001 | -0.001*** | -0.001*** | 0.001 | -0.001*** |
| | (0.001) | (0.901) | (0.001) | (0.000) | (0.378) | (0.000) |
| _cons | -0.112* | 0.172*** | -0.214*** | -0.014 | 0.132*** | -0.183*** |
| | (0.073) | (0.000) | (0.000) | (0.645) | (0.000) | (0.000) |
| Year | YES | YES | YES | YES | YES | YES |
| Ind | YES | YES | YES | YES | YES | YES |
| N | 3856 | 3914 | 3914 | 4732 | 4801 | 4801 |
| R-sq | 0.108 | 0.078 | 0.095 | 0.087 | 0.093 | 0.098 |

表4-13 销售操纵的路径分析结果（滞后一期）

| 变量 | （1）COMP | （2）ABSALES | （3）COMP | （4）COMP | （5）ABSALES | （6）COMP |
|------|------|------|------|------|------|------|
| Gap1 | 0.012*** | −0.012*** | 0.014*** | | | |
| | （0.000） | （0.000） | （0.000） | | | |
| Gap2 | | | | 0.011* | −0.013*** | 0.013* |
| | | | | （0.073） | （0.000） | （0.064） |
| ABSALES | | | 0.076*** | | | 0.089*** |
| | | | （0.000） | | | （0.000） |
| Chair_Ceo | −0.015*** | −0.021 | −0.022*** | −0.021*** | 0.016 | −0.017*** |
| | （0.000） | （0.657） | （0.001） | （0.001） | （0.327） | （0.001） |
| Hold | 0.068*** | 0.032* | 0.068*** | 0.024*** | 0.013 | 0.093*** |
| | （0.000） | （0.079） | （0.000） | （0.000） | （0.167） | （0.000） |
| Lev | −0.011 | 0.073*** | −0.014 | −0.043 | 0.075*** | −0.025* |
| | （0.257） | （0.000） | （0.176） | （0.132） | （0.000） | （0.086） |
| Sup | 0.021*** | −0.001 | 0.022*** | 0.025*** | −0.016 | 0.026*** |
| | （0.000） | （0.592） | （0.002） | （0.001） | （0.275） | （0.003） |
| Size | 0.015*** | 0.003** | 0.015*** | 0.013*** | 0.003* | 0.010*** |
| | （0.000） | （0.041） | （0.000） | （0.000） | （0.076） | （0.000） |
| Roa | −0.001*** | 0.001* | −0.001*** | −0.001*** | 0.001* | −0.001*** |
| | （0.001） | （0.063） | （0.007） | （0.000） | （0.068） | （0.001） |
| _cons | −0.112* | 0.021 | −0.079* | −0.014 | −0.026 | 0.003 |
| | （0.073） | （0.716） | （0.068） | （0.645） | （0.416） | （0.762） |
| Year | YES | YES | YES | YES | YES | YES |
| Ind | YES | YES | YES | YES | YES | YES |
| N | 3856 | 3910 | 3910 | 4732 | 4816 | 4816 |
| R-sq | 0.108 | 0.089 | 0.105 | 0.087 | 0.086 | 0.102 |

表 4-14   内部控制的路径分析结果（滞后一期）

| 变量 | (1) COMP | (2) Index | (3) COMP | (4) COMP | (5) Index | (6) COMP |
|---|---|---|---|---|---|---|
| Gap1 | 0.012*** | 0.021** | 0.014*** | | | |
| | (0.000) | (0.023) | (0.000) | | | |
| Gap2 | | | | 0.011* | 0.021** | 0.014* |
| | | | | (0.073) | (0.032) | (0.067) |
| Index | | | 0.029* | | | 0.023* |
| | | | (0.076) | | | (0.078) |
| Chair_Ceo | −0.015*** | −0.012 | −0.016** | −0.021*** | −0.023 | −0.016** |
| | (0.000) | (0.568) | (0.023) | (0.001) | (0.341) | (0.016) |
| Hold | 0.068*** | −0.021** | 0.048** | 0.024*** | −0.012* | 0.043** |
| | (0.000) | (0.013) | (0.024) | (0.000) | (0.075) | (0.019) |
| Lev | −0.011 | −0.011 | 0.215 | −0.043 | −0.003 | 0.021 |
| | (0.257) | (0.352) | (0.765) | (0.132) | (0.345) | (0.421) |
| Sup | 0.021*** | 0.017*** | −0.012 | 0.025*** | 0.010*** | −0.023 |
| | (0.000) | (0.000) | (0.473) | (0.001) | (0.000) | (0.642) |
| Size | 0.015*** | 0.021 | 0.013*** | 0.013*** | 0.004 | 0.012** |
| | (0.000) | (0.257) | (0.001) | (0.000) | (0.268) | (0.034) |
| Roa | −0.001*** | 0.001 | −0.001*** | −0.001*** | 0.010 | −0.012*** |
| | (0.001) | (0.461) | (0.002) | (0.000) | (0.593) | (0.000) |
| _cons | −0.112* | 0.028** | −0.425*** | −0.014 | 0.042*** | −0.027** |
| | (0.073) | (0.021) | (0.000) | (0.645) | (0.000) | (0.035) |
| Year | YES | YES | YES | YES | YES | YES |
| Ind | YES | YES | YES | YES | YES | YES |
| N | 3856 | 3912 | 3912 | 4732 | 4805 | 4805 |
| R-sq | 0.108 | 0.059 | 0.104 | 0.087 | 0.061 | 0.093 |

表 4-15  全要素生产率的路径分析结果（滞后一期）

| 变量 | （1）COMP | （2）Tfp | （3）COMP | （4）COMP | （5）Tfp | （6）COMP |
|---|---|---|---|---|---|---|
| Gap1 | 0.012 *** | 0.003 * | 0.013 *** | | | |
| | （0.000） | （0.056） | （0.000） | | | |
| Gap2 | | | | 0.011 * | 0.005 ** | 0.013 * |
| | | | | （0.073） | （0.041） | （0.076） |
| Tfp | | | 0.123 * | | | 0.168 * |
| | | | （0.087） | | | （0.083） |
| Chair_Ceo | −0.015 *** | −0.001 | −0.032 ** | −0.021 *** | −0.001 | −0.024 ** |
| | （0.000） | （0.243） | （0.046） | （0.001） | （0.658） | （0.035） |
| Hold | 0.068 *** | −0.011 * | 0.028 ** | 0.024 *** | −0.010 * | 0.047 ** |
| | （0.000） | （0.065） | （0.043） | （0.000） | （0.056） | （0.012） |
| Lev | −0.011 | −0.013 | 0.011 | −0.043 | −0.002 | 0.017 |
| | （0.257） | （0.271） | （0.371） | （0.132） | （0.712） | （0.450） |
| Sup | 0.021 *** | −0.019 *** | −0.023 | 0.025 *** | −0.011 *** | −0.005 |
| | （0.000） | （0.000） | （0.545） | （0.001） | （0.000） | （0.457） |
| Size | 0.015 *** | 0.001 | 0.011 *** | 0.013 *** | 0.001 | 0.012 *** |
| | （0.000） | （0.234） | （0.001） | （0.000） | （0.233） | 0.001 |
| Roa | −0.001 *** | 0.001 | −0.001 *** | −0.001 *** | 0.001 | −0.001 *** |
| | （0.001） | （0.234） | （0.000） | （0.000） | （0.681） | （0.000） |
| _cons | −0.112 * | 0.052 *** | −0.234 *** | −0.014 | 0.043 *** | −0.076 ** |
| | （0.073） | （0.004） | （0.000） | （0.645） | （0.000） | （0.012） |
| Year | YES | YES | YES | YES | YES | YES |
| Ind | YES | YES | YES | YES | YES | YES |
| N | 3856 | 3942 | 3942 | 4732 | 4905 | 4905 |
| R-sq | 0.108 | 0.243 | 0.091 | 0.087 | 0.238 | 0.103 |

## 2. 稳健性检验

为了增强基准回归结果的稳健性，本节还采取变更薪酬差距、目标松弛和全要素生产率的度量方式，对相关假设重新进行检验。

（1）变更薪酬差距的度量方式。参照张正堂（2007）的做法，采取前三名高管薪酬计算高管与员工的绝对薪酬差距（$MRWGap1$）和相对薪酬差距（$MRWGap2$），重新对中介效应模型进行了回归，回归结果与基准回归结果基本保持一致，具体见表 4-16 至表 4-19。

表 4-16　目标松弛的路径分析结果（前三名高管薪酬）

| 变量 | （1）COMP | （2）Slack | （3）COMP | （4）COMP | （5）Slack | （6）COMP |
|---|---|---|---|---|---|---|
| $MRWGap1$ | 0.023 ** | −0.012 * | 0.021 *** | | | |
| | （0.012） | （0.073） | （0.008） | | | |
| $MRWGap2$ | | | | 0.035 * | −0.003 * | 0.037 ** |
| | | | | （0.073） | （0.100） | （0.011） |
| $Slack$ | | | 0.168 *** | | | 0.167 *** |
| | | | （0.001） | | | （0.000） |
| $Chair\_Ceo$ | −0.024 *** | −0.031 *** | −0.011 ** | −0.025 *** | −0.047 *** | −0.023 ** |
| | （0.000） | （0.001） | （0.028） | （0.001） | （0.000） | （0.021） |
| $Hold$ | 0.068 *** | 0.073 *** | 0.052 *** | 0.076 *** | 0.082 *** | 0.073 *** |
| | （0.000） | （0.008） | （0.000） | （0.000） | （0.001） | （0.000） |
| $Lev$ | −0.011 | −0.028 | −0.012 | −0.023 | −0.028 | −0.010 |
| | （0.243） | （0.176） | （0.258） | （0.173） | （0.146） | （0.376） |
| $Sup$ | 0.021 *** | 0.043 *** | 0.012 * | 0.016 *** | 0.023 *** | 0.014 ** |
| | （0.001） | （0.000） | （0.069） | （0.001） | （0.000） | （0.018） |
| $Size$ | 0.012 *** | −0.011 *** | 0.011 *** | 0.013 *** | −0.024 * | 0.015 *** |
| | （0.000） | （0.000） | （0.000） | （0.000） | （0.073） | （0.000） |

续表

| 变量 | （1）<br>COMP | （2）<br>Slack | （3）<br>COMP | （4）<br>COMP | （5）<br>Slack | （6）<br>COMP |
|---|---|---|---|---|---|---|
| Roa | −0.001 *** | −0.001 | −0.001 *** | −0.001 *** | 0.001 | −0.001 *** |
| | （0.000） | （0.346） | （0.001） | （0.000） | （0.248） | （0.001） |
| _cons | −0.117 * | 1.134 *** | −0.126 *** | −0.004 | 1.127 *** | −0.181 *** |
| | （0.034） | （0.000） | （0.000） | （0.937） | （0.000） | （0.000） |
| Year | YES | YES | YES | YES | YES | YES |
| Ind | YES | YES | YES | YES | YES | YES |
| N | 4908 | 4927 | 4927 | 5325 | 5347 | 5325 |
| R−sq | 0.093 | 0.076 | 0.103 | 0.086 | 0.092 | 0.105 |

表 4-17 销售操纵的路径分析结果（前三名高管薪酬）

| 变量 | （1）<br>COMP | （2）<br>ABSALES | （3）<br>COMP | （4）<br>COMP | （5）<br>ABSALES | （6）<br>COMP |
|---|---|---|---|---|---|---|
| MRWGap1 | 0.023 ** | −0.023 *** | 0.014 *** | | | |
| | （0.012） | （0.000） | （0.000） | | | |
| MRWGap2 | | | | 0.035 * | −0.015 *** | 0.013 * |
| | | | | （0.073） | （0.001） | （0.075） |
| ABSALES | | | 0.083 *** | | | 0.076 *** |
| | | | （0.000） | | | （0.000） |
| Chair_Ceo | −0.024 *** | −0.013 | −0.021 *** | −0.025 *** | 0.024 | −0.015 *** |
| | （0.000） | （0.820） | （0.000） | （0.001） | （0.265） | （0.000） |
| Hold | 0.068 *** | 0.031 * | 0.070 *** | 0.076 *** | 0.021 | 0.065 *** |
| | （0.000） | （0.076） | （0.000） | （0.000） | （0.360） | （0.000） |
| Lev | −0.011 | 0.069 *** | −0.032 | −0.023 | 0.068 *** | −0.021 * |
| | （0.243） | （0.000） | （0.157） | （0.173） | （0.000） | （0.073） |
| Sup | 0.021 *** | −0.014 | 0.013 *** | 0.016 *** | −0.016 | 0.017 *** |
| | （0.001） | （0.572） | （0.000） | （0.001） | （0.398） | （0.000） |
| Size | 0.012 *** | 0.008 ** | 0.014 *** | 0.013 *** | 0.008 * | 0.011 *** |
| | （0.000） | （0.045） | （0.000） | （0.000） | （0.075） | （0.000） |
| Roa | −0.001 *** | 0.001 * | −0.001 *** | −0.001 *** | 0.001 * | −0.001 *** |
| | （0.000） | （0.068） | （0.000） | （0.000） | （0.057） | （0.001） |
| _cons | −0.117 * | 0.073 | −0.057 * | −0.004 | −0.015 | 0.001 |
| | （0.034） | （0.810） | （0.068） | （0.937） | （0.412） | （0.742） |

续表

| 变量 | （1）<br>COMP | （2）<br>ABSALES | （3）<br>COMP | （4）<br>COMP | （5）<br>ABSALES | （6）<br>COMP |
|---|---|---|---|---|---|---|
| Year | YES | YES | YES | YES | YES | YES |
| Ind | YES | YES | YES | YES | YES | YES |
| N | 4908 | 4861 | 4861 | 5325 | 5013 | 5013 |
| R-sq | 0.093 | 0.084 | 0.112 | 0.086 | 0.069 | 0.114 |

表 4-18　内部控制的路径分析结果（前三名高管薪酬）

| 变量 | （1）<br>COMP | （2）<br>Index | （3）<br>COMP | （4）<br>COMP | （5）<br>Index | （6）<br>COMP |
|---|---|---|---|---|---|---|
| MRWGap1 | 0.023 **<br>（0.012） | 0.021 **<br>（0.032） | 0.016 **<br>（0.013） | | | |
| MRWGap2 | | | | 0.035 *<br>（0.073） | 0.024 **<br>（0.012） | 0.018 **<br>（0.032） |
| Index | | | 0.028 *<br>（0.071） | | | 0.042 *<br>（0.086） |
| Chair_Ceo | -0.024 ***<br>（0.000） | 0.002<br>（0.741） | -0.017 **<br>（0.026） | -0.025 ***<br>（0.001） | 0.003<br>（0.756） | -0.018 **<br>（0.019） |
| Hold | 0.068 ***<br>（0.000） | -0.013 **<br>（0.017） | 0.056 **<br>（0.028） | 0.076 ***<br>（0.000） | -0.014 *<br>（0.063） | 0.053 **<br>（0.018） |
| Lev | 0.011<br>（0.243） | 0.011<br>（0.372） | 0.015<br>（0.275） | 0.023<br>（0.173） | 0.003<br>（0.578） | 0.021<br>（0.642） |
| Sup | 0.021 ***<br>（0.001） | 0.017 ***<br>（0.000） | 0.011<br>（0.542） | 0.016 ***<br>（0.001） | 0.011 ***<br>（0.000） | 0.023<br>（0.358） |
| Size | 0.012 ***<br>（0.000） | 0.021<br>（0.365） | 0.011 ***<br>（0.001） | 0.013 ***<br>（0.000） | 0.004<br>（0.387） | 0.011 **<br>（0.021） |
| Roa | -0.001 ***<br>（0.000） | 0.001<br>（0.235） | -0.001 ***<br>（0.001） | -0.001 ***<br>（0.000） | 0.010<br>（0.702） | -0.003 ***<br>（0.000） |

续表

| 变量 | （1）COMP | （2）Index | （3）COMP | （4）COMP | （5）Index | （6）COMP |
|---|---|---|---|---|---|---|
| _cons | -0.117* | 0.026** | -0.175*** | 0.004 | 0.042*** | -0.027** |
|  | (0.034) | (0.012) | (0.000) | (0.937) | (0.000) | (0.035) |
| Year | YES | YES | YES | YES | YES | YES |
| Ind | YES | YES | YES | YES | YES | YES |
| N | 4908 | 5206 | 5206 | 5325 | 5206 | 5206 |
| R-sq | 0.093 | 0.082 | 0.103 | 0.086 | 0.089 | 0.102 |

表4-19 全要素生产率的路径分析结果（前三名高管薪酬）

| 变量 | （1）COMP | （2）Tfp | （3）COMP | （4）COMP | （5）Tfp | （6）COMP |
|---|---|---|---|---|---|---|
| MRWGap1 | 0.023** | 0.011* | 0.023*** |  |  |  |
|  | (0.012) | (0.076) | (0.000) |  |  |  |
| MRWGap2 |  |  |  | 0.035* | 0.015** | 0.013* |
|  |  |  |  | (0.073) | (0.026) | (0.068) |
| Tfp |  |  | 0.176* |  |  | 0.175* |
|  |  |  | (0.078) |  |  | (0.057) |
| Chair_Ceo | -0.024*** | -0.013 | -0.021** | -0.025*** | -0.023 | -0.014** |
|  | (0.000) | (0.635) | (0.036) | (0.001) | (0.736) | (0.014) |
| Hold | 0.068*** | -0.017* | 0.062** | 0.076*** | -0.012* | 0.058*** |
|  | (0.000) | (0.058) | (0.027) | (0.000) | (0.054) | (0.004) |
| Lev | -0.011 | -0.012 | 0.017 | -0.023 | -0.002 | 0.007 |
|  | (0.243) | (0.375) | (0.582) | (0.173) | (0.156) | (0.138) |
| Sup | 0.021*** | -0.015*** | -0.013 | 0.016*** | -0.014*** | -0.015 |
|  | (0.001) | (0.000) | (0.257) | (0.001) | (0.000) | (0.257) |

续表

| 变量 | （1）COMP | （2）Tfp | （3）COMP | （4）COMP | （5）Tfp | （6）COMP |
|---|---|---|---|---|---|---|
| Size | 0.012*** | 0.001 | 0.015*** | 0.013*** | 0.011 | 0.032*** |
|  | （0.000） | （0.425） | （0.000） | （0.000） | （0.258） | （0.001） |
| Roa | -0.001*** | 0.001 | -0.001*** | -0.001*** | 0.001 | -0.001*** |
|  | （0.000） | （0.253） | （0.001） | （0.000） | （0.746） | （0.001） |
| _cons | -0.117* | 0.027*** | -0.128*** | -0.004 | 0.032*** | -0.068** |
|  | （0.034） | （0.001） | （0.000） | （0.937） | （0.000） | （0.013） |
| Year | YES | YES | YES | YES | YES | YES |
| Ind | YES | YES | YES | YES | YES | YES |
| N | 4908 | 5261 | 5061 | 5325 | 5392 | 5392 |
| R-sq | 0.093 | 0.321 | 0.114 | 0.086 | 0.135 | 0.121 |

（2）变更目标松弛的度量方式，借鉴雒敏（2011）对（收入业绩）目标松弛的衡量指标，对中介效应模型重新进行了回归，研究结论仍然基本保持一致，具体回归结果如表4-20所示。

表4-20 目标松弛的路径分析结果（变更目标松弛度量方式）

| 变量 | （1）COMP | （2）Slack | （3）COMP | （4）COMP | （5）Slack | （6）COMP |
|---|---|---|---|---|---|---|
| Gap1 | 0.011** | 0.011* | 0.008*** |  |  |  |
|  | （0.000） | （0.073） | （0.000） |  |  |  |
| Gap2 |  |  |  | 0.002* | -0.012** | 0.003** |
|  |  |  |  | （0.069） | （0.028） | （0.016） |

续表

| 变量 | （1）COMP | （2）Slack | （3）COMP | （4）COMP | （5）Slack | （6）COMP |
|---|---|---|---|---|---|---|
| Slack | | | 0. 112 *** | | | 0. 112 ** |
| | | | （0. 000） | | | （0. 028） |
| Chair_Ceo | −0. 026 *** | −0. 013 ** | −0. 023 ** | −0. 024 *** | −0. 021 *** | −0. 013 ** |
| | （0. 000） | （0. 032） | （0. 016） | （0. 001） | （0. 000） | （0. 021） |
| Hold | 0. 070 *** | 0. 047 *** | 0. 048 *** | 0. 083 *** | 0. 073 *** | 0. 021 *** |
| | （0. 000） | （0. 000） | （0. 000） | （0. 000） | （0. 000） | （0. 000） |
| Lev | −0. 012 | −0. 021 | −0. 016 | −0. 016 | −0. 027 | −0. 116 |
| | （0. 368） | （0. 345） | （0. 534） | （0. 218） | （0. 213） | （0. 241） |
| Sup | 0. 025 *** | 0. 024 * | 0. 035 ** | 0. 026 *** | 0. 031 *** | 0. 021 ** |
| | （0. 003） | （0. 069） | （0. 026） | （0. 001） | （0. 001） | （0. 017） |
| Size | 0. 011 *** | −0. 015 *** | 0. 011 *** | 0. 010 *** | −0. 016 *** | 0. 011 *** |
| | （0. 000） | （0. 000） | （0. 000） | （0. 000） | （0. 000） | （0. 000） |
| Roa | −0. 000 *** | −0. 001 | −0. 001 *** | −0. 001 *** | 0. 001 | −0. 001 *** |
| | （0. 002） | （0. 324） | （0. 000） | （0. 000） | （0. 327） | （0. 000） |
| _cons | −0. 105 * | 1. 133 * | −0. 156 *** | −0. 004 | 1. 131 * | −0. 016 |
| | （0. 064） | （0. 071） | （0. 000） | （0. 936） | （0. 567） | （0. 357） |
| Year | YES | YES | YES | YES | YES | YES |
| Ind | YES | YES | YES | YES | YES | YES |
| N | 4910 | 4918 | 4917 | 5346 | 5356 | 5355 |
| R-sq | 0. 101 | 0. 093 | 0. 121 | 0. 095 | 0. 102 | 0. 141 |

（3）变更全要素生产率的计算方式。参照 Levinsohn 和 Petrin（2003）以及鲁晓东和连玉君（2012）的研究，采用 LP 方法重新计算全要素生产率，对中介效应模型重新进行了回归，研究结论仍然保持一致，具体回归结果如表 4-21 所示。

表 4-21 全要素生产率的路径分析结果（LP 方法）

| 变量 | (1) COMP | (2) Tfp | (3) COMP | (4) COMP | (5) Tfp | (6) COMP |
|---|---|---|---|---|---|---|
| Gap1 | 0.011** | 0.013** | 0.012*** | | | |
| | (0.000) | (0.025) | (0.000) | | | |
| Gap2 | | | | 0.002* | 0.028** | 0.002*** |
| | | | | (0.069) | (0.031) | (0.001) |
| Tfp | | | 0.117** | | | 0.079* |
| | | | (0.026) | | | (0.076) |
| Chair_Ceo | -0.026*** | -0.012* | -0.017* | -0.024*** | -0.017 | -0.018** |
| | (0.000) | (0.098) | (0.079) | (0.001) | (0.223) | (0.012) |
| Hold | 0.070*** | -0.017** | 0.056** | 0.083*** | -0.011** | 0.079** |
| | (0.000) | (0.028) | (0.018) | (0.000) | (0.028) | (0.015) |
| Lev | -0.012 | -0.025 | 0.031 | -0.016 | -0.274 | 0.658 |
| | (0.368) | (0.435) | (0.258) | (0.218) | (0.212) | (0.237) |
| Sup | 0.025*** | -0.014*** | -0.023*** | 0.026*** | -0.011*** | -0.012*** |
| | (0.003) | (0.000) | (0.000) | (0.001) | (0.000) | (0.000) |
| Size | 0.011*** | 0.001 | 0.011*** | 0.010*** | 0.002 | 0.021*** |
| | (0.000) | (0.254) | (0.002) | (0.000) | (0.275) | (0.001) |
| Roa | -0.000*** | 0.001 | -0.001*** | -0.001*** | 0.001 | -0.001*** |
| | (0.002) | (0.432) | (0.000) | (0.000) | (0.793) | (0.000) |
| _cons | -0.105* | 0.032*** | -0.275*** | -0.004 | 0.016*** | -0.013* |
| | (0.064) | (0.000) | (0.000) | (0.936) | (0.000) | (0.032) |
| Year | YES | YES | YES | YES | YES | YES |
| Ind | YES | YES | YES | YES | YES | YES |
| N | 4910 | 5327 | 5327 | 5346 | 5312 | 5327 |
| R-sq | 0.101 | 0.121 | 0.145 | 0.095 | 0.092 | 0.112 |

# 第五章 高管-员工薪酬差距对管理层收入业绩目标"棘轮效应"的影响

## ——目标动态调整的视角

委托代理理论为分析激励行为以及会计信息系统如何设置收入业绩目标提供了一个较为有用的框架，在该框架支持下，学者和实务界能够直观委托代理过程中的激励与利益冲突问题（Lambert，2001）。目标管理理论下，董事会在对管理层进行收入业绩考核时，通常会基于特定的标准来设置收入业绩目标，而这成为企业管理控制系统的一项重要环节（余思明等，2019；刘浩等，2014；Indjejikian et al.，2014a）。该项契约设计成为企业组织协调多项决策的基础，并且也是管理层薪酬契约安排以及绩效评价的重要依据（Maher et al.，2006；Merchant and Van der Stede，2012；余思明等，2020）。为了有效缓解代理问题，委托人经常采取激励与约束机制以规范代理人的各种行为，包括增强薪酬业绩敏感性和变更管理层（Weisbach，1988；Bushman et al.，2010）。已有研究的重点主要集中在业绩目标衡量和薪酬业绩敏感性方面（Kuhnen and Zwiebel，2008），对于薪酬契约中管理层收入业绩目标是否发挥了作用，现有研究关注较少。

1994 年，证监会颁布了《公开发行证券的公司信息披露的内容与格式准则第 2 号——年度报告的内容与格式（试行）》，首次要求上市公司在年度报告中披露下一年度的经营计划，之后该文件的历年修订版延续了这个要求。从上市公司的实践情况来看，披露最多的是公司下一年度的营业收入目标，这为我们从收入业绩目标设定这一视角研究管理层收入业绩目标的动态调整行为提供了可能。

公司管理控制系统的基本要素是为未来的收入业绩设定目标，这些目标通过预算的方式确定下来，收入业绩目标是公司战略和企业目标的体现，为公司的各项决策提供信息，并且成为公司人员考核和薪酬激励的依据（王斌和李苹莉，2001；Merchant and Van der Stede，2012）。由于信息不对称的存在，委托人会将公司过去的收入信息作为代理人下一期收入业绩目标设定的依据，这种行为被称为"目标棘轮"（Weitzman，1980；Leone and Rock，2002；张锡惠等，2018）。在信息不对称情况下使用收入业绩"目标棘轮"存在一定的合理性，但是"目标棘轮"的使用会产生负向激励问题——"棘轮效应"，即代理人当期越努力，当期收入业绩目标完成情况越好，下一期出现高目标的可能性越大，代理人需要付出的努力也就越大，从而管理层可能会降低当期的努力程度以争取未来较低的收入业绩目标。

"棘轮效应" 的存在使得 "目标棘轮" 的使用受到了质疑。解决管理层收入业绩目标 "棘轮效应" 问题存在两种方法：一是彻底放弃 "目标棘轮" 的使用；二是加强对管理层的监督，使他们能够如实披露企业的运营信息，从而提高对公司过去收入信息的使用效率。董事会需要结合宏微观经济环境、企业所处行业竞争情况以及公司员工的潜力等因素综合设置准确的收入业绩目标，但是这些因素由于内容多，相关信息获取难度相对较大。与之相比，企业过去的收入能够综合反映公司的经营情况，从而基于公司以往的收入业绩信息设置当前的收入业绩目标显得更为合理。因此，通过第二种方法激励管理者提升收入业绩 "目标棘轮" 的使用效率、解决 "棘轮效应" 问题成为学术界和理论界关注的热点问题。另外，"目标棘轮" 在国外普遍存在（Choi，2017；Kim et al.，2016；Indjejikian et al.，2014a，2014b），而在国内企业中是否存在需要进一步证明。

由于企业契约的不完全性，股东在目标设定过程中，可能会减少 "目标棘轮" 的使用（Casas-Arce et al.，2013）。企业剩余控制权的不对称性分布使得管理者掌握更多的运营情况信息，如果管理者预料到当期的努力会增加下一年度的目标完成难度，他们就会在当期降低目标完成程度，导致过去的收入信息不能充分反映公司的实际生产状况以及管理层的能力。因此，股东在目标设定过程中会减少对公司过去收入信息的使用（Leone and Rock，2002）。薪酬差距激励下，历史收入业绩目标完成程度既有可能是管理层真正努力的结果，也有可能是操纵行为的结果。因此，股东既有可能增加，也有可能减少对公司历史收入信息的使用（Chen et al.，2014），从而增强或减弱"棘轮效应"，真实情况到底如何少有学者进行研究。

综合上述分析，本章将从管理层收入业绩目标的动态调整视角研究管理层收入业绩目标是否存在"棘轮效应"以及薪酬差距是否影响了这一"棘轮效应"。具体而言，包括：（1）管理层收入业绩目标完成情况是否与管理层薪酬相关，即管理层薪酬是否具有业绩敏感性？（2）管理层收入业绩目标"棘轮效应"在我国企业中是否普遍存在？（3）薪酬差距这一契约设计是否调整了管理层收入业绩目标"棘轮效应"？

# 一 高管-员工薪酬差距影响管理层收入业绩目标"棘轮效应"的理论分析

## （一）管理层收入业绩目标完成情况与管理层薪酬

将公司的历史收入作为管理层年度绩效奖金的依据之一已经在国外上市公司中被广泛应用（Leone and Rock，2002）。Murphy（2000）采用实地调查的方法，研究了177家公司管理层薪酬计划的依据，发现这些公司都不同程度地将管理层收入业绩目标作为薪酬计划的依据。根据委托代理理论，由于委托人与代理人之间存在信息不对称，以及双方之间不同的目标函数，代理人往往会出于自身利益最大化，使得其目标函数与委托人相偏离（Eisenhardt，1989）。而管理层收入业绩目标作为一项有效的契约设计，具有信息含量，能够如实准确反映管理层的努力程度以及工作能力，从而驱使管理层目标函数同委托人一致，提升激励效果（刘浩等，2014；Holmström，1979）。目标管理理论也认为薪酬契约以目标导向为基础，能够产生较强的激励效应（Locke and Latham，2006；余思明等，2020）。众多文献均表明，将管理层的具体收入业绩目标设置在管理层薪酬契约中能够提升激励效果（Bonner and Sprinkle，2002；Merchant and Van der Stede，2007），从而使得管理层收入业绩标准更加可控，并且如实反映管理层的努力程度，降低管理层的风险承担水平（Indjejikian and Nanda，2002）。

传统的非线性薪酬契约一般包括业绩衡量标准、业绩目标和薪酬业绩敏感性三个部分。已有的研究则主要关注业绩衡量标准以及薪酬业绩敏感性，较少研究薪酬契约中管理层收入业绩目标的重要性（Holmström，1979；Sloan，1993；Ittner et al.，1997；Murphy，2000）。因此，Murphy（2000）在非线性薪酬契约中将收入业绩目标包含在内，设计出一种分段式奖金制度，他认为薪酬契约的激励部分与收入业绩呈现非线性关系，只有超过收入业绩目标的部分才能获得激励薪酬，然而对于这种情况在中国企业中是否普遍存在现有研究较少关注。

笔者通过搜集2007~2020年上市公司管理层薪酬契约文件发现，绝大部分上市公司已经将营业收入目标作为管理层薪酬的依据，并且众多公司已经采取目标责任制以激活企业内在动力。比如，仁和药业（000650）针对管理层薪酬制度明确指出："管理层需要根据公司总体经营目标制定年度经营目标，并签署责任书，董事会的薪酬与考核委员会进行修改或提出方案，审核管理层的年度目标责任书，根据管理层的履职情况对其进行考核与评价"。这种情况在国企尤其是央企更为明显，2004年开始，国务院国资委就以法律的形式对央企管理层实行目标责任考核制。综合上述制度背景可以看出，在我国上市公司的薪酬契约中，管理层收入业绩目标已经普遍与管理层的薪酬挂钩。综合以上分析，提出如下假设：

H5-1　管理层收入业绩目标完成情况与管理层薪酬水平显著正相关。

## （二）管理层收入业绩目标"棘轮效应"

在收入业绩目标设定与调整过程中，股东和管理层之间由于存在严重的信息不对称，存在严重的代理问题（Kim and Shin，2017）。股东需要充分的信息来评价管理层的努力程度，并将之作为晋升、绩效考核的依据，而由于企业历史收入信息成本低，股东倾向于将企业过去收入业绩目标完成情况作为一种信息用于收入业绩目标设定和调整过程中。股东信息越缺乏，对企业过去收入信息的适应情况就越好（Dekker et al.，2012；Leone and Rock，2002），使得过去收入业绩目标完成情况越好，针对未来一期的收入业绩基准就设置得越高，从而使得收入业绩目标设置情况如齿轮一般，产生"棘轮效应"（Weitzman，1980）。虽然现有研究发现了收入业绩目标设置与调整过程中有"棘轮效应"（Indjejikian et al.，2014b），但是收入业绩达标不仅意味着公司规模扩大任务的完成，还能够帮助辖区政府完成 GDP 等考核任务，帮助地方政府官员实现晋升，带来规模经济的公司还能够提升公司价值和利润（刘浩等，2014）。因此，管理层在设置收入业绩目标时，更有可能依靠上期管理层收入业绩目标的完成情况信息，从而导致"棘轮效应"。综合上述分析，提出如下假设：

H5-2　本期管理层收入业绩目标完成程度与董事会对下一期收入业绩目标的动态调整程度显著正相关，表现出目标"棘轮效应"。

## （三）高管-员工薪酬差距与管理层收入业绩目标"棘轮效应"

公司在设置业绩目标时一般参考历史信息以及同行业的标杆信息等，通过这些途径来获取信息以期能够为设置合理的业绩目标提供及时充足的信息（Milgrom and Roberts，1992；Ittner and Larcker，2001；Otley，2006）。对于究竟选择何种信息源，必须考虑获取信息的成本、是否可操作以及信息的准确性等要素（Murphy，2000）。相对来说，历史信息具有成本低的优势，而标杆信息主要依据同行业或者相似企业的业绩，能够消除环境对这个行业造成的共同影响，更容易评估代理人的努力程度，从而可以对管理层干预业绩目标设定的能力进行约束，削弱管理层业绩目标设置的可操纵性（Frederickson，1992；Holmström，1999），但是获取标杆信息需要耗费高额的成本，且很难找到合适的标杆。

高管-员工薪酬差距激励下，管理层更有可能采用多样化的业绩目标设置依据，减少对企业历史收入信息的使用（Chen et al.，2014），从而减轻"棘轮效应"。另外，薪酬差距激励了管理层通过增强内部控制有效性以及提升全要素生产率如实完成收入业绩目标，这使得过去的业绩目标完成情况能够真正反映管理层的努力程度，说明过去业绩信息更加可信，以过去业绩信息作为业绩目标设置的基准，更能够激发员工的工作积极性。因此，在薪酬差距的激励下，管理层更有可能将企业历史业绩目标完成情况作为下一期业绩目标设置的依据，即薪酬差距增强了管理层业绩目标"棘轮效应"。因此，提出如下对立假设：

H5-3a 高管-员工薪酬差距增强了管理层收入业绩目标"棘轮效应"。

H5-3b 高管-员工薪酬差距减弱了管理层收入业绩目标"棘轮效应"。

## 二 高管-员工薪酬差距影响管理层收入业绩目标"棘轮效应"的研究设计

### （一）模型构建

1. 管理层收入业绩目标完成情况与管理层薪酬水平

为了检验管理层收入业绩目标完成情况与管理层薪酬水平的关系，即为了检验假设 H5-1，本章构建如下模型：

$$SAL = \alpha_1 + \alpha_2 COMP(COMP1) + \alpha_3 Controls + \varepsilon \qquad (5-1)$$

其中，$SAL$ 是管理层薪酬水平，分为绝对薪酬水平（$SAL1$）和相对薪酬水平（$SAL2$）；管理层收入业绩目标完成情况，分为收入业绩目标完成程度（$COMP$）和收入业绩目标完成与否（$COMP1$）；$Controls$ 为控制变量。

2. 管理层收入业绩目标"棘轮效应"存在性

本章借鉴 Leone 和 Rock （2002） 以及 Wei （2021） 的研究，通过建立如下模型检验管理层收入业绩目标"棘轮效应"是否存在：

$$(B_{i,t+1} - B_{i,t})/Asset_{i,t}$$
$$= \beta_1 + \lambda_+ (A_{i,t} - B_{i,t})/Asset_{i,t} + \lambda_- D(A_{i,t} - B_{i,t})/Asset_{i,t}$$
$$+ \beta_2 \partial Grow_{i,t+1}/Asset_{i,t} + \beta_3 Controls + \varepsilon$$
$$(5-2)$$

其中，$B_{i,t}$ 是指 $i$ 公司第 $t$ 年的营业收入目标数；$A_{i,t}$ 是指 $i$ 公司第 $t$ 年的营业收入实际数；$Asset_{i,t}$ 是指 $i$ 公司第 $t$ 年的总资产；$\partial Grow_{i,t+1}$ 是指 $i$ 公司第 $t+1$ 年营业收入的增加额；$D$ 为虚拟变量，若当期未完成收入业绩目标，$D$ 取值为 1，反之 $D$ 取值为 0；$\beta_1$ 代表影响收入业绩目标的非"棘轮效应"因素；$\lambda_+$ 表示超额完成目标的正向"棘轮效应"，$\lambda_+ + \lambda_-$ 表示未能完成目标的负向"棘轮效应"。

$A_{i,t} - B_{i,t}$ 的变化导致了 $B_{i,t+1} - B_{i,t}$ 的变化，说明下一年度的目标会以当期目标完成程度为依据，即公司会设定"棘轮"式目标。预期 $\lambda_+$ 显著为正，而 $\lambda_-$ 显著为负，说明当期收入业绩目标完成时，下一期目标会制定得更高；而当期收入业绩目标未完成时，下一期目标向上调整的幅度较低。只有当 $\lambda_+$ 显著为正，而 $\lambda_-$ 显著为负时，才说明存在收入业绩目标"棘轮效应"。

3. 高管-员工薪酬差距与管理层收入业绩目标"棘轮效应"

为了检验薪酬差距与管理层收入业绩目标"棘轮效应"的关系，在式（5-2）的基础上加入薪酬差距：

$$
\begin{aligned}
(B_{i,t+1} - B_{i,t}) / Asset_{i,t} \\
= \gamma_1 + \lambda_+^1 (A_{i,t} - B_{i,t}) / Asset_{i,t} \times Gap1(Gap2) \\
+ \lambda_-^1 D(A_{i,t} - B_{i,t}) / Asset_{i,t} \times Gap1(Gap2) \\
+ \lambda_+ (A_{i,t} - B_{i,t}) / Asset_{i,t} + \lambda_- D(A_{i,t} - B_{i,t}) / Asset_{i,t} \\
+ Gap1(Gap2) / Asset_{i,t} + \gamma_2 \partial Grow_{i,t+1} / Asset_{i,t} \\
+ \gamma_3 Controls + \varepsilon
\end{aligned}
$$

$$（5-3）$$

根据本章的假设 H5-3a，我们预期薪酬差距 $Gap1$（$Gap2$）与 $(A_{i,t}-B_{i,t})/Asset_{i,t}$ 交互项的系数 $\lambda^1_+$ 显著为正，而与 $D(A_{i,t}-B_{i,t})/Asset_{i,t}$ 交互项的系数 $\lambda^1_-$ 显著为负；根据本章的假设 H5-3b，我们预期薪酬差距 $Gap1$（$Gap2$）与 $(A_{i,t}-B_{i,t})/Asset_{i,t}$ 交互项的系数 $\lambda^1_+$ 显著为负，而与 $D(A_{i,t}-B_{i,t})/Asset_{i,t}$ 交互项的系数 $\lambda^1_-$ 显著为正。

## （二）变量选择

### 1. 管理层薪酬水平（$SAL$）

参照陈磊等（2015）的做法，用管理层薪酬总额和管理层平均薪酬来衡量管理层（货币）薪酬水平（$SAL$），绝对薪酬水平（$SAL1$）取上市公司所有管理层薪酬总额的自然对数，相对薪酬水平（$SAL2$）用管理层薪酬总额/管理层团队人数衡量，并取自然对数。

### 2. 收入业绩目标完成情况（$COMP$ 与 $COMP1$）

参考 Bouwens 和 Kroos（2011）以及 Kim 和 Shin（2017）的研究，$COMP$ 用实际营业收入与目标营业收入的偏离程度衡量，具体等于实际营业收入与目标营业收入之差与总资产的比值；另外，当实际营业收入达到或超过目标营业收入时，$COMP1$ 取值为 1，否则取值为 0，相关回归估计采用 Logit 模型。

### 3. 高管-员工薪酬差距（$Gap$）

参照杨志强和王华（2014）、张洪辉和章琳一（2016）以及张正堂（2008）的做法，选取高管薪酬与普通员工薪酬的绝对薪酬差距（$Gap1$）和相对薪酬差距（$Gap2$）来衡量高管-员工薪酬差距：

$$Gap1 = \ln\left(\frac{\text{所有高管薪酬总额}}{\text{所有高管人数}} - \frac{\text{普通员工薪酬总额}}{\text{员工人数} - \text{所有高管人数}}\right)$$

$$Gap2 = \frac{\text{所有高管薪酬总额}}{\text{所有高管人数}} \bigg/ \frac{\text{普通员工薪酬总额}}{\text{员工人数} - \text{所有高管人数}}$$

### 4. 控制变量（Controls）

本章的控制变量包括第一大股东持股比例、两职合一、监事会规模、销售收入增长率和资产负债率（潘飞和程明，2007；刘浩等，2014）。此外，还考虑了行业（Ind）和年份（Year）固定效应。

相关变量的说明如表 5-1 所示。

表 5-1　主要变量说明

| 名称 | 变量 | 变量说明 |
|---|---|---|
| 管理层薪酬水平 | SAL1 | 上市公司所有管理层薪酬总额的自然对数 |
| | SAL2 | 管理层薪酬总额/管理层团队人数，并取自然对数 |
| 管理层收入业绩目标"棘轮效应"相关变量 | $\partial Grow$ | 营业收入的增加额 |
| | D | 虚拟变量,营业收入实际数小于目标数,取值为1,反之取值为0 |
| | A | 营业收入实际数 |
| | B | 营业收入目标数 |
| 管理层收入业绩目标完成情况 | COMP | (实际营业收入-目标营业收入)/总资产,数值越大,完成情况越好 |
| | COMP1 | 虚拟变量,若实际营业收入达到或超过目标营业收入,取值为1,反之取值为0 |
| 高管-员工薪酬差距 | Gap1 | 高管平均薪酬和非高管平均薪酬差额的自然对数 |
| | Gap2 | 高管平均薪酬和非高管平均薪酬的比值 |
| 第一大股东持股比例 | Hold | 第一大股东持股数占总股本数的比重 |
| 两职合一 | Chair_Ceo | 虚拟变量,总经理和董事长为同一人时取值为1,反之取值为0 |
| 监事会规模 | Sup | 监事会人数的自然对数 |
| 销售收入增长率 | Growth | (本期营业收入-上期营业收入)/上期营业收入 |
| 资产负债率 | Lev | 总负债/总资产 |

## （三）数据来源与处理

本章选取 2007~2020 年全部 A 股上市公司为研究样本，并对样本进行了如下处理：（1）剔除金融行业的样本；（2）剔除 ST 与 * ST 公司的样本。最终披露收入业绩目标数据的样本有 5856 个，财务数据均来自国泰安（CSMAR）数据库。本章对连续变量数据均进行了 1%分位的缩尾（Winsorize）处理以减弱极端值的影响。

# 三　高管-员工薪酬差距影响管理层收入业绩目标"棘轮效应"的实证分析

## （一）描述性统计

表 5-2 的 Panel A 报告了管理层收入业绩目标完成情况与管理层薪酬水平的相关变量描述性统计结果。从收入业绩目标完成程度来看，中位数为 0.001，最小值和最大值分别为 -0.620 和 0.730，说明样本公司间的收入业绩目标完成程度具有较大的差异。从管理层的绝对和相对薪酬水平的最大值和最小值来看，我国上市公司管理层间的薪酬水平也存在较大的差异。

Panel B 列示了管理层收入业绩目标"棘轮效应"存在性的相关变量描述性统计结果。$(B_{i,t+1} - B_{i,t})/Asset_{i,t}$ 为收入业绩目标动态调整幅度的衡量指标，该变量的中位数为 0.093，说明与本期收入业绩目标相比，公司未来目标调整的增幅为 9.3%，最小值和最大

155

值分别为-0.527 与 2.837，说明样本公司间收入业绩目标动态调整幅度存在较大的差异，与目标未来向下调整的幅度相比，向上调整的幅度整体更高。

Panel C 报告了高管-员工薪酬差距与管理层收入业绩目标"棘轮效应"的相关变量描述性统计结果。绝对薪酬差距的最小值为 8.380，最大值为 13.87，标准差为 1.050，说明公司间的绝对薪酬差距存在较大的差异。相对薪酬差距的最小值为 0.190，最大值为 15.62，标准差为 2.630，同样也说明了相对薪酬差距在不同公司间差异较大。

表 5-2　主要变量描述性统计

Panel A:管理层收入业绩目标完成情况与管理层薪酬水平

| 变量 | 样本量 | 最小值 | 25 百分位数 | 中位数 | 75 百分位数 | 最大值 | 标准差 |
|---|---|---|---|---|---|---|---|
| $SAL1$ | 5697 | 12.23 | 13.21 | 14.72 | 17.28 | 17.93 | 0.763 |
| $SAL2$ | 5697 | 11.38 | 12.26 | 13.26 | 14.78 | 15.28 | 0.586 |
| $COMP$ | 5695 | -0.620 | -0.080 | 0.001 | 0.060 | 0.730 | 0.190 |
| $COMP1$ | 5695 | 0 | 0 | 1 | 1 | 1 | 0.475 |
| $Chair\_Ceo$ | 5404 | 0 | 0 | 0 | 0 | 1 | 0.350 |
| $Hold$ | 5697 | 0.100 | 0.250 | 0.360 | 0.490 | 0.770 | 0.160 |
| $Lev$ | 5697 | 0.090 | 0.380 | 0.530 | 0.660 | 1.050 | 0.200 |
| $Sup$ | 5697 | 1.100 | 1.100 | 1.100 | 1.610 | 2.200 | 0.300 |
| $Growth$ | 5697 | -0.093 | 0.001 | 0.081 | 0.161 | 0.378 | 1.230 |

Panel B:管理层收入业绩目标"棘轮效应"存在性

| 变量 | 样本量 | 最小值 | 25 百分位数 | 中位数 | 75 百分位数 | 最大值 | 标准差 |
|---|---|---|---|---|---|---|---|
| $(B_{i,t+1}-B_{i,t})/Asset_{i,t}$ | 5697 | -0.527 | -0.271 | 0.093 | 1.826 | 2.837 | 0.373 |
| $(A_{i,t}-B_{i,t})/Asset_{i,t}$ | 5697 | -0.620 | -0.080 | 0.001 | 0.060 | 0.730 | 0.190 |
| $D$ | 5697 | 0 | 0 | 1 | 1 | 1 | 0.723 |
| $\partial Grow_{i,t+1}/Asset_{i,t}$ | 5697 | -1.023 | -0.012 | 0.094 | 0.573 | 0.721 | 0.251 |
| $Chair\_Ceo$ | 5404 | 0 | 0 | 0 | 0 | 1 | 0.350 |

续表

| 变量 | 样本量 | 最小值 | 25百分位数 | 中位数 | 75百分位数 | 最大值 | 标准差 |
|---|---|---|---|---|---|---|---|
| $Hold$ | 5697 | 0.100 | 0.250 | 0.360 | 0.490 | 0.770 | 0.160 |
| $Lev$ | 5697 | 0.090 | 0.380 | 0.530 | 0.660 | 1.050 | 0.200 |
| $Sup$ | 5697 | 1.100 | 1.100 | 1.100 | 1.610 | 2.200 | 0.300 |
| $Growth$ | 5697 | -0.093 | 0.001 | 0.081 | 0.161 | 0.378 | 1.230 |

Panel C:高管-员工薪酬差距与管理层收入业绩目标"棘轮效应"

| 变量 | 样本量 | 最小值 | 25百分位数 | 中位数 | 75百分位数 | 最大值 | 标准差 |
|---|---|---|---|---|---|---|---|
| $(B_{i,t+1}-B_{i,t})/Asset_{i,t}$ | 5697 | -0.527 | -0.271 | 0.093 | 1.826 | 2.837 | 0.373 |
| $(A_{i,t}-B_{i,t})/Asset_{i,t}$ | 5697 | -0.620 | -0.080 | 0.001 | 0.060 | 0.730 | 0.190 |
| $D$ | 5697 | 0 | 0 | 1 | 1 | 1 | 0.723 |
| $\partial Grow_{i,t+1}/Asset_{i,t}$ | 5697 | -1.023 | -0.012 | 0.094 | 0.573 | 0.721 | 0.251 |
| $Gap1$ | 5164 | 8.380 | 11 | 11.71 | 12.32 | 13.87 | 1.050 |
| $Gap2$ | 5639 | 0.190 | 1.690 | 2.630 | 4.070 | 15.62 | 2.630 |
| $Chair\_Ceo$ | 5404 | 0 | 0 | 0 | 0 | 1 | 0.350 |
| $Hold$ | 5697 | 0.100 | 0.250 | 0.360 | 0.490 | 0.770 | 0.160 |
| $Lev$ | 5697 | 0.090 | 0.380 | 0.530 | 0.660 | 1.050 | 0.200 |
| $Sup$ | 5697 | 1.100 | 1.100 | 1.100 | 1.610 | 2.200 | 0.300 |
| $Growth$ | 5697 | -0.093 | 0.001 | 0.081 | 0.161 | 0.378 | 1.230 |

## （二）相关性分析

表 5-3 的 Panel A 显示，收入业绩目标完成情况与管理层薪酬水平各指标之间均显著正相关，支持了假设 H5-1。Panel B 显示，$t$ 期收入业绩目标完成程度与 $t+1$ 期收入业绩目标动态调整幅度显著正相关，而虚拟变量 $D$ 与收入业绩目标动态调整幅度显著正相关。Panel C 中的相关性分析结果说明，高管-员工薪酬差距与（$t+1$ 期）收入业绩目标动态调整幅度显著正相关，与收入业绩目标完成程度也呈现正相关关系。

表 5-3　主要变量相关性分析

Panel A：管理层收入业绩目标完成情况与管理层薪酬水平

| 变量 | SAL1 | SAL2 | COMP | COMP1 | Chair_Ceo | Hold | Lev | Sup | Growth |
|---|---|---|---|---|---|---|---|---|---|
| SAL1 | 1 | | | | | | | | |
| SAL2 | 0.793*** | 1 | | | | | | | |
| COMP | 0.032** | 0.025*** | 1 | | | | | | |
| COMP1 | 0.029*** | 0.031** | -0.056 | 1 | | | | | |
| Chair_Ceo | -0.067*** | -0.045 | 0.023 | -0.034 | 1 | | | | |
| Hold | 0.073** | 0.014 | -0.032** | -0.035 | -0.107*** | 1 | | | |
| Lev | -0.017 | -0.022 | 0.007 | 0.038** | -0.062*** | 0.027** | 1 | | |
| Sup | 0.028*** | 0.021 | -0.017 | 0.028 | -0.088*** | 0.047*** | 0.115*** | 1 | |
| Growth | 0.037** | 0.103*** | -0.028** | -0.012 | 0.039*** | -0.047*** | -0.050*** | -0.015 | 1 |

Panel B：管理层收入业绩目标"棘轮效应"存在性

| 变量 | $(B_{i,t+1}-B_{i,t})/Asset_{i,t}$ | $(A_{i,t}-B_{i,t})/Asset_{i,t}$ | $D$ | $\partial Grow_{i,t+1}/Asset_{i,t}$ | Chair_Ceo |
|---|---|---|---|---|---|
| $(B_{i,t+1}-B_{i,t})/Asset_{i,t}$ | 1 | | | | |
| $(A_{i,t}-B_{i,t})/Asset_{i,t}$ | 0.631*** | 1 | | | |
| $D$ | 0.256** | 0.221*** | 1 | | |
| $\partial Grow_{i,t+1}/Asset_{i,t}$ | 0.015*** | 0.012*** | -0.021*** | 1 | |
| Chair_Ceo | 0.035 | 0.028* | 0.012 | 0.018 | 1 |

续表

| 变量 | $(B_{i,t+1}-B_{i,t})/Asset_{i,t}$ | $(A_{i,t}-B_{i,t})/Asset_{i,t}$ | $D$ | $\partial Grow_{i,t+1}/Asset_{i,t}$ | Chair_Ceo | Hold | Lev | Sup | Growth |
|---|---|---|---|---|---|---|---|---|---|
| Hold | -0.028* | -0.037 | 0.053 | 0.029 | -0.128* | 1 | | | |
| Lev | -0.035** | 0.028 | -0.023 | 0.008 | 0.091 | -0.131 | 1 | | |
| Sup | 0.073** | 0.063*** | 0.012 | 0.083 | 0.014* | 0.017 | 0.042 | 1 | |
| Growth | 0.128 | 0.036 | -0.021 | 0.035 | -0.018 | 0.073* | 0.014 | 0.028 | 1 |

Panel C:高管-员工薪酬差距与管理层收入业绩目标"棘轮效应"

| 变量 | $(B_{i,t+1}-B_{i,t})/Asset_{i,t}$ | $(A_{i,t}-B_{i,t})/Asset_{i,t}$ | $D$ | Gap1 | Gap2 | $\partial Grow_{i,t+1}/Asset_{i,t}$ | Chair_Ceo | Hold | Lev | Sup | Growth |
|---|---|---|---|---|---|---|---|---|---|---|---|
| $(B_{i,t+1}-B_{i,t})/Asset_{i,t}$ | 1 | | | | | | | | | | |
| $(A_{i,t}-B_{i,t})/Asset_{i,t}$ | 0.631*** | 1 | | | | | | | | | |
| $D$ | 0.256*** | 0.221*** | 1 | | | | | | | | |
| Gap1 | 0.021* | 0.035* | 0.014 | 1 | | | | | | | |
| Gap2 | 0.042** | 0.031* | 0.003 | 0.671*** | 1 | | | | | | |
| $\partial Grow_{i,t+1}/Asset_{i,t}$ | 0.015*** | 0.012*** | -0.021* | 0.023 | 0.017 | 1 | | | | | |
| Chair_Ceo | 0.035 | 0.028* | 0.012 | 0.012 | 0.014 | 0.018 | 1 | | | | |
| Hold | -0.028* | -0.037 | 0.053 | 0.083 | 0.016 | 0.029 | -0.128* | 1 | | | |
| Lev | -0.035** | 0.028 | -0.023 | 0.025 | 0.041 | 0.008 | 0.091 | -0.131 | 1 | | |
| Sup | 0.073*** | 0.063*** | 0.012 | -0.018 | 0.017 | 0.083 | 0.014* | 0.017 | 0.042 | 1 | |
| Growth | 0.128 | 0.036 | -0.021 | 0.031 | 0.019 | 0.035 | -0.018 | 0.073* | 0.014 | 0.028 | 1 |

注:*、**和***分别表示10%、5%和1%的显著性水平,余表同。

## （三）基准回归分析

### 1. 管理层收入业绩目标完成情况与管理层薪酬水平

表 5-4 报告了对假设 H5-1 的检验结果。由表可知，本期管理层薪酬水平的两个衡量指标（SAL1 和 SAL2）均与本期收入业绩目标完成与否（COMP1）及收入业绩目标完成程度（COMP）显著正相关，验证了包含收入业绩目标的非线性契约具有激励效应，收入业绩目标完成情况与管理层货币薪酬水平显著正相关，假设 H5-1 得到验证。

表 5-4　管理层收入业绩目标完成情况与管理层薪酬水平

| 变量 | （1）SAL1 | （2）SAL2 | （3）SAL1 | （4）SAL2 |
|---|---|---|---|---|
| COMP | 0.023 *** (0.000) | 0.028 *** (0.001) | | |
| COMP1 | | | 0.041 *** (0.000) | 0.044 *** (0.002) |
| Chair_Ceo | −0.015 (0.132) | −0.023 ** (0.031) | −0.017 (0.175) | −0.021 ** (0.035) |
| Hold | 0.021 (0.924) | 0.038 *** (0.000) | 0.026 (0.397) | 0.043 *** (0.000) |
| Lev | −0.005 ** (0.027) | −0.017 * (0.081) | −0.012 ** (0.035) | −0.012 (0.297) |
| Sup | 0.032 ** (0.026) | 0.003 (0.546) | 0.023 ** (0.034) | 0.001 (0.565) |
| Growth | 0.002 (0.138) | 0.013 *** (0.000) | 0.015 * (0.079) | 0.014 *** (0.000) |
| _cons | 5.086 *** (0.000) | 4.075 *** (0.000) | 6.025 *** (0.000) | 5.013 *** (0.000) |
| Year | YES | YES | YES | YES |

| 变量 | （1）<br>SAL1 | （2）<br>SAL2 | （3）<br>SAL1 | （4）<br>SAL2 |
|---|---|---|---|---|
| Ind | YES | YES | YES | YES |
| N | 4972 | 4972 | 4963 | 4963 |
| R-sq | 0.342 | 0.371 | 0.412 | 0.435 |

注：括号内为 P 值，余表同。

## 2. 管理层收入业绩目标"棘轮效应"存在性

表 5-5 的第（1）列和第（2）列中 $(A_{i,t}-B_{i,t})/Asset_{i,t}$ 的系数显著为正，而 $D(A_{i,t}-B_{i,t})/Asset_{i,t}$ 的系数显著为负，说明当期收入业绩目标完成时，下一期收入业绩目标会制定得更高；而当期收入业绩目标未完成时，下一期收入业绩目标向上调整的幅度较低，意味着我国上市公司管理层收入业绩目标设置存在"棘轮效应"。

表 5-5 管理层收入业绩目标"棘轮效应"存在性

| 变量 | （1）<br>$(B_{i,t+1}-B_{i,t})/Asset_{i,t}$ | （2）<br>$(B_{i,t+1}-B_{i,t})/Asset_{i,t}$ |
|---|---|---|
| $(A_{i,t}-B_{i,t})/Asset_{i,t}$ | 1.125 ***<br>(0.000) | 1.161 ***<br>(0.000) |
| $D(A_{i,t}-B_{i,t})/Asset_{i,t}$ | −0.732 ***<br>(0.000) | −0.753 ***<br>(0.001) |
| $\partial Grow_{i,t+1}/Asset_{i,t}$ | 0.015 ***<br>(0.000) | 0.023 ***<br>(0.000) |
| Chair_Ceo | 0.035<br>(0.732) | −0.023<br>(0.135) |
| Hold | 0.018 ***<br>(0.000) | 0.016 **<br>(0.023) |

续表

| 变量 | (1)<br>$(B_{i,t+1}-B_{i,t})/Asset_{i,t}$ | (2)<br>$(B_{i,t+1}-B_{i,t})/Asset_{i,t}$ |
| --- | --- | --- |
| *Lev* | −0.031*<br>(0.071) | −0.042**<br>(0.034) |
| *Sup* | 0.037<br>(0.198) | 0.013<br>(0.132) |
| *Growth* | 0.018**<br>(0.025) | 0.027*<br>(0.057) |
| *_cons* | 0.078**<br>(0.013) | 0.175***<br>(0.000) |
| Year | NO | YES |
| Ind | NO | YES |
| N | 4991 | 4991 |
| R−sq | 0.751 | 0.763 |

### 3. 高管-员工薪酬差距与管理层收入业绩目标"棘轮效应"

表 5-6 的第（1）和第（2）列显示，不管是绝对薪酬差距还是相对薪酬差距，它们与 $(A_{i,t}-B_{i,t})/Asset_{i,t}$ 的交互项对收入业绩目标动态调整幅度的影响系数都显著为正，而与 $D(A_{i,t}-B_{i,t})/Asset_{i,t}$ 的交互项对收入业绩目标动态调整幅度的影响系数显著为负，说明在薪酬差距的激励下，在制定下一期收入业绩目标时，管理层更可能依赖当期收入业绩目标完成情况信息，当期完成情况越好，下一期收入业绩目标会设置得越高。

表 5-6　高管-员工薪酬差距与管理层收入业绩目标"棘轮效应"

| 变量 | (1)<br>$(B_{i,t+1}-B_{i,t})/Asset_{i,t}$ | (2)<br>$(B_{i,t+1}-B_{i,t})/Asset_{i,t}$ |
|---|---|---|
| $(A_{i,t}-B_{i,t})/Asset_{i,t}\times Gap1$ | 0.025 *<br>(0.072) | |
| $D(A_{i,t}-B_{i,t})/Asset_{i,t}\times Gap1$ | −0.008 ***<br>(0.000) | |
| $\partial Grow_{i,t+1}/Asset_{i,t}\times Gap1$ | 0.032 ***<br>(0.000) | |
| $Gap1/Asset_{i,t}$ | 0.003<br>(0.987) | |
| $(A_{i,t}-B_{i,t})/Asset_{i,t}\times Gap2$ | | 0.037 **<br>(0.023) |
| $D(A_{i,t}-B_{i,t})/Asset_{i,t}\times Gap2$ | | −0.052 ***<br>(0.000) |
| $\partial Grow_{i,t+1}/Asset_{i,t}\times Gap2$ | | 0.012<br>(0.652) |
| $Gap2/Asset_{i,t}$ | | 0.516<br>(0.243) |
| $(A_{i,t}-B_{i,t})/Asset_{i,t}$ | 0.936 ***<br>(0.000) | 0.823 ***<br>(0.000) |
| $D(A_{i,t}-B_{i,t})/Asset_{i,t}$ | −0.725 ***<br>(0.000) | −0.691 ***<br>(0.001) |
| $\partial Grow_{i,t+1}/Asset_{i,t}$ | 0.012 ***<br>(0.000) | 0.017 ***<br>(0.000) |
| Chair_Ceo | 0.028 *<br>(0.072) | −0.015<br>(0.186) |
| Hold | 0.021 ***<br>(0.000) | 0.019 **<br>(0.015) |
| Lev | −0.028 **<br>(0.035) | −0.021 **<br>(0.026) |
| Sup | 0.036<br>(0.173) | 0.015<br>(0.235) |
| Growth | 0.016 **<br>(0.019) | 0.034 *<br>(0.068) |

| 变量 | （1）<br>$(B_{i,t+1}-B_{i,t})/Asset_{i,t}$ | （2）<br>$(B_{i,t+1}-B_{i,t})/Asset_{i,t}$ |
|---|---|---|
| _cons | 0.078 **<br>（0.013） | 0.175 ***<br>（0.000） |
| Year | YES | YES |
| Ind | YES | YES |
| N | 4989 | 4989 |
| R-sq | 0.592 | 0.493 |

## （四）进一步分析

### 1. 稳健性检验

（1）替换管理层薪酬水平衡量指标。在此采取前三名高管薪酬计算管理层绝对薪酬水平（MRWSAL1）和相对薪酬水平（MRWSAL2），对假设 H5-1 重新进行检验（结果见表 5-7），结论仍然保持不变。

表 5-7　替换管理层薪酬水平衡量指标

| 变量 | （1）<br>MRWSAL1 | （2）<br>MRWSAL2 | （3）<br>MRWSAL1 | （4）<br>MRWSAL2 |
|---|---|---|---|---|
| COMP | 0.015 **<br>（0.024） | 0.012 ***<br>（0.001） | | |
| COMP1 | | | 0.023 ***<br>（0.000） | 0.031 ***<br>（0.000） |
| Chair_Ceo | 0.031<br>（0.157） | 0.017<br>（0.233） | 0.018<br>（0.136） | 0.023<br>（0.237） |

续表

| 变量 | （1）<br>MRWSAL1 | （2）<br>MRWSAL2 | （3）<br>MRWSAL1 | （4）<br>MRWSAL2 |
|---|---|---|---|---|
| Hold | 0.018 * | 0.027 ** | 0.032 | 0.031 |
| | （0.092） | （0.025） | （0.493） | （0.451） |
| Lev | -0.013 ** | -0.017 ** | -0.015 ** | -0.012 * |
| | （0.032） | （0.043） | （0.026） | （0.073） |
| Sup | 0.027 * | 0.014 * | 0.015 ** | 0.031 * |
| | （0.076） | （0.076） | （0.023） | （0.082） |
| Growth | 0.024 | 0.013 * | 0.017 * | 0.014 * |
| | （0.142） | （0.058） | （0.062） | （0.065） |
| _cons | 7.026 *** | 6.073 *** | 5.027 *** | 5.063 *** |
| | （0.000） | （0.000） | （0.000） | （0.000） |
| Year | YES | YES | YES | YES |
| Ind | YES | YES | YES | YES |
| N | 4965 | 4965 | 4957 | 4957 |
| R-sq | 0.335 | 0.362 | 0.405 | 0.412 |

（2）除了营业收入相关数据，我们还在管理层讨论与分析（MD&A）部分搜集了净利润相关数据，净利润信息披露数量虽然比营业收入信息少，但本章将之用于稳健性检验，重新对三个假设进行检验，结论仍然保持不变，具体回归结果见表5-8、表5-9与表5-10。

表5-8　管理层利润业绩目标完成情况与管理层薪酬水平

| 变量 | （1）<br>SAL1 | （2）<br>SAL2 | （3）<br>SAL1 | （4）<br>SAL2 |
|---|---|---|---|---|
| COMP | 0.005 *** | 0.007 *** | | |
| | （0.000） | （0.000） | | |

续表

| 变量 | （1）<br>SAL1 | （2）<br>SAL2 | （3）<br>SAL1 | （4）<br>SAL2 |
|---|---|---|---|---|
| COMP1 | | | 0.008 *** | 0.007 *** |
| | | | （0.000） | （0.001） |
| Chair_Ceo | −0.012 * | −0.015 ** | −0.014 * | −0.025 * |
| | （0.092） | （0.028） | （0.076） | （0.075） |
| Hold | 0.031 | 0.033 | 0.026 | 0.021 |
| | （0.523） | （0.408） | （0.365） | （0.321） |
| Lev | −0.013 ** | −0.017 ** | −0.021 ** | −0.012 * |
| | （0.034） | （0.031） | （0.023） | （0.057） |
| Sup | 0.017 | 0.014 | 0.021 | 0.031 |
| | （0.324） | （0.243） | （0.135） | （0.163） |
| Growth | 0.012 * | 0.013 * | 0.015 ** | 0.014 * |
| | （0.087） | （0.064） | （0.039） | （0.071） |
| _cons | 5.086 *** | 5.063 *** | 6.123 *** | 5.212 *** |
| | （0.000） | （0.000） | （0.000） | （0.000） |
| Year | YES | YES | YES | YES |
| Ind | YES | YES | YES | YES |
| N | 4972 | 4972 | 4963 | 4963 |
| R−sq | 0.273 | 0.296 | 0.315 | 0.331 |

表 5-9　管理层利润业绩目标"棘轮效应"存在性

| 变量 | 系数 $[(B_{i,t+1}-B_{i,t})/Asset_{i,t}]$ |
|---|---|
| $(A_{i,t}-B_{i,t})/Asset_{i,t}$ | 1.273 *** |
| | （0.000） |
| $D(A_{i,t}-B_{i,t})/Asset_{i,t}$ | −0.651 *** |
| | （0.000） |
| $\partial Grow_{i,t+1}/Asset_{i,t}$ | 0.035 *** |
| | （0.000） |
| Chair_Ceo | −0.022 |
| | （0.243） |

续表

| 变量 | 系数[ $(B_{i,t+1}-B_{i,t})/Asset_{i,t}$ ] |
|---|---|
| Hold | 0.016 |
| | (0.125) |
| Lev | -0.042* |
| | (0.064) |
| Sup | 0.013** |
| | (0.012) |
| Growth | 0.027*** |
| | (0.000) |
| _cons | 0.575*** |
| | (0.000) |
| Year | YES |
| Ind | YES |
| N | 4991 |
| R-sq | 0.431 |

表5-10 高管-员工薪酬差距与管理层利润业绩目标"棘轮效应"

| 变量 | (1) $(B_{i,t+1}-B_{i,t})/Asset_{i,t}$ | (2) $(B_{i,t+1}-B_{i,t})/Asset_{i,t}$ |
|---|---|---|
| $(A_{i,t}-B_{i,t})/Asset_{i,t}\times Gap1$ | 0.032* | |
| | (0.068) | |
| $D(A_{i,t}-B_{i,t})/Asset_{i,t}\times Gap1$ | -0.012*** | |
| | (0.000) | |
| $\partial Grow_{i,t+1}/Asset_{i,t}\times Gap1$ | 0.017*** | |
| | (0.000) | |
| $Gap1/Asset_{i,t}$ | 0.015 | |
| | (0.532) | |
| $(A_{i,t}-B_{i,t})/Asset_{i,t}\times Gap2$ | | 0.025** |
| | | (0.017) |
| $D(A_{i,t}-B_{i,t})/Asset_{i,t}\times Gap2$ | | -0.027*** |
| | | (0.000) |

续表

| 变量 | (1)<br>$(B_{i,t+1}-B_{i,t})/Asset_{i,t}$ | (2)<br>$(B_{i,t+1}-B_{i,t})/Asset_{i,t}$ |
|---|---|---|
| $\partial Grow_{i,t+1}/Asset_{i,t}\times Gap2$ |  | 0.031<br>(0.253) |
| $Gap2/Asset_{i,t}$ |  | 0.143<br>(0.241) |
| $(A_{i,t}-B_{i,t})/Asset_{i,t}$ | 0.432**<br>(0.000) | 0.315***<br>(0.000) |
| $D(A_{i,t}-B_{i,t})/Asset_{i,t}$ | $-0.328$***<br>(0.000) | $-0.273$***<br>(0.000) |
| $\partial Grow_{i,t+1}/Asset_{i,t}$ | 0.014***<br>(0.000) | 0.015***<br>(0.000) |
| $Chair\_Ceo$ | 0.013<br>(0.273) | 0.013<br>(0.143) |
| $Hold$ | 0.021*<br>(0.068) | 0.017*<br>(0.063) |
| $Lev$ | 0.021*<br>(0.068) | 0.017*<br>(0.063) |
| $Sup$ | $-0.028$**<br>(0.035) | $-0.021$*<br>(0.073) |
| $Growth$ | 0.037<br>(0.128) | 0.027<br>(0.176) |
| $\_cons$ | 0.016*<br>(0.063) | 0.015*<br>(0.073) |
| Year | YES | YES |
| Ind | YES | YES |
| N | 4989 | 4989 |
| R-sq | 0.375 | 0.274 |

（3）前文在检验管理层收入业绩目标"棘轮效应"的存在性及其与薪酬差距的关系时，用总资产对相关变量进行了标准

化，在此用销售收入对相关变量进行标准化并利用式（5-2）和式（5-3）重新进行检验，结论仍然保持不变，具体回归结果见表 5-11 和表 5-12。

表 5-11　销售收入标准化后的管理层收入业绩目标"棘轮效应"存在性

| 变量 | 系数 $[(B_{i,t+1}-B_{i,t})/Sale_{i,t}]$ |
|---|---|
| $(A_{i,t}-B_{i,t})/Sale_{i,t}$ | 1.135*** <br> (0.000) |
| $D(A_{i,t}-B_{i,t})/Sale_{i,t}$ | −0.353*** <br> (0.000) |
| $\partial Grow_{i,t+1}/Sale_{i,t}$ | 0.017*** <br> (0.000) |
| Chair_Ceo | −0.021* <br> (0.093) |
| Hold | 0.015* <br> (0.068) |
| Lev | −0.013** <br> (0.028) |
| Sup | 0.011 <br> (0.145) |
| Growth | 0.018* <br> (0.063) |
| _cons | 1.132*** <br> (0.000) |
| Year | YES |
| Ind | YES |
| N | 4991 |
| R-sq | 0.562 |

表 5-12　销售收入标准化后的高管-员工薪酬差距与管理层
收入业绩目标"棘轮效应"

| 变量 | (1) $(B_{i,t+1}-B_{i,t})/Sale_{i,t}$ | (2) $(B_{i,t+1}-B_{i,t})/Sale_{i,t}$ |
|---|---|---|
| $(A_{i,t}-B_{i,t})/Sale_{i,t}×Gap1$ | 0. 012 *** <br> (0. 000) | |
| $D(A_{i,t}-B_{i,t})/Sale_{i,t}×Gap1$ | −0. 013 ** <br> (0. 015) | |
| $∂Grow_{i,t+1}/Sale_{i,t}×Gap1$ | 0. 017 *** <br> (0. 000) | |
| $Gap1/Sale_{i,t}$ | 0. 005 <br> (0. 531) | |
| $(A_{i,t}-B_{i,t})/Sale_{i,t}×Gap2$ | | 0. 021 *** <br> (0. 001) |
| $D(A_{i,t}-B_{i,t})/Sale_{i,t}×Gap2$ | | −0. 018 *** <br> (0. 000) |
| $∂Grow_{i,t+1}/Sale_{i,t}×Gap2$ | | 0. 031 <br> (0. 257) |
| $Gap2/Sale_{i,t}$ | | 0. 314 <br> (0. 163) |
| $(A_{i,t}-B_{i,t})/Sale_{i,t}$ | 0. 721 *** <br> (0. 000) | 0. 654 *** <br> (0. 000) |
| $D(A_{i,t}-B_{i,t})/Sale_{i,t}$ | −0. 563 *** <br> (0. 000) | −0. 592 *** <br> (0. 000) |
| $∂Grow_{i,t+1}/Sale_{i,t}$ | 0. 032 *** <br> (0. 000) | 0. 015 *** <br> (0. 000) |
| $Chair\_Ceo$ | 0. 015 ** <br> (0. 032) | 0. 013 * <br> (0. 086) |
| $Hold$ | 0. 021 <br> (0. 571) | 0. 014 <br> (0. 213) |

续表

| 变量 | (1)<br>$(B_{i,t+1}-B_{i,t})/Sale_{i,t}$ | (2)<br>$(B_{i,t+1}-B_{i,t})/Sale_{i,t}$ |
|---|---|---|
| Lev | −0.013**<br>(0.028) | −0.021*<br>(0.073) |
| Sup | 0.041<br>(0.156) | 0.038<br>(0.212) |
| Growth | 0.034*<br>(0.072) | 0.041*<br>(0.073) |
| _cons | 2.373**<br>(0.000) | 3.073***<br>(0.000) |
| Year | YES | YES |
| Ind | YES | YES |
| N | 4972 | 4972 |
| R-sq | 0.472 | 0.453 |

（4）替换高管-员工薪酬差距衡量指标。在此参照张正堂（2007）的做法，采取前三名高管薪酬计算高管与员工的绝对薪酬差距（MRWGap1）和相对薪酬差距（MRWGap2），重新进行了回归，回归结果与基准回归结果基本保持一致，具体回归结果见表 5-13。

表 5-13　高管-员工薪酬差距（前三名高管）与管理层收入业绩目标"棘轮效应"

| 变量 | (1)<br>$(B_{i,t+1}-B_{i,t})/Asset_{i,t}$ | (2)<br>$(B_{i,t+1}-B_{i,t})/Asset_{i,t}$ |
|---|---|---|
| $(A_{i,t}-B_{i,t})/Asset_{i,t}\times MRWGap1$ | 0.043**<br>(0.025) | |
| $D(A_{i,t}-B_{i,t})/Asset_{i,t}\times MRWGap1$ | −0.012***<br>(0.000) | |

续表

| 变量 | (1)<br>$(B_{i,t+1}-B_{i,t})/Asset_{i,t}$ | (2)<br>$(B_{i,t+1}-B_{i,t})/Asset_{i,t}$ |
|---|---|---|
| $\partial Grow_{i,t+1}/Asset_{i,t}\times MRWGap1$ | 0.021 ***<br>(0.000) | |
| $MRWGap1/Asset_{i,t}$ | 0.001<br>(0.763) | |
| $(A_{i,t}-B_{i,t})/Asset_{i,t}\times MRWGap2$ | | 0.052 *<br>(0.065) |
| $D(A_{i,t}-B_{i,t})/Asset_{i,t}\times MRWGap2$ | | −0.018 ***<br>(0.000) |
| $\partial Grow_{i,t+1}/Asset_{i,t}\times MRWGap2$ | | 0.011<br>(0.357) |
| $MRWGap2/Asset_{i,t}$ | | 0.235<br>(0.347) |
| $(A_{i,t}-B_{i,t})/Asset_{i,t}$ | 0.652 **<br>(0.000) | 0.713 ***<br>(0.000) |
| $D(A_{i,t}-B_{i,t})/Asset_{i,t}$ | −0.524 ***<br>(0.000) | −0.426 ***<br>(0.000) |
| $\partial Grow_{i,t+1}/Asset_{i,t}$ | 0.008 ***<br>(0.000) | 0.006 ***<br>(0.000) |
| $Chair\_Ceo$ | −0.023<br>(0.375) | −0.013<br>(0.164) |
| $Hold$ | 0.019 *<br>(0.067) | 0.015 *<br>(0.075) |
| $Lev$ | −0.013 **<br>(0.027) | −0.011 **<br>(0.018) |
| $Sup$ | 0.033 *<br>(0.082) | 0.015 *<br>(0.093) |
| $Growth$ | 0.014 **<br>(0.015) | 0.023 *<br>(0.071) |

续表

| 变量 | （1）<br>$(B_{i,t+1}-B_{i,t})/Asset_{i,t}$ | （2）<br>$(B_{i,t+1}-B_{i,t})/Asset_{i,t}$ |
|---|---|---|
| _cons | 2.073 ***<br>（0.000） | 1.173 ***<br>（0.000） |
| Year | YES | YES |
| Ind | YES | YES |
| N | 4972 | 4972 |
| R-sq | 0.451 | 0.462 |

## 2. 产权性质差异

（1）不同产权性质下管理层收入业绩目标完成情况与管理层薪酬水平的关系。我国国有企业的薪酬契约以目标责任制的形式得到体现，并且以行政法规的方式确定下来，目标责任制在管理层绩效考核方面发挥了巨大的作用。而在民企，收入业绩目标主要发挥计划、执行以及资源配置功能，绩效考核的功能发挥并不明显。结合已有的研究发现，收入业绩目标设置在国企管理层薪酬契约中能够产生较好的激励效果。为了进一步研究收入业绩目标完成情况与管理层薪酬水平的关系在不同产权性质下的差异，我们在式（5-1）中加入产权性质（SOE）及其与 COMP 和 COMP1 的交互项，如果企业为国企，SOE 取值为 1，反之，SOE 取值为 0。表 5-14 的第（1）~第（4）列均显示管理层收入业绩目标完成情况与管理层薪酬水平的正相关关系在国企表现得更为明显，说明收入业绩目标设置在国企管理层薪酬契约中能够产生较好的激励效果，这与我们的预期一致。

表 5-14　不同产权性质下管理层收入业绩目标完成情况
与管理层薪酬水平的关系

| 变量 | （1）<br>SAL1 | （2）<br>SAL2 | （3）<br>SAL1 | （4）<br>SAL2 |
|---|---|---|---|---|
| COMP×SOE | 0.013 ** <br> （0.027） | 0.015 * <br> （0.082） | | |
| COMP | 0.004 *** <br> （0.000） | 0.003 *** <br> （0.000） | | |
| COMP1×SOE | | | 0.011 * <br> （0.091） | 0.008 * <br> （0.082） |
| COMP1 | | | 0.004 *** <br> （0.000） | 0.001 *** <br> （0.000） |
| SOE | -0.034 * <br> （0.076） | -0.028 <br> （0.352） | -0.019 ** <br> （0.035） | -0.033 ** <br> （0.028） |
| Chair_Ceo | -0.013 <br> （0.341） | -0.025 <br> （0.291） | -0.017 <br> （0.235） | -0.021 * <br> （0.073） |
| Hold | -0.023 <br> （0.612） | -0.019 <br> （0.476） | -0.032 <br> （0.386） | -0.042 <br> （0.452） |
| Lev | -0.018 ** <br> （0.028） | -0.023 * <br> （0.076） | -0.019 *** <br> （0.003） | -0.017 * <br> （0.083） |
| Sup | 0.015 <br> （0.118） | 0.023 <br> （0.127） | 0.019 <br> （0.108） | 0.027 <br> （0.136） |
| Growth | 0.015 ** <br> （0.036） | 0.012 * <br> （0.075） | 0.019 ** <br> （0.027） | 0.013 * <br> （0.083） |
| _cons | 7.032 *** <br> （0.000） | 6.093 *** <br> （0.000） | 8.102 *** <br> （0.000） | 6.211 *** <br> （0.000） |
| Year | YES | YES | YES | YES |
| Ind | YES | YES | YES | YES |
| N | 4972 | 4972 | 4963 | 4963 |
| R-sq | 0.356 | 0.473 | 0.386 | 0.462 |

（2）产权性质对管理层收入业绩目标"棘轮效应"的影响。根据契约理论，契约方在设置目标时如果不完全将企业历史收入信息作为依据，就会削弱目标"棘轮效应"（Milgrom and Roberts，1992；Laffont and Tirole，1993；Indjejikian and Nanda，1999）。在我国，由于国企的收入业绩目标以规章制度的形式予以确定，国企在设置其收入业绩目标时具有较强的刚性，收入业绩目标往往易升难降，而民企在制定收入业绩目标时更为灵活，往往会依据实际经营情况设置收入业绩目标，对历史收入信息的依赖程度较低，管理层收入业绩目标"棘轮效应"能够得到缓解。因此，为了检验产权性质对管理层收入业绩目标"棘轮效应"的影响，我们在式（5-2）中加入产权性质（SOE）及其与相关变量的交互项，如果企业为国企，SOE 取值为 1，反之，SOE 取值为 0。表 5-15 中的结果显示，产权性质（SOE）与 $(A_{i,t}-B_{i,t})/Asset_{i,t}$ 交互项的系数显著为正，与 $D(A_{i,t}-B_{i,t})/Asset_{i,t}$ 交互项的系数显著为负，说明在国企，当期收入业绩目标完成时，下一期收入业绩目标会制定得更高；而当期收入业绩目标未完成时，下一期收入业绩目标向上调整的幅度较低，即在国企，管理层收入业绩目标"棘轮效应"更明显。

表 5-15 产权性质对管理层收入业绩目标"棘轮效应"的影响

| 变量 | 系数 $[(B_{i,t+1}-B_{i,t})/Asset_{i,t}]$ |
| --- | --- |
| $(A_{i,t}-B_{i,t})/Asset_{i,t} \times SOE$ | 0.235 ***<br>（0.000） |

续表

| 变量 | 系数 $[(B_{i,t+1}-B_{i,t})/Asset_{i,t}]$ |
|:---:|:---:|
| $D(A_{i,t}-B_{i,t})/Asset_{i,t}\times SOE$ | −0.432 *** <br> (0.000) |
| $(A_{i,t}-B_{i,t})/Asset_{i,t}$ | 0.935 <br> (0.294) |
| $D(A_{i,t}-B_{i,t})/Asset_{i,t}$ | −0.356 ** <br> (0.023) |
| $\partial Grow_{i,t+1}/Asset_{i,t}$ | 0.027 *** <br> (0.000) |
| $SOE$ | 0.125 ** <br> (0.043) |
| $Chair\_Ceo$ | −0.023 <br> (0.347) |
| $Hold$ | 0.016 <br> (0.125) |
| $Lev$ | −0.026 ** <br> (0.033) |
| $Sup$ | 0.027 * <br> (0.073) |
| $Growth$ | 0.023 * <br> (0.096) |
| $\_cons$ | 0.654 *** <br> (0.000) |
| Year | YES |
| Ind | YES |
| N | 4972 |
| R−sq | 0.536 |

（3）高管-员工薪酬差距与管理层收入业绩目标"棘轮效应"之间关系在不同产权性质下的差异。在薪酬差距的激励下，管理层更有可能将企业历史业绩目标完成情况信息作为下一期业绩目标设置的依据。相对于民企，我国国企的收入业绩目标以规章制度的形式确定下来，目标的调整刚性较强。因此，薪酬差距对目标"棘轮效应"的影响在国企表现得更为明显。为了检验高管-员工薪酬差距对管理层收入业绩目标"棘轮效应"的影响在不同产权性质下的差异，我们在式（5-3）中加入产权性质（$SOE$）及与相关变量的交互项，如果企业为国企，$SOE$ 取值为 1，反之，$SOE$ 取值为 0。表 5-16 中的结果显示，产权性质（$SOE$）与 $(A_{i,t}-B_{i,t})/Asset_{i,t}$ 和高管-员工薪酬差距 $Gap1$（$Gap2$）交互项的系数显著为正，与 $D(A_{i,t}-B_{i,t})/Asset_{i,t}$ 和高管-员工薪酬差距 $Gap1$（$Gap2$）交互项的系数显著为负，说明薪酬差距与管理层收入业绩目标"棘轮效应"的正相关关系在国企表现得更为显著。

表 5-16 产权性质、高管-员工薪酬差距与管理层收入业绩目标"棘轮效应"

| 变量 | (1)<br>$(B_{i,t+1}-B_{i,t})/Asset_{i,t}$ | (2)<br>$(B_{i,t+1}-B_{i,t})/Asset_{i,t}$ |
|---|---|---|
| $(A_{i,t}-B_{i,t})/Asset_{i,t}\times SOE\times Gap1$ | 0.032 **<br>(0.027) | |
| $D(A_{i,t}-B_{i,t})/Asset_{i,t}\times SOE\times Gap1$ | −0.013 *<br>(0.076) | |
| $(A_{i,t}-B_{i,t})/Asset_{i,t}\times Gap1$ | 0.023<br>(0.856) | |
| $D(A_{i,t}-B_{i,t})/Asset_{i,t}\times Gap1$ | −0.125<br>(0.753) | |

续表

| 变量 | (1)<br>$(B_{i,t+1}-B_{i,t})/Asset_{i,t}$ | (2)<br>$(B_{i,t+1}-B_{i,t})/Asset_{i,t}$ |
|---|---|---|
| $SOE×Gap1$ | -0.012<br>(0.614) | |
| $(A_{i,t}-B_{i,t})/Asset_{i,t}×SOE×Gap2$ | | 0.028***<br>(0.000) |
| $D(A_{i,t}-B_{i,t})/Asset_{i,t}×SOE×Gap2$ | | -0.019**<br>(0.025) |
| $(A_{i,t}-B_{i,t})/Asset_{i,t}×Gap2$ | | 0.061<br>(0.292) |
| $D(A_{i,t}-B_{i,t})/Asset_{i,t}×Gap2$ | | -0.353*<br>(0.095) |
| $SOE×Gap2$ | | 0.413<br>(0.256) |
| $(A_{i,t}-B_{i,t})/Asset_{i,t}×SOE$ | 0.933*<br>(0.084) | 0.746*<br>(0.073) |
| $D(A_{i,t}-B_{i,t})/Asset_{i,t}×SOE$ | -0.317**<br>(0.049) | -0.532**<br>(0.025) |
| $(A_{i,t}-B_{i,t})/Asset_{i,t}$ | 0.237<br>(0.294) | 0.926<br>(0.227) |
| $D(A_{i,t}-B_{i,t})/Asset_{i,t}$ | -0.331<br>(0.712) | -0.334*<br>(0.071) |
| $\partial Grow_{i,t+1}/Asset_{i,t}$ | 0.012***<br>(0.000) | 0.025***<br>(0.000) |
| $SOE$ | 0.171**<br>(0.029) | 0.121*<br>(0.063) |
| $Chair\_Ceo$ | -0.038<br>(0.258) | -0.076<br>(0.317) |
| $Hold$ | 0.015<br>(0.132) | 0.034<br>(0.141) |
| $Lev$ | -0.013**<br>(0.043) | -0.025**<br>(0.027) |

| 变量 | (1)<br>$(B_{i,t+1}-B_{i,t})/Asset_{i,t}$ | (2)<br>$(B_{i,t+1}-B_{i,t})/Asset_{i,t}$ |
|------|------|------|
| Sup | 0.023<br>(0.543) | 0.128<br>(0.375) |
| Growth | 0.024<br>(0.193) | 0.034<br>(0.452) |
| _cons | 0.353 ***<br>(0.000) | 0.456 ***<br>(0.000) |
| Year | YES | YES |
| Ind | YES | YES |
| N | 4972 | 4951 |
| R-sq | 0.672 | 0.548 |

# 第六章　管理层收入业绩目标松弛的经济后果

　　在探讨高管与员工薪酬差距对管理层收入业绩目标的影响时发现，管理层在制定收入业绩目标时可能采取目标松弛策略。收入业绩目标松弛，作为管理层在制定收入业绩目标过程中可能采取的一种策略，不仅关系企业的资源配置和经营决策，还可能对企业的风险承担、创新行为以及股票价格产生深远的影响。尽管近年来国内学者对目标管理进行了广泛研究，成效显著，但仍有缺陷。首先，虽然企业的生产、销售、投资、研发等各类经营活动都涉及目标管理，但现有研究大多局限于从单一角度探讨收入业绩目标松弛的影响因素与经济后果，缺乏对管理层收入业绩目标松弛行为的全面分析。其次，关于收入业绩目标松弛的理论观点存在较大分歧：委托代理理论强调收入业绩目标松弛可能带来的消极效应，认为它可能导致盈余管理、业绩操控等不当行为；而权变理论则认为，在特定情境下，收入业绩目标松弛能够为管理层提供更多决策资源，帮助他们应对外部环境的不确定性，从而促进企业的长期发展与创新。总体而言，现有研究多聚焦于收入业绩目标松弛的负面影响，而对其潜在的积极作用则探讨不多。

在此背景下，本章结合管理层的收入业绩目标松弛行为，深入分析收入业绩目标松弛对企业的多维度经济后果。首先，从企业内部视角出发，研究收入业绩目标松弛对企业风险承担的促进作用及对企业创新行为的抑制效应；其次，从外部资本市场角度，探讨收入业绩目标松弛对企业股价崩盘风险的影响。通过实证分析，本章不仅为理解收入业绩目标松弛在企业管理中的复杂作用提供了新的视角，也为学术界和实务界提供了有关管理层收入业绩目标松弛的经验证据。

# 一　管理层收入业绩目标松弛对企业风险承担的影响

企业风险承担是指企业愿意为获取好的收益或市场机会而承担风险，作为一项重要的风险投资决策，反映了企业对投资决策过程中可能存在风险的偏好程度（苏坤，2015；Faccio et al.，2011；李文贵和余明桂，2012）。较高水平的风险承担不仅能帮助公司提升财务绩效、获取较高的投资回报率及长期竞争优势（John et al.，2008；解维敏和唐清泉，2013），也能够推动整个社会的技术进步、提高生产效率，促进经济的长期发展（De Long and Summers, 1991; John et al., 2008; 解维敏和唐清泉, 2013)。学者们主要在委托代理框架内研究风险承担。委托代理理论下，管理层为了追求个人财富、避免声誉损失以及保持工作稳定等，倾向于放弃净现值为正的风险项目，选择保守性投资项目，管理层具有较强的风险规避动机（张敏等，2015; John et al., 2008）。因此，管理者的背景特征和心理特征，如管理者过度自信对企业风险承担行为存在影响（Cain and McKeon, 2016; Faccio et al., 2011; 李文贵和余明桂，2012; Acharya et al., 2011; 余明桂等，2013）。

然而，企业风险承担水平除受管理层意愿影响，还受企业资源约束的制约（张敏等，2015）。企业风险承担是一项资源消耗性活动，具有很强的资源依赖性（Chirinko and Fazzari, 1988; Almeida and Campello, 2007; 卢馨等，2013）。如果无法获取足够的资源支持，企业在进行投资时就会面临较大的资源约束，导致投资效率低下，甚至投资失败。企业的风险承担行为需要财力、人力、技术等资源，并且这些资源贯穿于风险投资的各个阶段，是风险投资成功的重要保障。由于代理问题的存在，管理层可以通过正式的管理控制手段从委托人那里获取更多的资源。

预算则具有明显的资源配置功能，在外部获取资源手段有限的条件下，管理层越来越倾向于通过预算从委托人那里获取投资、生产等活动所需要的资源（吴粒等，2012）。管理层在事前制订未来经营期间的资源配置计划，以达到实现组织目标、提高产出效率的目的（Carter and Zimmerman，2000；Chow and Kritzman，2001）。

预算编制过程中，预算编制者可能通过低估收入或产能、高估成本或拟耗费资源，即管理层业绩目标松弛行为（Dunk and Nouri，1998），掌握更多可支配资源，用于未来的创新活动（Majumdar and Venkataraman，1993；Zajac and Bazerman，1991）。此外，根据权变理论，管理层业绩目标松弛是指管理层为了应对未来不确定性，有意高估所需资源或低估生产能力，为企业面临的环境不确定性提供缓冲（Merchant，1985），改变经济主体的风险偏好，从而影响企业的风险承担水平（张先治和翟月雷，2009）。综合来看，管理层业绩目标松弛是指管理层有意高估实际所需要的资源或有意低估生产能力，拥有更多可支配资源的能力和决策自主权（Antle and Fellingham，1990；Grinyer，1986），能够为管理层的风险投资活动提供所需要的资源，改变管理层的风险偏好，影响企业的风险承担水平。

已有管理层业绩目标松弛的经济后果相关文献主要集中在盈余管理、公司业绩方面（潘飞和程明，2007；Steel and Mento，1986），较少研究管理层业绩目标松弛对企业风险承担水平的影响。因此，本节基于管理层收入业绩目标松弛研究管理层在正式制度安排下的资源获取能力与风险承担水平之间的关系，有助于深化现有文献对企业风险承担影响因素的解释，并为企业提高风险承担水平、提升长期竞争力提供借鉴。

## （一）管理层业绩目标松弛影响企业风险承担的理论分析

### 1. 管理层业绩目标松弛"蓄水池"效应与风险承担强化

权变理论下，管理层业绩目标松弛能够帮助企业缓冲风险（Merchant and Manzoni，1989），在管理过程中企业需要根据所处的环境及时做出调整，因此，在预算编制过程中会编制松弛的预算以抵御风险（Lukka，1988）。管理层高估所需资源，从而获得超出现有业务所需的资源，并为正在进行的项目提供资金。这样做既能使组织得到缓冲风险所需的多余资源，又能改变管理层的风险偏好。同时，管理层业绩目标松弛促进了研发（R&D）以及管理层对新项目的追求，过度的管理层业绩目标松弛无疑会刺激研发支出，从而导致许多新项目的推行（Yang et al.，2009）。Bourgeois（1981）的研究认为管理层业绩目标松弛导致管制的放松，意味着管理层面临的不确定性较强，可得到和使用的资金较多，允许追求创新计划，在一个组织中培养研究和开发的文化。与此对应，Nohria 和 Gulati（1996）则研究发现管理层业绩目标紧缩的组织面临更大的预算压力，管理层的注意力可能主要集中在短期绩效问题上，而不是不确定的创新项目上。

企业风险承担行为对资源的依赖性较强，需要投入和消耗大量的资源（Chirinko and Fazzari，1988；Almeida and Campello，2007；卢馨等，2013）。如果企业在投资时没有资源支撑，面临资源约束，就会降低投资效率，甚至会造成投资失败（李延喜等，2007；连玉君和苏治，2009）。企业在进行风险投资时需要的资源包括投资项目、技术、资金、土地等，这些资源贯穿于风险投资的各个阶段，影响企业的风险承担水平（张敏等，2015）。管理层业绩目标松弛是管理层有意高估实际所需要的资源或有意低估生产能力，拥有更多可支配资源的能力和决策自主权（Antle and Fellingham，1990；Grinyer，1986），能够为管理层的风险投资活动提供所需要的资源，改变管理层的风险偏好，影响企业的风险承担水平。

因此，本节认为管理层通过业绩目标松弛可以为企业的风险承担行为蓄积以下资源。

第一，管理层业绩目标松弛蓄积经济资源，这是指管理层业绩目标松弛为管理层的风险承担活动提供所需物质资源。权变理论下管理层业绩目标松弛是指管理层高估所需资源，从而获得超出现有业务所需的资源（Cyert and March，1963），为未来的高风险投资项目提供资金。同时，管理层业绩目标松弛可以降低企业进行风险投资所需资金的成本。管理层业绩目标松弛情况下管理层通过内部正式制度分配得到资源，与负债和外部融资相比，内部资源的成本较低，因此管理层业绩目标松弛促使管理层更愿意进行风险投资活动。

第二，管理层业绩目标松弛蓄积财务资源，这是指管理层业绩目标松弛为管理层风险承担活动的潜在损失做好财务缓冲准备。企业风险承担水平较高意味着企业拥有高风险、高收益的投资机会（刘志远等，2017），同时面临高损失可能。而管理层可以通过低估收入、高估成本的业绩目标松弛行为（Dunk and

Nouri, 1998), 为高风险投资潜在损失的表内确认提供财务对冲, 减弱风险损失对利润表的负向冲击。面对高风险投资存在的不确定性因素, 管理层业绩目标松弛成为应对不确定性事件的重要缓冲垫, 可以改变经济主体的风险偏好, 提升管理层的风险承担水平 (Merchant and Manzoni, 1989)。

综上分析, 本节认为管理层业绩目标松弛通过增强管理层的资源配置能力和表内损失缓冲能力, 提高企业的风险承担水平。因此, 提出如下假设:

H6-1a 管理层业绩目标松弛能够提高企业的风险承担水平。

## 2. 管理层激励的调节作用

(1) 薪酬激励——显性激励的调节作用。由于管理者的专用性人力资本和个人财富高度依赖于他们所供职的企业, 出于职业关注和个人私利 (如在职消费等) 的考虑, 管理者不愿意承担过高的风险, 他们甚至会放弃一些风险相对较高但净现值为正的投资项目, 违背公司股东的利益 (Kempf et al., 2009)。管理层追求私有收益的动机显著降低了企业风险承担水平 (John et al., 2008; Kim and Lu, 2011)。Senteney 等 (2004) 认为基于年度会计指标的短期奖励使经理放弃了风险高回报时间长的投资项目, 降低了企业的风险承担水平。

预算作为一种重要的管理控制工具, 具有计划和控制功能,其中计划功能包括资源分配等，能够为公司的投资活动优化资源配置，预算的控制功能包括激励和考评等内容。如果同时发挥预算的计划功能和控制功能就会引发功能冲突。由于在预算编制过程中，管理层与股东和董事会存在信息不对称，如果将预算同高管（货币）薪酬激励挂钩，管理层就会有意低估收入或高估成本或资源。虽然管理层业绩目标松弛能够为管理层带来可支配和使用的资源，但是由于松弛的业绩目标较为容易实现，管理层会基于自身薪酬等私人利益不愿意承担风险，放弃净现值为正但存在风险的项目，降低企业的风险承担水平。而预算被广泛应用于对企业各责任中心经理人的业绩评价，并与经理人的职务晋升和薪酬挂钩（叶建芳等，2014）。相对于其他业绩评价指标，预算是被使用得最多的业绩评价指标（潘飞和程明，2006）。由于管理层业绩目标松弛意味着管理层有意低估收入，业绩目标更容易实现，基于绩效考核，将管理层的薪酬激励与预算相联系，更容易激发管理层的短视行为，使之宁愿放弃净现值为正的项目，从而降低企业的风险承担水平。因此，提出如下假设：

H6-1b　高管薪酬激励抑制了管理层业绩目标松弛对企业风险承担的正向作用。

（2）在职消费——隐性激励的调节作用。企业为管理层提供在职消费，主要是为了帮助管理层积累"关系资本"，从而帮助自己获得订单和债务融资优势（张璇等，2017；Rajan and

Wulf, 2006)。虽然部分学者认为高管的在职消费作为一种隐性激励机制,能增强管理层的积极性,从而提升公司的业绩(Rajan and Wulf, 2006);但是,也有部分文献发现管理层可能会滥用在职消费,牟取个人私利,从而损害公司价值(郝颖等,2018)。由于管理层业绩目标松弛可能会降低管理层的业绩考核压力,而实施高风险投资项目需要高管投入更多的精力和努力,所以较低的业绩考核压力会使得高管将在职消费用于个人消费(郝颖等,2018),而非用于维持客户关系以完成业绩目标。因此,本节认为在职消费水平越高,高管越没有精力、动力来管理高风险投资项目以提升公司风险承担水平,从而削弱管理层业绩目标松弛的风险承担效应。因此,提出如下假设:

H6-1c 高管在职消费削弱了管理层业绩目标松弛对企业风险承担的正向作用。

## (二)管理层收入业绩目标松弛影响企业风险承担的实证检验

### 1. 样本选择与数据来源

本节选取 2003~2017 年全部 A 股非金融类上市公司为研究样本,营业收入数据来自 2002~2016 年的上市公司年报,通过手工搜集整理而得,在整理过程中遵循如下规则:2003 年的数据会在 2002 年的年报中披露,披露位于下一年年度展望中。最终得到的有效营业收入数据为 5059 个。其他财务数据均来自国泰安（CSMAR）数据库。为了避免极端值的影响，对所有数据进行了 1%分位的缩尾（Winsorize）处理。

### 2. 研究模型与变量定义

为了验证假设 H6-1a，我们运用如下模型：

$$RiskTaking = \alpha_0 + \alpha_1 Slack + \alpha_2 Lev + \alpha_3 Sup + \alpha_4 Growth \\ + \alpha_5 Chair\_Ceo + \alpha_6 Roa + \varepsilon \tag{6-1}$$

式中，被解释变量为 $RiskTaking$，代表企业的风险承担水平，我们参照余明桂等（2013）的做法，用股票收益的波动率来表示：

$$RiskTaking = \sqrt{\frac{1}{N-1} \sum_{n=1}^{N=3} \left( ADJ\_Roa_{in} - \frac{1}{N} \sum_{n=1}^{N=3} ADJ\_Roa_{in} \right)^2}$$

其中，$ADJ\_Roa_{in} = \dfrac{EBIDTA_{in}}{ASSET_{in}} - \dfrac{1}{X_n} \sum \dfrac{EBIDTA_{in}}{ASSET_{in}}$。$EBIDTA$ 表示息税折旧及摊销前利润，$i$ 表示企业，$n$ 表示年份，$ASSET$ 表示资产总额，$X_n$ 表示行业中企业数量；$Roa$ 为 $EBIDTA$ 与 $ASSET$ 的比值，$ADJ\_Roa$ 为采用行业平均值调整后的 $Roa$。

核心解释变量为 $Slack$，代表管理层收入业绩目标松弛。参照潘飞和程明（2007）的度量方法，$S = 1 - [ (I_t^* - I_{t-1}) / I_{t-1} - I_{t-1}^* ]$。其中，$I_t^*$ 表示上市公司在第 $t-1$ 年年报中披露的第 $t$ 年营业收入目标，$I_{t-1}$ 表示上市公司第 $t-1$ 年实现的营业收入，$I_{t-1}^*$ 表示第 $t-1$ 年上市公司所处行业的平均营业收入增长率。在此基础上，如果 $S$ 的值小于 1，则表明公司预算编制偏紧，*Slack* 取值为 0；反之，表明预算编制松弛，*Slack* 取值为 1。

控制变量方面，本节参照郭瑾等（2017）、张敏等（2015）和余明桂等（2013）的研究，考虑了可能对企业风险承担水平有影响的因素：*Lev* 代表资产负债率；*Sup* 代表监事会规模；*Growth* 代表销售收入增长率；*Chair_Ceo* 代表了董事长和总经理是不是同一人，是一人兼职取值为 1，反之取值为 0；*Roa* 代表资产收益率。此外，我们还控制了年份和行业的影响。

为了验证假设 H6-1b，我们参照刘志远等（2017）的做法构建如下模型：

$$RiskTaking = \beta_0 + \beta_1 Slack + \beta_2 Salay + \beta_3 Salay \times Slack + \beta_4 Lev \\ + \beta_5 Sup + \beta_6 Growth + \beta_7 Chair\_Ceo + \beta_8 Roa + \varepsilon$$

$$(6\text{-}2)$$

式（6-2）在式（6-1）的基础上增加了变量 *Salay* 以及它与 *Slack* 的交互项。其中，*Salay* 为高管薪酬水平，参照方军雄（2012）、马德林和杨英（2015）与柴才等（2017）的做法，采用"年报中披露的全体高管货币薪酬总和的自然对数"表示。交互项 *Salay×Slack* 用来表示高管薪酬激励与管理层收入业绩目标松弛的交互作用，若 *Salay×Slack* 的估计系数 $\beta_3$ 显著为负，说明高管薪酬激励抑制了管理层收入业绩目标松弛对企业风险承担的激励作用。根据假设 H6-1b，预期 $\beta_3$ 显著为负。

为了验证假设 H6-1c，我们参照刘志远等（2017）的做法构建如下模型：

$$RiskTaking = \chi_0 + \chi_1 Slack + \chi_2 Lnperks + \chi_3 Lnperks \times Slack + \chi_4 Lev$$
$$+ \chi_5 Sup + \chi_6 Growth + \chi_7 Chair\_Ceo + \chi_8 Roa + \varepsilon$$

$$(6-3)$$

式（6-3）在式（6-1）的基础上增加了变量 $Lnperks$ 以及它与 $Slack$ 的交互项。其中，$Lnperks$ 为高管在职消费水平，参照晏艳阳等（2015）与张敏等（2015）的做法，采用支付的其他与经营活动有关的现金总额的自然对数衡量在职消费水平。交互项 $Lnperks \times Slack$ 用来表示高管在职消费与管理层收入业绩目标松弛的交互作用，若 $Lnperks \times Slack$ 的估计系数 $\chi_3$ 显著为负，说明高管在职消费削弱了管理层收入业绩目标松弛对企业风险承担的激励作用。根据假设H6-1c，预期 $\chi_3$ 显著为负。

3. 实证分析

为了检验管理层收入业绩目标松弛对企业风险承担的影响是否可靠，同时排除多重共线性和异方差带来的问题，表6-1的第（1）~第（4）列分别对应不带控制变量的一元回归，带年份与行业固定效应的一元回归，不带行业与年份固定效应的多元回归以及带行业与年份固定效应的多元回归。结果显示，管理层收入业绩目标松弛对企业风险承担的影响系数在5%或10%的水平下显著为正，说明管理层收入业绩目标松弛对企业风险承担的正向影响比较稳定。第（4）列的经济含义是在限定其他条件的情况下，管理层收入业绩目标松弛每提升一个标准差，企业风险承担提升0.009个标准差，表明企业通过制定松弛的管理层收入业绩目标能够提升风险承担水平，说明管理层收入业绩目标松弛对企业是有利的，证实了管理层业绩目标松弛的权变理论观，验证了假设 H6-1a。

表 6-1 管理层收入业绩目标与企业风险承担

| 变量 | (1) | (2) | (3) | (4) |
|---|---|---|---|---|
| Slack | 0.008 ** | 0.009 ** | 0.008 * | 0.009 ** |
| | (0.048) | (0.019) | (0.069) | (0.024) |
| Lev | | | 0.004 | 0.023 ** |
| | | | (0.706) | (0.040) |
| Sup | | | −0.009 | −0.004 |
| | | | (0.213) | (0.524) |
| Chair_Ceo | | | 0.003 | 0.006 |
| | | | (0.510) | (0.228) |
| Growth | | | 0.003 ** | 0.002 |
| | | | (0.037) | (0.198) |
| Roa | | | −0.082 ** | −0.034 |
| | | | (0.028) | (0.337) |
| _cons | 0.063 *** | 0.029 | 0.075 *** | 0.016 |
| | (0.000) | (0.413) | (0.000) | (0.656) |
| Year | NO | YES | NO | YES |
| Ind | NO | YES | NO | YES |
| N | 5059 | 5059 | 5050 | 5050 |
| adj. R-sq | 0.001 | 0.168 | 0.002 | 0.170 |

注：*、** 和 *** 分别表示 10%、5% 和 1% 的显著性水平，括号内为 P 值；本节余表同。

表 6-2 为基于式（6-2）的检验结果。第（1）列中，Slack 的回归系数为 0.172，在 1% 的水平下显著；Salay 的系数为 −0.016，在 1% 的水平下显著；Salay 与 Slack 的交互项系数为 −0.011，在 5% 的水平下显著。第（2）列中，Slack 的系数仍然在 1% 的水平下显著为正，说明管理层收入业绩目标松弛提升了企业

的风险承担水平，进一步支持了假设 H6-1a；*Salay* 的系数显著为负，说明高管薪酬激励降低了企业的风险承担水平。第（1）列和第（2）列中 *Salay* 与 *Slack* 的交互项系数均为-0.011，并都在 5% 的水平下显著，说明高管薪酬激励削弱了管理层收入业绩目标松弛的风险承担效应，假设 H6-1b 得到了支持。

表 6-2　高管薪酬激励、管理层收入业绩目标松弛与企业风险承担

| 变量 | （1）<br>全样本 | （2）<br>全样本 | （3）<br>薪酬水平较低组 | （4）<br>薪酬水平较高组 |
|---|---|---|---|---|
| *Slack* | 0.172 *** | 0.172 *** | 0.021 *** | -0.001 |
| | (0.010) | (0.009) | (0.003) | (0.728) |
| *Salay* | -0.016 *** | -0.017 *** | | |
| | (0.000) | (0.000) | | |
| *Slack×Salay* | -0.011 ** | -0.011 ** | | |
| | (0.014) | (0.013) | | |
| *Lev* | | 0.032 *** | 0.060 *** | -0.014 |
| | | (0.005) | (0.002) | (0.215) |
| *Sup* | | 0.005 | -0.025 ** | 0.025 *** |
| | | (0.489) | (0.041) | (0.000) |
| *Chair_Ceo* | | 0.001 | 0.002 ** | 0.003 |
| | | (0.204) | (0.049) | (0.212) |
| *Growth* | | 0.002 | 0.001 *** | 0.002 |
| | | (0.119) | (0.000) | (0.187) |
| *Roa* | | -0.013 | -0.079 ** | -0.025 |
| | | (0.309) | (0.032) | (0.312) |
| *_cons* | 0.240 *** | 0.230 *** | 0.006 | -0.008 |
| | (0.000) | (0.000) | (0.918) | (0.873) |
| Year | YES | YES | YES | YES |
| Ind | YES | YES | YES | YES |
| N | 5050 | 5050 | 2520 | 2530 |
| adj. R-sq | 0.179 | 0.181 | 0.184 | 0.234 |

为了检验高管薪酬激励的影响，在此按照高管薪酬水平的中位数将样本分为薪酬水平较低组和较高组，分组检验管理层收入业绩目标松弛对企业风险承担的影响。第（3）列中 Slack 的系数为 0.021，在 1% 的水平下显著，说明在高管薪酬水平较低组，管理层收入业绩目标松弛对企业风险承担的正向影响较强，而第（4）列中的结果表明，在高管薪酬水平较高组，管理层收入业绩目标松弛对企业风险承担的影响不显著。并且在差异检验中，Slack 系数的组间差异为 0.022，在 1% 的水平下显著，说明高管薪酬激励容易激发管理层的短视行为。由于松弛的业绩目标较容易实现，为了获取薪酬奖励，基于容易实现的业绩目标，管理层更愿意放弃净现值为正但存在风险的项目，降低了企业的风险承担水平，证实了管理层业绩目标松弛的代理观。

　　表 6-3 展示了高管在职消费对管理层收入业绩目标松弛影响企业风险承担的调节作用。第（1）列中，Slack 的回归系数为 0.102，在 10% 的水平下显著；Lnperks 的系数为 -0.010，在 1% 的水平下显著；Lnperks 与 Slack 的交互项系数为 -0.005，在 10% 的水平下显著。第（2）列中，Slack 的系数仍然在 10% 的水平下显著为正，说明管理层收入业绩目标松弛提升了企业的风险承担水平，进一步支持了假设 H6-1a；Lnperks 的系数显著为负，说明高管的在职消费降低了企业的风险承担水平。第（1）列和第（2）列中 Lnperks 与 Slack 的交互项系数均为 -0.005，并都在 10% 的水平下显著，说明高管在职消费负向调节了管理层收入业绩目标松弛的风险承担效应。考虑了高管在职消费后，管理层收

入业绩目标松弛同样会引发新的代理问题，容易激发管理层的短视行为，由于松弛的收入业绩目标较容易实现，更容易引起管理层的偷懒行为，管理层更愿意放弃净现值为正但存在风险的项目，降低了企业的风险承担水平，验证了假设 H6-1c。

表 6-3　高管在职消费、管理层收入业绩目标松弛与企业风险承担

| 变量 | （1） | （2） |
| --- | --- | --- |
| Slack | 0.102* | 0.102* |
| | (0.067) | (0.064) |
| Lnperks | -0.010*** | -0.012*** |
| | (0.000) | (0.000) |
| Slack×Lnperks | -0.005* | -0.005* |
| | (0.090) | (0.085) |
| Lev | | 0.054*** |
| | | (0.000) |
| Sup | | 0.003 |
| | | (0.701) |
| Chair_Ceo | | 0.006 |
| | | (0.263) |
| Growth | | 0.001 |
| | | (0.479) |
| Roa | | 0.038 |
| | | (0.298) |
| _cons | 0.214*** | 0.222*** |
| | (0.000) | (0.000) |
| Year | YES | YES |
| Ind | YES | YES |
| N | 5057 | 5048 |
| adj. R-sq | 0.178 | 0.182 |

4. 进一步检验

（1）不同产权性质下管理层收入业绩目标松弛影响企业风险承担的差异。国企和民企关于预算的规章制度存在较大的差异，影响了预算管理的环境（叶建芳等，2014）。国有企业与政府关系密切，更容易得到政府和银行的支持，融资约束较少（何鑫萍等，2017）。相对于国有企业，民营企业管理者获取资源的手段有限，更有可能通过松弛的预算获取资源，因此本节将样本分为国企与民企，分别考察管理层收入业绩目标松弛对企业风险承担的影响以及高管薪酬激励和在职消费对管理层收入业绩目标松弛影响企业风险承担的调节作用。因此，建立如下模型：

$$RiskTaking = \beta_0 + \beta_1 Slack + \beta_2 State + \beta_3 State \times Slack + \beta_4 Lev$$
$$+ \beta_5 Sup + \beta_6 Growth + \beta_7 Chair\_Ceo + \beta_8 Roa + \varepsilon$$

$$(6-4)$$

式中，$State$ 为产权性质，为虚拟变量，1 代表民企，0 表示国企，并且加入了产权性质和管理层收入业绩目标松弛的交互项。

按照产权性质分别检验了管理层收入业绩目标松弛对企业风险承担的影响，结果如表 6-4 所示。结果显示，在国企中，$Slack$ 的回归系数虽然为正，但不显著；在民企中，$Slack$ 的系数为 0.019，在 5% 的水平下显著。Wald 检验结果显示，系数差异在 5% 的水平下显著，说明相对于国企，管理层收入业绩目标松弛对企业风险承担的激励作用在民企表现得更为明显。第（3）列中 $State$ 与 $Slack$ 的交互项系数为 0.018，并在 5% 的水平下显著，进一步说明相对于国企，管理层收入业绩目标松弛对企业风险承担的激励作用在民企表现得更为明显。

表6-4 产权性质、管理层收入业绩目标松弛与企业风险承担

| 变量 | （1）国企 | （2）民企 | （3）全样本 |
|---|---|---|---|
| Slack | 0.004<br>（0.368） | 0.019 **<br>（0.011） | 0.003<br>（0.506） |
| State | | | 0.001<br>（0.845） |
| State×Slack | | | 0.018 **<br>（0.029） |
| Lev | -0.029 **<br>（0.040） | 0.098 ***<br>（0.000） | 0.025 **<br>（0.030） |
| Sup | 0.007<br>（0.336） | -0.029 *<br>（0.081） | -0.002<br>（0.817） |
| Chair_Ceo | 0.014 *<br>（0.056） | -0.002<br>（0.848） | 0.005<br>（0.322） |
| Growth | 0.003<br>（0.127） | -0.000<br>（0.990） | 0.002<br>（0.209） |
| Roa | -0.109 **<br>（0.015） | 0.048<br>（0.445） | -0.034<br>（0.347） |
| _cons | 0.036<br>（0.334） | -0.066<br>（0.664） | 0.015<br>（0.675） |
| Year | YES | YES | YES |
| Ind | YES | YES | YES |
| N | 3364 | 1686 | 5050 |
| adj. R-sq | 0.173 | 0.199 | 0.171 |

为了检验高管薪酬激励抑制管理层收入业绩目标松弛的风险承担效应在不同产权性质企业下是否存在差异，在此在式（6-2）的基础上按照国企和民企分别进行检验，具体结果见表6-5。结果显示，在国企和民企中，高管薪酬水平的系数均在1%的水平下显

著为负，说明高管薪酬激励降低了企业的风险承担水平；并且在民企，管理层收入业绩目标松弛与高管薪酬水平交互项的系数为-0.014，在10%的水平下显著，在国企交互项系数虽然也为负，但不显著。说明相对于国企，高管薪酬激励抑制管理层收入业绩目标松弛的风险承担效应在民企表现得更为明显。

表6-5 产权性质、高管薪酬激励、管理层收入业绩目标松弛与企业风险承担

| 变量 | 国企 | 民企 |
|---|---|---|
| Salay | -0.016*** | -0.017*** |
| | (0.000) | (0.008) |
| Slack | 0.096 | 0.230* |
| | (0.228) | (0.052) |
| Slack×Salay | -0.006 | -0.014* |
| | (0.247) | (0.071) |
| Lev | -0.021 | 0.103*** |
| | (0.146) | (0.000) |
| Sup | 0.014* | -0.018 |
| | (0.075) | (0.283) |
| Chair_Ceo | 0.015** | -0.003 |
| | (0.037) | (0.691) |
| Growth | 0.002 | -0.001 |
| | (0.274) | (0.614) |
| Roa | -0.032 | 0.133** |
| | (0.497) | (0.040) |
| _cons | 0.227*** | 0.150 |
| | (0.001) | (0.399) |
| Year | YES | YES |
| Ind | YES | YES |
| N | 3364 | 1686 |
| adj. R-sq | 0.180 | 0.210 |

对于国有企业，严格的薪酬管制使得高管有强烈的动机选择在职消费以弥补其薪酬激励不足，"一把手"负责制更是为管理层利用在职消费过度自我激励提供了便利。管理层业绩目标松弛降低了管理层的业绩考核压力。在业绩考核压力较低的情况下，国企管理层更会放弃风险项目，以求稳定发展，转而寻求在职消费以实现自利。而非国有企业中，高管的薪酬没有受到管制，却面临严重的市场管制、金融信贷歧视，在职消费中的吃喝宴请、旅游娱乐等更可能是用于获取政策资源，经济性质为政商关系投资，短期内有利于提升经营业绩。在收入业绩的考核目标更容易实现的前提下，管理层更有可能利用在职消费寻求会计利润、EVA 等价值的增加。因此，相对于民企，高管在职消费对管理层收入业绩目标松弛影响企业风险承担的负向调节作用在国企表现得更为明显。

为了检验高管在职消费的这一负向调节作用在不同产权性质企业下是否存在差异，此处在式（6-3）的基础上按照国企和民企分别进行检验，具体结果见表6-6。结果显示，在民企，管理层收入业绩目标松弛与高管在职消费交互项的系数为-0.001，但不显著；而在国企，管理层收入业绩目标松弛与高管在职消费交互项的系数为-0.006，并在10%的水平下显著。说明相对于民企，高管在职消费对管理层收入业绩目标松弛影响企业风险承担的负向调节作用在国企表现得更为明显。

表 6-6　产权性质、高管在职消费、管理层收入业绩目标松弛与企业风险承担

| 变量 | 国企 | 民企 |
|---|---|---|
| Lnperks | −0.008 *** | −0.021 *** |
|  | （0.002） | （0.000） |
| Slack | 0.110 * | 0.026 |
|  | （0.085） | （0.811） |
| Slack×Lnperks | −0.006 * | −0.001 |
|  | （0.093） | （0.933） |
| Lev | −0.004 | 0.137 *** |
|  | （0.766） | （0.000） |
| Sup | 0.012 | −0.018 |
|  | （0.126） | （0.289） |
| Chair_Ceo | 0.014 ** | −0.003 |
|  | （0.042） | （0.761） |
| Growth | 0.002 | −0.001 |
|  | （0.228） | （0.659） |
| Roa | −0.054 | 0.144 ** |
|  | （0.235） | （0.024） |
| _cons | 0.171 *** | 0.283 * |
|  | （0.005） | （0.095） |
| Year | YES | YES |
| Ind | YES | YES |
| N | 3362 | 1686 |
| adj. R−sq | 0.181 | 0.216 |

（2）管理层收入业绩目标松弛与风险承担对企业价值的影响。余明桂等（2013）的研究发现，高水平的企业风险承担能够提升公司价值。而预算作为一项重要的管理控制工具，拥有激励、控制和决策等功能，预算功能具有多重性，预算环境是各种预算功能彰显的重要驱动因素，各项预算功能都具有相应的预算特征，并对组织绩效产生不同影响（崔学刚等，2011）。本节的

研究发现，管理层收入业绩目标松弛能够提升企业的风险承担水平，意味着管理层愿意接受净现值为正但存在风险的项目。那么，管理层收入业绩目标松弛是否会影响企业风险承担的经济后果？在此，建立如下模型：

$$TobinQ = \beta_0 + \beta_1 RiskTaking + \beta_2 Lev + \beta_3 Sup + \beta_4 Growth \\ + \beta_5 Chair\_Ceo + \beta_6 Roa + \varepsilon \qquad (6-5)$$

$$TobinQ = \beta_0 + \beta_1 Slack + \beta_2 Lev + \beta_3 Sup + \beta_4 Growth \\ + \beta_5 Chair\_Ceo + \beta_6 Roa + \varepsilon \qquad (6-6)$$

$$TobinQ = \beta_0 + \beta_1 Slack + \beta_2 RiskTaking + \beta_3 RiskTaking \times Slack \\ + \beta_4 Lev + \beta_5 Sup + \beta_6 Growth + \beta_7 Chair\_Ceo + \beta_8 Roa + \varepsilon \\ \qquad (6-7)$$

其中，被解释变量为公司价值，参照余明桂等（2013）的做法，用 $TobinQ$ 来衡量。并且为了解决企业风险承担水平与公司价值可能存在的内生性问题，运用滞后一期的 $TobinQ$ 进行回归，结果见表6-7。

表 6-7 管理层收入业绩目标松弛、企业风险承担与公司价值

| 变量 | 当期 TobinQ | | | 滞后一期 TobinQ | | |
|---|---|---|---|---|---|---|
| | （1） | （2） | （3） | （4） | （5） | （6） |
| RiskTaking | 1.751*** | | 1.111*** | 1.777*** | | 0.300 |
| | (0.000) | | (0.000) | (0.000) | | (0.219) |
| Slack | | 0.139*** | 0.050 | | 0.151*** | −0.037 |
| | | (0.000) | (0.204) | | (0.001) | (0.467) |
| Slack× RiskTaking | | | 1.108*** | | | 2.592*** |
| | | | (0.000) | | | (0.000) |

续表

| 变量 | 当期 TobinQ | | | 滞后一期 TobinQ | | |
|---|---|---|---|---|---|---|
| | （1） | （2） | （3） | （4） | （5） | （6） |
| Lev | −2.253*** | −2.206*** | −2.252*** | −2.280*** | −2.232*** | −2.286*** |
| | （0.000） | （0.000） | （0.000） | （0.000） | （0.000） | （0.000） |
| Sup | −0.416*** | −0.420*** | −0.403*** | −0.437*** | −0.441*** | −0.411*** |
| | （0.000） | （0.000） | （0.000） | （0.000） | （0.000） | （0.000） |
| Chair_Ceo | 0.132*** | 0.144*** | 0.128*** | 0.238*** | 0.250*** | 0.229*** |
| | （0.008） | （0.004） | （0.010） | （0.000） | （0.000） | （0.000） |
| Growth | 0.048*** | 0.051*** | 0.046*** | 0.085*** | 0.088*** | 0.082*** |
| | （0.000） | （0.000） | （0.000） | （0.000） | （0.000） | （0.000） |
| Roa | 1.657*** | 1.624*** | 1.663*** | 2.172*** | 2.140*** | 2.154*** |
| | （0.000） | （0.000） | （0.000） | （0.000） | （0.000） | （0.000） |
| _cons | 3.122*** | 3.073*** | 3.087*** | 3.779*** | 3.724*** | 3.792*** |
| | （0.000） | （0.000） | （0.000） | （0.000） | （0.000） | （0.000） |
| Year | YES | YES | YES | YES | YES | YES |
| Ind | YES | YES | YES | YES | YES | YES |
| N | 5050 | 5050 | 5050 | 5050 | 5050 | 5050 |
| adj. R−sq | 0.353 | 0.332 | 0.357 | 0.285 | 0.271 | 0.296 |

表 6-7 的第（1）列中企业风险承担对公司价值的影响系数为 1.751，并在 1% 的水平下显著，说明企业风险承担水平每提高 1 个标准差，公司价值提升 1.751 个标准差。第（2）列中管理层收入业绩目标松弛的系数为 0.139，并在 1% 的水平下显著，说明管理层收入业绩目标松弛能够提升公司价值，说明管理层收入业绩目标松弛对公司是有利的，验证了管理层业绩目标松弛的权变理论假说。第（3）列中管理层收入业绩目标松弛与企业风险承担的交互项系数为 1.108，并在 1% 的水平下显著，说明管理层收入业绩目标松弛程度越高，企业风险承担对公司价值的提

升作用越明显。采用滞后一期的 *TobinQ* 作为被解释变量，核心解释变量系数的大小和显著性未发生明显变化。

## 二　管理层收入业绩目标松弛对企业创新的影响

企业间的竞争结果取决于它们是否能够及时、高效地创造新产品和新技术（Yang et al.，2009）。提升竞争能力，往往需要企业进行新产品的研发（Sampson，2007），技术创新是企业提升竞争力的重要手段（Rosenberg，2006）。然而，创新是一项风险高、生命周期长、见效慢以及存在较高程度信息不对称的投资活动，容易受到人力资源、资本投资、技术、资金、信息等的约束（Yang et al.，2009；Hall and Lerner，2010）。创新活动需要大量的支出，成本较高，而创新成本的不断增加可能影响业绩目标的完成。短期内，研发支出或创新活动的好处不可能总是得到体现（Balkin et al.，2000；Lin and Chen，2005）。因此，如何平衡创新活动与短期内实现业绩目标是公司管理层需要考虑的重要问题。

管理层业绩目标松弛是指在预算编制过程中，预算编制者低估收入或产能、高估成本或拟耗费资源的行为（Majumdar and Venkataraman，1993）。一些学者认为管理层为了应对未来的不确定性，有意高估所需资源，通过业绩目标松弛为企业面临的环境不确定性提供缓冲（Merchant，1985）。这既能使组织在环境变化中适应下来，又意味着管理者拥有可支配资源，可用于创新活

203

动（Yang et al.，2009）。管理层业绩目标松弛也意味着高管有意低估收入，将收入业绩目标故意设置在其实际能力之下，缓解了创新活动"挤压"利润的压力，增加了企业的创新活动。另外一些学者认为管理层业绩目标松弛是受托人与委托人之间信息不对称的结果，受托人故意虚报所需资源或收入，但是否将这些资源用于企业的创新活动则不可知，也有可能是受托人为了更容易完成业绩目标而事前故意低估收入（潘飞和程明，2007）。管理层业绩目标松弛意味着对管理者的管控放松，缺乏有效的监督，为管理者进行非正常的支出提供了空间（Yang et al.，2009）。由于管理层业绩目标松弛难以进行衡量，管理层业绩目标松弛是抑制还是推动了企业的创新活动缺乏直接的经验证据。

企业创新是搜集信息的过程（Nonaka and Takeuchi，1995；Kafouros，2008）。会计信息质量具备投资者保护功能，会计信息质量越高，它对投资者保护的力度就越大，会计信息质量是影响企业创新的重要因素（韩美妮和王福胜，2016）。然而，管理层业绩目标松弛与企业创新活动的关系可能会受到会计信息质量的影响。管理层业绩目标松弛影响了管理者关于创新活动以及新产品开发投资的决策（Sorescu et al.，2003；Berend，2006）。Otley（1978）认为责任会计领域提供准确的信息能够缓解信息不对称问题，使得管理者给出的具体预算指标能够接近其真实能力。会计信息质量影响管理者编制预算的及时性、相关性、准确性和完整性，高质量的会计信息会为企业的创新活动提供决策依据，有助于发挥预算的决策功能（Yang et al.，2009），会计信息质量在管理层业绩目标松弛和企业创新间有着积极的影响。Pavitt（1990）与 Cook 和 Eining（1993）认为高质量的会计信息是在管理层业绩目标紧缩的情况下促进新产品的设计和测试所需的信息，当管理层业绩目标松弛程度较低时，高质量的会计信息有助于优化创新绩效的决策过程。在管理层业绩目标松弛的环境中，信息质量比管理层业绩目标松弛更为重要（Tijssen and van Wijk，1999）。管理层业绩目标松弛对绩效的影响可能在不同会计信息质量下存在差异。因此，会计信息质量可能调节了管理层业绩目标松弛与企业创新之间的关系。

可见，对于企业的创新活动，管理层业绩目标松弛到底是"润滑剂"还是"绊脚石"，会计信息质量在管理层业绩目标松弛与企业创新之间是否起着调节作用，结论仍未可知。以往的研究就会计信息质量与企业创新之间的正相关关系形成了较为统一的结论，虽然学者注意到管理层业绩目标松弛影响企业创新，但到底是抑制还是促进了企业的创新，没有明确的答案，并且鲜有将管理层业绩目标松弛行为纳入会计信息质量和企业创新这一研究框架中。

## （一）管理层业绩目标松弛影响企业创新的理论分析

### 1.管理层业绩目标松弛对企业创新的直接影响

管理层业绩目标松弛作为预算管理活动的结果，可以用于各种战略活动，包括创新行为、应对战略不确定性以及缓解冲突等积极的活动和次优行为、政治活动以及牟取私利等消极活动。管理层业绩目标松弛可能会从下列两个方面影响企业的创新活动。

一方面，为了使企业能够应对突如其来的变化，管理层通过松弛的资源分配或者有意降低收入规避不确定性，缓冲风险（Bourgeois，1981）。在应对不确定性时，管理者必然会将创新活动与不确定性联系在一起，增加研究与开发（R&D）的支出（Mansfield，1963）。并且，管理层业绩目标松弛意味着对管理层的管制放松，管理层拥有更大的权力，在面对不确定性时，可以得到批准的资金，从而减弱了融资约束，允许执行创新计划，在一个组织中培养研究和开发的文化（Bourgeois，1981）。Nohria和Gulati（1996）的研究发现较高程度管理层业绩目标松弛的组织所面临的预算压力较小，这类企业管理层的注意力可能主要集中在长期绩效问题上，以及不确定的创新项目上，这会提升企业的创新水平。

另一方面，不同利益方之间的利益冲突是一个重要的公司治理问题；最常见的代理问题是经理和所有者之间的管理代理问题（Arthurs et al.，2008；Jensen and Meckling，1976）。预算管理过程中，由于预算代理人和委托人之间存在信息不对称，代理人对自身及企业的生产能力和所需要的真实资源较为了解，而委托人只根据代理人提供的业绩目标分配资源以及业绩目标的实现情况进行奖惩。因此，代理人为了获取基于预算的奖励，在编制预算时，有意低估收入或产能、高估成本或资源，以获取更多的资源或更容易实现的业绩目标（Dunk and Nouri，1998）。

由于预算数额是投资者（股东）提供的资金，而预算控制是一种管理工具，投资者（股东）使用预算控制来监督管理人员的资金使用情况。因此，管理层业绩目标松弛涉及一个管理代理问题，这一问题可能会影响管理层业绩目标松弛与创新绩效之间的关系。管理层业绩目标松弛是一种委托代理关系系统，代理人可以在其中积累管理层业绩目标松弛，以追求自己的利益，而不是为了组织的利益行事（Antle and Fellingham，1990）。管理层业绩目标松弛程度高的企业通常会在不确定的项目中投入过多的资源，如与创新无关的资本收购，从而挤压了创新资源，即管理层业绩目标松弛容易导致资源的低效利用（Leibenstein，1980）。当产出绩效和管理者的努力难以衡量时，管理代理问题往往严重，特别是对于创新上的研发支出。在这种观点下，管理层业绩目标松弛导致资源浪费，损害组织绩效（Caves et al.，1993；Love and Nohria，2005）。业绩目标松弛意味着管理层拥有更多的可支配资源，对管理者监管的放松会加剧管理者与股东之间的代理问题，会导致低效的项目被启动并持续或升级，对低效项目投入的资源可能会因为管理层业绩目标松弛的存在使得一些陷入困境的项目很难被终止（Staw，1981）。管理层业绩目标松弛造成的资源配置宽松加大了即使面对负面信息也会继续运营不良项目的风险，从而降低了企业的创新水平。基于此，提出如下竞争性假设：

H6-2a　管理层业绩目标松弛促进了企业的创新活动。

H6-2b　管理层业绩目标松弛抑制了企业的创新活动。

### 2. 会计信息质量的调节作用

会计信息是企业会计系统中可以发挥投资者保护作用的直接要素，高质量会计信息能够从下列几个方面促进企业的创新。(1) 高质量会计信息能够加强投资者对公司管理层的监管，监督管理层的机会主义行为，促使管理层从投资者利益角度做出投资决策，保护投资者，降低管理层因风险规避和自身压力而放弃创新行为的可能性（La Fond and Watts，2008）。(2) 会计信息也是投资者评价管理层的依据，高质量会计信息能够如实反映管理层的经营水平，客观帮助投资者评价管理层在生产经营活动中的努力程度，有效提升基于薪酬契约的激励效率，促使管理层从事创新性的项目（韩美妮和王福胜，2016）。(3) 高质量会计信息也能够降低管理层与投资者的信息不对称程度，减弱投资者的信息劣势，帮助投资者更好地识别项目的价值，并且增强投资者对创新项目的投资意愿（程新生等，2012）。

会计信息质量具有投资者保护功能，可能从下列几个方面影响管理层业绩目标松弛与企业创新之间的关系。首先，高质量的会计信息有助于加强对管理者的监督，保护投资者的利益。管理层业绩目标松弛程度较高意味着管理层拥有更多的资源和容易实现的业绩目标，在较高会计信息质量下，管理层利用更多的资源进行在职消费以及其他的低效率投资活动等机会主义行为会被投资者察觉，由此管理层更愿意将更多的资源用于企业创新活动。管理层业绩目标紧缩可能意味着资源较紧缺，管理层缺乏创新所需要的资源，但是较高的会计信息质量有助于降低股东与管理层之间的信息不对称程度，在管理层业绩目标紧缩的情况下，直接增强投资者为创新提供资源的意愿。相反，在较低会计信息质量下，由于松弛的业绩目标易于实现，而创新活动见效慢，从事创新活动可能会导致管理层业绩目标难以实现，影响管理层的考核，即使面临较好的创新机会，管理层也可能会放弃创新项目。

其次，高质量的会计信息能够降低股东与管理层的信息不对称程度，增强股东对管理层真实能力和努力程度的了解。虽然松弛的管理层业绩目标能够较容易实现，而紧缩的管理者业绩目标难以实现，导致管理层面临较大的预算压力，并且缺乏创新所需的资源。但是在高质量会计信息下，股东可以更加客观地评价管理层的努力程度，从而减弱创新活动对管理层业绩目标的挤压效应，抑制管理层的短视行为。

因此，在假设 H6-2a 和假设 H6-2b 成立的基础上，提出如下竞争性假设：

> H6-2c 会计信息质量增强了管理层业绩目标松弛对企业创新的促进作用。
>
> H6-2d 会计信息质量削弱了管理层业绩目标松弛对企业创新的抑制作用。

## （二）管理层收入业绩目标松弛影响企业创新的实证检验

### 1. 样本选择与数据来源

选取 2003～2017 年全部 A 股上市公司为研究样本，营业收入数据来自 2002~2016 年的上市公司年报，通过手工搜集整理而得，在整理过程中遵循如下规则：2003 年的业绩目标数据会在 2002 年的年报中披露，披露位于下一年年度展望中。对样本进行了如下处理：（1）剔除金融行业的样本；（2）剔除 ST 和 * ST 企业的样本；（3）剔除财务数据缺失的样本。最终得到的有效营业收入数据为 5059 个。研发投入与专利数据来源于 CNRSD 数据库，其他财务数据均来自国泰安（CSMAR）数据库。由于研发投入数据 2007 后才公布，因此，将研发投入作为企业创新的衡量指标时，样本数量为 2062 个，以专利数据作为企业创新的衡量指标时，样本数量为 5059 个。为了避免极端值的影响，对所有数据进行了 1% 分位的缩尾（Winsorize）处理。

**2. 研究模型与变量定义**

为了检验上述假设，我们参照 Yang 等（2009）与韩美妮和王福胜（2016）的研究，设定如下模型：

$$\ln Pat(\ln Patent1、\ln Patent)$$
$$= \beta_0 + \beta_1 Slack + \beta_2 Growth + \beta_3 Chair\_Ceo \quad (6-8)$$
$$+ \beta_4 Hold + \beta_5 Sup + \beta_6 Roa + \beta_7 Lev + \varepsilon$$

（1）被解释变量。已有文献中企业创新的替代变量包括专利申请数量与研发投入。现有文献认为研发投入是企业创新的重要来源，因此可将它用于衡量企业创新。另外一些文献认为企业的研发活动面临较大的不确定性，以及较高的失败率，因此相对于研发投入，用创新产出衡量企业创新更准确。现有文献有两种方法衡量创新产出：一是企业申请的专利数量或授权的专利数量；二是企业研发或改进新产品的数量。鉴于研发或改进新产品的数量不易获取，本节采用企业专利申请数量测量创新产出。《中华人民共和国专利法》将专利分成发明专利、实用新型专利以及外观设计专利。发明专利需要流程、产品或方法的创新，申请成功的难度较高，对技术要求更为严格。而实用新型专利和外观设计专利相对简单，申请成功的难度较低。

为了增强研究结论的可靠性，本节将上市公司及其子公司的发明专利以及总专利申请数量和研发投入作为企业创新的衡量指标，分别以它们数值加 1 的自然对数表示。具体而言，$lnPat$ 表示研发投入，$lnPatent1$ 表示发明专利申请数量，$lnPatent$ 表示专利申请数量。

（2）核心解释变量。参照潘飞和程明（2007）的度量方法，管理层收入业绩目标松弛 $Slack = 1 - [(I_t^* - I_{t-1})/I_{t-1} - I_{t-1}^*]$。其中，$I_t^*$ 表示上市公司在第 $t-1$ 年年报中披露的第 $t$ 年营业收入目标，$I_{t-1}$ 表示上市公司第 $t-1$ 年实现的营业收入，$I_{t-1}^*$ 表示第 $t-1$ 年上市公司所处行业的平均营业收入增长率。

（3）控制变量。包括销售收入增长率（$Growth$）、两职合一（$Chair\_Ceo$）、第一大股东持股比例（$Hold$）、监事会规模（$Sup$）、资产收益率（$Roa$）以及资产负债率（$Lev$）。此外，还控制了年份和行业的固定效应。根据假设 H6-2a，预期 $Slack$ 的系数显著为正；根据假设 H6-2b，预期 $Slack$ 的系数显著为负。

为了检验会计信息质量是否调节了管理层收入业绩目标松弛

对企业创新的影响，在式（6-8）的基础上加入会计信息质量（$AQ$）及其与管理层收入业绩目标松弛的交互项（$AQ \times Slack$）：

$$
\begin{aligned}
\ln Pat&(\ln Patent1、\ln Patent) \\
&= \beta_0 + \beta_1 Slack + \beta_2 AQ + \beta_3 AQ \times Slack \\
&+ \beta_4 Growth + \beta_5 Chair\_Ceo + \beta_6 Hold \\
&+ \beta_7 Sup + \beta_8 Roa + \beta_9 Lev + \varepsilon
\end{aligned}
\tag{6-9}
$$

在此参照韩美妮和王福胜（2016）、陈胜蓝和魏明海（2006）、Ball 等（2000）的做法，依据应计利润与现金流量估计模型计算会计信息质量：

$$
ACC_{i,t} = \Delta Inv_{i,t} + \Delta Rec_{i,t} + \Delta OI_{i,t} - \Delta Ap_{i,t} - \Delta Dep_{i,t} \tag{6-10}
$$

$$
ACC_{i,t} = \alpha_0 + \alpha_1 DCfo_{i,t} + \alpha_1 Cfo_{i,t} + \alpha_1 DCfo_{i,t} \times Cfo_{i,t} \tag{6-11}
$$

式（6-10）中，$ACC$ 等于应计利润，$\Delta Inv$ 等于存货的变动率，$\Delta Rec$ 等于应收账款的变动率，$\Delta OI$ 等于其他流动资产的变动率，$\Delta Ap$ 等于应付账款的变动率，$\Delta Dep$ 表示折旧的变动率。式（6-11）中，$Cfo$ 等于经营现金流量，$DCfo$ 是虚拟变量：如果 $Cfo<0$，$DCfo=1$；否则 $DCfo=0$。在此基础上，本节将式（6-11）残差的绝对值作为会计信息质量（$AQ$）的衡量指标。$AQ$ 数值越大，说明会计信息质量越高。

根据假设 H6-2c，在假设 H6-2a 成立的基础上，预期管理层收入业绩目标松弛与会计信息质量的交互项 $AQ \times Slack$ 的系数显著为正。根据假设 H6-2d，在假设 H6-2b 成立的基础上，预期管理层收入业绩目标松弛与会计信息质量的交互项 $AQ \times Slack$

的系数显著为正。另外，已有的研究表明高质量会计信息能够有效保护投资者（韩美妮和王福胜，2016），提升企业的创新水平，预期会计信息质量（*AQ*）的系数显著为正。

3. 实证分析

表 6-8 报告了管理层收入业绩目标松弛与企业创新之间关系的回归结果。结果显示，管理层收入业绩目标松弛对研发投入的影响系数为 -0.023，并在 1% 的水平下显著，管理层收入业绩目标松弛对专利申请数量和发明专利申请数量的影响系数也在 1% 的水平下显著为负，说明管理层收入业绩目标松弛显著降低了企业的创新水平（包括研发投入、专利申请数量和发明专利申请数量）。这意味着在我国，管理层做出收入业绩目标松弛行为并不是为了应对不确定性，通过业绩目标松弛获得的冗余资源没有用于创新活动。相反，管理层收入业绩目标松弛行为抑制了企业的创新，激发了管理层的短视行为，证实了管理层业绩目标松弛的代理观。

表 6-8 管理层收入业绩目标松弛与企业创新

| 变量 | ln*Pat* | ln*Patent*1 | ln*Patent* |
|---|---|---|---|
| *Slack* | -0.023 *** <br> (0.000) | -0.009 ** <br> (0.010) | -0.007 *** <br> (0.008) |
| *Growth* | -0.036 <br> (0.330) | -0.048 *** <br> (0.001) | -0.026 ** <br> (0.025) |
| *Chair_Ceo* | -0.024 <br> (0.797) | 0.042 <br> (0.459) | 0.095 ** <br> (0.040) |
| *Hold* | 1.205 *** <br> (0.000) | 0.527 *** <br> (0.000) | 0.534 *** <br> (0.000) |

续表

| 变量 | $\ln Pat$ | $\ln Patent1$ | $\ln Patent$ |
|---|---|---|---|
| $Sup$ | 0.519*** <br> (0.000) | 0.393*** <br> (0.000) | 0.413*** <br> (0.000) |
| $Roa$ | 6.092*** <br> (0.000) | 2.240*** <br> (0.000) | 1.843*** <br> (0.000) |
| $Lev$ | 1.557*** <br> (0.000) | 0.364*** <br> (0.002) | 0.440*** <br> (0.000) |
| $\_cons$ | 11.399*** <br> (0.000) | −1.566*** <br> (0.000) | −1.811*** <br> (0.000) |
| Year | YES | YES | YES |
| Ind | YES | YES | YES |
| N | 2055 | 4911 | 4911 |
| adj. R−sq | 0.236 | 0.330 | 0.292 |

注：*、** 和 *** 分别表示 10%、5% 和 1% 的显著性水平，括号内为 P 值；本节余表同。

表 6-9 列示了会计信息质量调节管理层收入业绩松弛与企业创新之间关系的回归结果。结果显示，会计信息质量对企业创新的三个变量 $\ln Patent1$、$\ln Patent$ 和 $\ln Pat$ 的影响系数均在 1% 的水平下显著为正，说明高质量会计信息能够提升企业的创新水平，证实了高质量会计信息的投资者保护功能，说明高质量会计信息有助于抑制管理层的短视行为，使管理层更关注与创新相关的长期项目，从而进一步证明了韩美妮和王福胜（2016）的研究结论。并且管理层收入业绩松弛对企业创新变量的影响系数显著为负，而会计信息质量与管理层收入业绩目标松弛的交互项系数显著为正，说明会计信息质量削弱了管理层收入业绩目标松弛

对企业创新的抑制作用，即会计信息质量正向调节了管理层收入业绩目标松弛与企业创新之间的关系，验证了假设 H6-2d。

表 6-9　会计信息质量、管理层收入业绩目标松弛与企业创新

| 变量 | ln*Pat* | ln*Patent*1 | ln*Patent* |
| --- | --- | --- | --- |
| *AQ* | 0.028 *** <br> (0.000) | 0.017 *** <br> (0.000) | 0.016 *** <br> (0.000) |
| *Slack* | -0.026 *** <br> (0.000) | -0.014 *** <br> (0.000) | -0.014 *** <br> (0.000) |
| *AQ×Slack* | 0.001 *** <br> (0.000) | 0.001 *** <br> (0.000) | 0.001 *** <br> (0.000) |
| *Growth* | 0.002 <br> (0.967) | -0.040 *** <br> (0.009) | -0.021 <br> (0.100) |
| *Chair_Ceo* | -0.009 <br> (0.928) | 0.049 <br> (0.417) | 0.106 ** <br> (0.031) |
| *Hold* | 0.709 *** <br> (0.005) | 0.207 <br> (0.161) | 0.219 * <br> (0.068) |
| *Sup* | 0.478 *** <br> (0.000) | 0.360 *** <br> (0.000) | 0.368 *** <br> (0.000) |
| *Roa* | 5.076 *** <br> (0.000) | 2.034 *** <br> (0.000) | 1.545 *** <br> (0.000) |
| *Lev* | 1.156 *** <br> (0.000) | 0.308 ** <br> (0.014) | 0.370 *** <br> (0.000) |
| _cons | 12.170 *** <br> (0.000) | -1.223 *** <br> (0.000) | -1.504 *** <br> (0.000) |
| Year | YES | YES | YES |
| Ind | YES | YES | YES |
| N | 1816 | 4312 | 4312 |
| adj. R-sq | 0.289 | 0.342 | 0.314 |

**4. 进一步检验**

为了进一步验证会计信息质量、管理层收入业绩目标松弛对企业创新的影响机制，我们按照产权性质、代理问题严重程度划分企业样本，进行比较分析。

（1）按照产权性质的分析。前文的研究结果表明在我国管理层收入业绩目标松弛降低了企业的创新水平，没有支持权变观，相反支持了代理观，即管理层业绩目标松弛有害论。说明在我国管理层收入业绩目标松弛是管理层与股东之间代理问题的结果。首先，我国企业有民企和国企等不同的类型，相对于民企，国企为全民所有，被政府所控制，国企所有者缺位造成国有企业更有可能存在代理问题。其次，2003 年国务院国资委针对央企负责人制定了经营业绩考核办法，地方政府在此基础上制定了地方国有企业负责人的经营业绩考核办法，这些办法均规定在国企负责人的任期和年度业绩考核中，预算是重要的方式，负责人的晋升、奖励等均与业绩目标完成情况关联。自此，预算制度成为国有企业经理人绩效评价的主要方式（叶建芳等，2014；刘浩等，2014），国企更可能存在管理层业绩目标松弛行为。最后，国有企业与政府关系密切，更容易得到政府和银行的支持，融资约束较弱（张敏等，2015）。相对于国有企业，民营企业管理者获取资源的手段有限，导致企业创新在不同产权性质下存在差异。为了验证不同产权性质下会计信息质量、管理层收入业绩目标松弛与企业创新的关系，在此按照产权性质将样本分为国企和民企，重新对模型进行回归。

  表6-10和表6-11报告了不同产权性质下的回归结果。表6-10显示，管理层收入业绩目标松弛对企业创新三个变量的影响系数均显著为负，并在民企均显著大于国企，说明管理层收入业绩目标松弛对企业创新的抑制作用在国企表现得更为明显，主要原因就是相对于民企，国企的代理问题更为严重。表6-11显示，会计信息质量与管理层收入业绩目标松弛交互项的系数均显著为正，并且在民企大于国企，说明会计信息质量对管理层收入业绩目标松弛与企业创新之间关系的削弱作用在民企更强。主要原因可能是：相对于国企，民企对管理层收入业绩目标松弛行为的监督手段有限，而国企通过《中华人民共和国预算法》以法律形式进行了监督，使得会计信息质量的调节作用在民企表现得更为明显。

表6-10 按产权性质划分：管理层收入业绩目标松弛与企业创新

| 变量 | lnPat | | lnPatent1 | | lnPatent | |
|---|---|---|---|---|---|---|
| | 民企 | 国企 | 民企 | 国企 | 民企 | 国企 |
| *Slack* | −0.020** | −0.026*** | −0.010** | −0.012** | −0.007* | −0.011*** |
| | (0.014) | (0.002) | (0.045) | (0.012) | (0.092) | (0.004) |
| *Growth* | −0.174** | −0.003 | −0.055*** | −0.033* | −0.041** | −0.010 |
| | (0.022) | (0.954) | (0.008) | (0.081) | (0.016) | (0.528) |
| *Chair_Ceo* | −0.238** | 0.422*** | −0.055 | 0.175** | 0.033 | 0.219*** |
| | (0.039) | (0.006) | (0.464) | (0.034) | (0.602) | (0.001) |
| *Hold* | 0.144 | 1.724*** | −0.034 | 0.627*** | 0.027 | 0.629*** |
| | (0.695) | (0.000) | (0.880) | (0.000) | (0.885) | (0.000) |

续表

| 变量 | lnPat | | lnPatent1 | | lnPatent | |
|---|---|---|---|---|---|---|
| | 民企 | 国企 | 民企 | 国企 | 民企 | 国企 |
| Sup | 0.387 | 0.430*** | 0.179 | 0.370*** | 0.217* | 0.393*** |
| | (0.109) | (0.007) | (0.195) | (0.000) | (0.059) | (0.000) |
| Roa | 6.636*** | 6.071*** | 1.943*** | 2.502*** | 1.920*** | 1.896*** |
| | (0.000) | (0.000) | (0.000) | (0.000) | (0.000) | (0.000) |
| Lev | 1.192*** | 1.618*** | -0.380** | 0.751*** | 0.013 | 0.636*** |
| | (0.000) | (0.000) | (0.029) | (0.000) | (0.931) | (0.000) |
| _cons | 14.965*** | 11.182*** | -0.807 | -1.792*** | -0.924** | -2.085*** |
| | (0.000) | (0.000) | (0.121) | (0.000) | (0.033) | (0.000) |
| Year | YES | YES | YES | YES | YES | YES |
| Ind | YES | YES | YES | YES | YES | YES |
| N | 816 | 1239 | 1646 | 3265 | 1646 | 3265 |
| adj. R-sq | 0.219 | 0.252 | 0.376 | 0.320 | 0.288 | 0.302 |

表 6-11　按产权性质划分：会计信息质量、管理层收入业绩目标松弛与企业创新

| 变量 | lnPat | | lnPatent1 | | lnPatent | |
|---|---|---|---|---|---|---|
| | 民企 | 国企 | 民企 | 国企 | 民企 | 国企 |
| AQ | 0.027*** | 0.025*** | 0.010 | 0.026*** | 0.023*** | 0.009 |
| | (0.001) | (0.000) | (0.114) | (0.000) | (0.000) | (0.104) |
| Slack | -0.032*** | -0.027*** | -0.017*** | -0.013*** | -0.015*** | -0.014*** |
| | (0.004) | (0.003) | (0.004) | (0.010) | (0.000) | (0.008) |
| AQ×Slack | 0.001*** | 0.0006*** | 0.0007*** | 0.0006*** | 0.0007*** | 0.0005** |
| | (0.009) | (0.001) | (0.007) | (0.000) | (0.007) | (0.014) |
| Growth | -0.172** | 0.044 | -0.060*** | -0.007 | 0.011 | -0.049** |
| | (0.028) | (0.297) | (0.010) | (0.745) | (0.487) | (0.013) |
| Chair_Ceo | -0.177 | 0.239 | 0.001 | 0.151* | 0.189*** | 0.070 |
| | (0.149) | (0.117) | (0.990) | (0.079) | (0.007) | (0.307) |
| Hold | 0.256 | 0.984*** | 0.156 | -0.002 | 0.094 | 0.131 |
| | (0.517) | (0.004) | (0.524) | (0.990) | (0.535) | (0.527) |

续表

| 变量 | lnPat | | lnPatent1 | | lnPatent | |
|---|---|---|---|---|---|---|
| | 民企 | 国企 | 民企 | 国企 | 民企 | 国企 |
| *Sup* | 0.275 | 0.451*** | 0.199 | 0.381*** | 0.376*** | 0.209* |
| | (0.285) | (0.004) | (0.177) | (0.000) | (0.000) | (0.093) |
| *Roa* | 6.665*** | 4.770*** | 2.239*** | 1.653*** | 1.199*** | 2.050*** |
| | (0.000) | (0.000) | (0.000) | (0.002) | (0.005) | (0.000) |
| *Lev* | 1.125*** | 1.244*** | −0.268 | 0.502*** | 0.428*** | 0.091 |
| | (0.000) | (0.000) | (0.159) | (0.002) | (0.001) | (0.570) |
| _cons | 15.136*** | 11.760*** | −1.011* | −1.303*** | −1.626*** | −1.035** |
| | (0.000) | (0.000) | (0.056) | (0.000) | (0.000) | (0.021) |
| Year | YES | YES | YES | YES | YES | YES |
| Ind | YES | YES | YES | YES | YES | YES |
| N | 718 | 1108 | 1423 | 2867 | 2867 | 1423 |
| adj. R−sq | 0.224 | 0.313 | 0.389 | 0.347 | 0.341 | 0.297 |

（2）按代理问题严重程度的分析。前文的研究已经证实了代理观下的管理层业绩目标松弛有害论。在此进一步将样本按照代理问题严重程度进行划分，以直接检验会计信息质量、管理层收入业绩目标松弛和企业创新之间的路径。参照谢获宝和惠丽丽（2014）的做法，用管理费用率衡量代理问题严重程度，回归结果见表6-12和表6-13。表6-12中的结果显示，管理层收入业绩目标松弛对企业创新三个变量的影响系数均显著为负，并在代理问题严重程度高组中系数均小于代理问题严重程度低组，说明管理层收入业绩目标松弛对企业创新的抑制作用在代理问题严重的企业表现得更为明显。表6-13中的结果显示，会计信息质量

与管理层收入业绩目标松弛交互项的系数均显著为正，并且在代理问题严重程度高组中系数均大于代理问题严重程度低组，说明会计信息质量对管理层收入业绩目标松弛与企业创新之间关系的削弱作用在代理问题严重的企业表现得更强，进一步证实了代理观下的管理层业绩目标松弛有害论。

表 6-12　按代理问题严重程度划分：管理层收入业绩目标松弛与企业创新

| 变量 | lnPat | | lnPatent1 | | lnPatent | |
|---|---|---|---|---|---|---|
| | 低组 | 高组 | 低组 | 高组 | 低组 | 高组 |
| Slack | −0. 021*** | −0. 030*** | −0. 008* | −0. 011** | −0. 007** | −0. 009** |
| | (0. 007) | (0. 001) | (0. 076) | (0. 040) | (0. 049) | (0. 049) |
| Growth | −0. 056 | −0. 006 | −0. 053** | −0. 044** | −0. 040** | −0. 015 |
| | (0. 330) | (0. 896) | (0. 010) | (0. 023) | (0. 018) | (0. 338) |
| Chair_Ceo | 0. 193 | −0. 199* | 0. 065 | 0. 045 | 0. 076 | 0. 110* |
| | (0. 241) | (0. 071) | (0. 466) | (0. 527) | (0. 301) | (0. 064) |
| Hold | 1. 698*** | 0. 756** | 0. 479** | 0. 617*** | 0. 690*** | 0. 417** |
| | (0. 000) | (0. 015) | (0. 012) | (0. 002) | (0. 000) | (0. 011) |
| Sup | 0. 449** | 0. 708*** | 0. 358*** | 0. 467*** | 0. 445*** | 0. 424*** |
| | (0. 024) | (0. 000) | (0. 001) | (0. 000) | (0. 000) | (0. 000) |
| Roa | 4. 888*** | 7. 480*** | 2. 329*** | 2. 525*** | 1. 920*** | 2. 064*** |
| | (0. 000) | (0. 000) | (0. 000) | (0. 000) | (0. 000) | (0. 000) |
| Lev | 1. 574*** | 1. 678*** | 0. 912*** | 0. 066 | 0. 824*** | 0. 275** |
| | (0. 000) | (0. 000) | (0. 000) | (0. 663) | (0. 000) | (0. 029) |
| _cons | 11. 527*** | 10. 971*** | −2. 078*** | −1. 426*** | −2. 164*** | −1. 679*** |
| | (0. 000) | (0. 000) | (0. 000) | (0. 000) | (0. 000) | (0. 000) |
| Year | YES | YES | YES | YES | YES | YES |
| Ind | YES | YES | YES | YES | YES | YES |
| N | 1026 | 1029 | 2466 | 2441 | 2466 | 2441 |
| adj. R-sq | 0. 213 | 0. 276 | 0. 324 | 0. 358 | 0. 288 | 0. 315 |

表 6-13 按代理问题严重程度划分：会计信息质量、管理层
收入业绩目标松弛与企业创新

| 变量 | lnPat | | lnPatent1 | | lnPatent | |
|------|-------|-------|-----------|-------|----------|-------|
| | 低组 | 高组 | 低组 | 低组 | 高组 | 低组 |
| AQ | 0.021 *** | 0.060 *** | 0.021 *** | 0.040 *** | 0.019 *** | 0.033 *** |
| | (0.000) | (0.000) | (0.000) | (0.000) | (0.000) | (0.000) |
| Slack | −0.025 *** | −0.033 *** | −0.013 ** | −0.015 ** | −0.014 *** | −0.012 ** |
| | (0.004) | (0.007) | (0.010) | (0.030) | (0.001) | (0.043) |
| AQ×Slack | 0.0007 *** | 0.0013 ** | 0.0006 *** | 0.0017 * | 0.0006 *** | 0.0014 * |
| | (0.000) | (0.023) | (0.000) | (0.099) | (0.000) | (0.100) |
| Growth | 0.012 | 0.014 | −0.035 | −0.033 | −0.028 | −0.009 |
| | (0.841) | (0.767) | (0.114) | (0.115) | (0.120) | (0.596) |
| Chair_Ceo | 0.165 | −0.167 | 0.095 | 0.066 | 0.086 | 0.127 ** |
| | (0.336) | (0.157) | (0.308) | (0.390) | (0.257) | (0.047) |
| Hold | 1.187 *** | 0.650 * | 0.027 | 0.440 ** | 0.254 | 0.283 |
| | (0.002) | (0.053) | (0.894) | (0.041) | (0.122) | (0.112) |
| Sup | 0.270 | 0.584 *** | 0.308 *** | 0.450 *** | 0.384 *** | 0.393 *** |
| | (0.184) | (0.000) | (0.004) | (0.000) | (0.000) | (0.000) |
| Roa | 5.194 *** | 6.305 *** | 2.026 *** | 1.858 *** | 1.515 *** | 1.526 *** |
| | (0.000) | (0.000) | (0.003) | (0.000) | (0.006) | (0.000) |
| Lev | 1.625 *** | 1.344 *** | 0.752 *** | −0.061 | 0.652 *** | 0.171 |
| | (0.000) | (0.000) | (0.000) | (0.711) | (0.000) | (0.210) |
| _cons | 12.643 *** | 11.000 *** | −1.692 *** | −1.247 *** | −1.766 *** | −1.502 *** |
| | (0.000) | (0.000) | (0.000) | (0.001) | (0.000) | (0.000) |
| Year | YES | YES | YES | YES | YES | YES |
| Ind | YES | YES | YES | YES | YES | YES |
| N | 904 | 885 | 2186 | 2096 | 2186 | 2096 |
| adj. R-sq | 0.270 | 0.281 | 0.356 | 0.353 | 0.329 | 0.311 |

# 三　管理层收入业绩目标松弛对企业
# 股价崩盘的影响

Jin 和 Myers（2006）认为如果公司内部不存在信息不对称，即信息是公开透明的，那么管理层的任何隐藏行为均会反映在公司股价中；如果信息不对称存在，资本市场投资者在评估公司价值时只能依据市场公开以及媒体披露的各种信息。信息不对称的条件下，公司管理层基于自身利益最大化，会倾向于延迟公布或隐藏坏消息（李小荣和刘行，2012），一旦管理层所隐藏的坏消息在达到一定程度后暴露，就会直接导致公司发生股价崩盘风险。由于管理层的能力是有限的，无法囤积所有的负面事件，这些负面事件的积累一旦达到了顶峰，管理层就不得不披露或释放这些负面事件，一旦负面事件集中释放，公司股价就立刻崩盘。Jin 和 Myers 的信息隐藏假说成为学术界从公司内部层面研究股价崩盘的理论基础。

一般来说，高管可以通过操纵会计信息等手段来隐藏负面消息，如增加应计收入等（Dechow et al.，2011；Richardson et al.，2006；Zhu，2016）。谨慎性原则下，要求及时确认潜在的损失，严格确认收益（Kim and Zhang，2016a），因此谨慎性原则降低了管理层披露利好事件或隐藏负面事件的概率（Hutton et al.，2009），降低了公司股价崩盘风险。此外，Kim（2015）和 De Fond 等（2015）研究发现，会计信息的可理解性和透明度以及额外披露均会降低公司的股价崩盘风险。

上述研究表明，管理层隐藏负面事件成为股价崩盘的根源，股价崩盘受两个方面因素影响：其一，管理层隐藏负面事件的意愿；其二，管理层囤积负面事件的能力。因此，管理层隐藏负面事件除受管理层意愿影响外，还受企业资源约束制约。管理层隐藏负面事件是一项资源消耗性活动，具有很强的资源依赖性。管理层隐藏负面事件需要资源支持，如果无法获取足够的资源支持，就会导致负面事件暴露从而导致公司股价崩盘。

管理层业绩目标松弛则与信息隐藏假说刚好相反，管理层业绩目标松弛是指在预算编制过程中，预算编制者低估收入或产能、高估成本或拟耗费资源的行为（Dunk and Nouri，1998），以掌握更多可支配资源，用于未来的风险管理活动（Majumdar and Venkataraman，1993；Zajac and Bazerman，1991）。比较发现，管理层业绩目标松弛是管理层隐藏"收入、产能"，高估"成本、费用"，然而信息隐藏假说则是隐藏"成本、费用"，高估"收入、产能"，二者互为对立面。同时，预算具有明显的资源配置功能，在外部获取资源手段有限的条件下，管理层越来越倾向于通过预算从委托人那里获取投资、生产等活动所需要的资源（吴粒等，2012）。管理层在事前制订未来经营期间的资源配置计划，以达到实现组织目标、提高产出效率的目的（Van der Bauwhede and Willekens，2000；Chow et al.，1988；Chong and Mahama，2014）。根据权变理论，管理层业绩目标松弛是指管理层为了应对未来的不确定性，有意高估所需资源或低估生产能力，为企业面临的环境不确定性提供缓冲（Merchant，1985），改变经济主体的风险偏好，从而影响企业的风险承担水平（张先治和翟月雷，2009）。

综上分析，本节基于管理层业绩目标松弛与信息隐藏假说互为对立面的理论现实，检验管理层业绩目标松弛对企业股价崩盘的影响，即分析管理层故意"隐藏利好事件"的业绩目标松弛行为能否降低管理层故意"隐藏负面事件"导致的股价崩盘风险。

## （一）管理层业绩目标松弛影响企业股价崩盘的理论分析

### 1. 信息隐藏与股价崩盘

高管由于信息不对称会倾向于隐藏或延迟披露坏消息，而隐藏的坏消息一旦由于无法继续隐藏而集中释放，就会导致股价暴跌（Jin and Myers，2006）。因此，根据信息隐藏假说，公司股价崩盘风险与管理层坏消息隐藏程度和隐藏能力有关，而隐藏程度取决于管理层隐藏坏消息创造的管理层私利（Jin and Myers，2006；Guo et al.，2014；李小荣和刘行，2012），隐藏能力取决于消化坏消息的盈余质量和财务资源弹性。

盈余质量反映财务报告透明度，盈余质量越高企业股价崩盘风险越低（Hutton，2009）。盈余质量反映管理层坏消息囤积能力和囤积程度，高质量盈余允许继续执行不良项目，使无效的风险投资持续存在。但随着盈余质量降低，管理层会失去继续隐藏坏消息的报告基础，导致股价崩盘事件发生。例如，Rao 等

（2017）的研究表明管理层平滑企业收入的能力越强，他们隐藏负面消息的能力越强，股价崩盘风险越低，但随着管理层盈余操纵行为增加，未来股价崩盘风险加大。管理层通过盈余操纵来掩盖其不利投资决策，投资者会依据管理层操纵后的盈余报告做出投资决策，因此投资者不太可能干预管理活动（Sadath and Acharya，2015）。具体而言，管理者使用盈余管理来掩盖不佳年份业绩，并通过盈余管理平滑较好年份业绩，为未来掩盖不佳业绩提供盈余储备。然而，一旦管理层失去盈余操纵能力，负面消息被外部投资者发现，大量负面消息突然披露就可能导致股票价格急剧下降（Chai et al.，2011；Bleck and Liu，2007）。

高管隐藏负面事件不仅需要通过盈余操纵，还会消耗企业的财务资源，财务资源弹性有利于管理层应对负面事件带来的风险。所谓的财务资源弹性是指"企业调动其财务资源来采取预防或投机性措施，以便有效应对面临的不确定性，为自身价值的增加储备能力"（Byoun，2008）。企业在日常生产经营活动中，面临较大的不确定性，通过增强财务资源弹性能够降低陷入财务困境的概率，从而更好地抵御风险，并且较强的财务资源弹性使得企业能够利用投资机会，实现自身的发展（董理和茅宁，2013）。Bates 等（2009）的研究表明在高程度的环境不确定性下，高现金持有率以及低杠杆率能够有效降低企业破产风险。在股价崩盘方面，Shen 等（2012）和 Hong（2017）的研究显示经营现金流量与股价崩盘风险之间存在负相关关系。现金持有会减少公司的税收激进行为（Kim and Zhang，2016b），进而降低公司股价崩盘风险（Kim et al.，2011a）。因此，过度支付现金股利会显著增加上市公司的股价崩盘风险（顾小龙等，2015）。

综上分析，管理层出于自身利益考虑而隐藏坏消息，管理层隐藏坏消息获得的私利关系隐藏程度，盈余质量和财务资源弹性决定管理层的坏消息隐藏能力。因此，股价崩盘风险同时受到高管隐藏信息私利、盈余质量和财务资源弹性的影响。

（1）模型构建。借鉴龙小海等（2009）的研究，构建管理层信息隐藏模型。管理层存在两个报告策略，即真实报告策略和隐藏报告策略。当管理层决定选择真实报告策略时，他们将获得与投资者约定的管理报酬。因此，真实报告策略下管理层的期望收益为：

$$U_{\mathrm{m}}(t) = \frac{R_{\mathrm{m}}(t)}{1+r}$$

其中，$U_{\mathrm{m}}(t)$ 为 $t$ 时期管理层的期望收益，$R_{\mathrm{m}}(t)$ 为管理层真实报告后依据契约应获得的报酬，$r$ 为折现率。

如果选择隐藏负面事件 $f$，管理层就会获得隐藏负面事件带来的私利，比如隐藏的在职消费、资产转移、利润挤占、净现值为负的项目等，记为 $R_{\mathrm{m}}(f)$。同时，管理层隐藏负面事件可能需要向注册会计师支付审计风险补偿（龙小海等，2009），记为 $B(f)$。因此，隐藏报告策略下管理层的期望收益为：

$$U_{\mathrm{m}}(t) = \frac{R_{\mathrm{m}}(t)}{1+r} + \frac{R_{\mathrm{m}}(f)}{1+r} - B(f)$$

其中，$\dfrac{R_m(f)}{1+r} - B(f)$ 为管理层选择隐藏报告策略的期望净收益。

管理层隐藏的负面事件将以一定概率 $p$ 暴露，管理层如果选择继续隐藏负面事件，需要在消耗内部盈余之外进行盈余操纵，因此管理层需要支付额外的盈余操纵成本，记为 $O(f)$。负面事件暴露不仅影响盈余报告，还会影响企业经营行为，因此管理层为了维持正常运营以掩盖其隐藏的负面事件，需要在消耗财务资源后补充财务资源，从而增加资源成本，记为 $C(f)$。

因此，管理层选择继续隐藏负面事件的期望收益为：

$$U_{m1}(t) = \frac{R_m(t)}{1+r} + \frac{R_m(f)}{1+r} - B(f) - O(f) - C(f)$$

相反，如果管理层选择放弃隐藏负面事件，就会导致负面事件集中对外释放从而导致股价瞬间崩盘（Jin and Myers，2006）。负面事件集中释放后管理层失去隐藏负面事件的期望收益 $R_m(f)$，并且承担股价崩盘的经济后果，包括高管声誉成本、绩效损失、再融资成本、离职成本等，记为 $L_m(f)$。因此，管理层选择放弃隐藏负面事件的期望收益为：

$$U_{m2}(t) = \frac{R_m(t)}{1+r} - B(f) - L_m(f)$$

（2）均衡分析与假设提出。管理层选择继续隐藏负面事件的必要条件是他们继续隐藏的期望收益 $U_{m1}(t)$ 大于放弃隐藏的期

望收益 $U_{m2}$（$t$），即：

$$\frac{R_m(t)}{1+r} + \frac{R_m(f)}{1+r} - B(f) - O(f) - C(f) > \frac{R_m(t)}{1+r} - B(f) - L_m(f)$$

管理层选择放弃隐藏负面事件的必要条件是他们放弃隐藏的期望收益 $U_{m2}$（$t$）大于继续隐藏的期望收益 $U_{m1}$（$t$），即：

$$\frac{R_m(t)}{1+r} - B(f) - L_m(f) > \frac{R_m(t)}{1+r} + \frac{R_m(f)}{1+r} - B(f) - O(f) - C(f)$$

因此，管理层选择放弃隐藏负面事件而导致公司股价崩盘的概率 $Y$ 可记为：

$$Y = P\left[ O(f) + C(f) - \frac{R_m(f)}{1+r} > L_m(f) \right]$$

股价崩盘概率 $Y$ 表达式的经济学意义为：高管选择继续隐藏负面事件的净成本大于直接放弃隐藏负面事件导致股价崩盘而承担的经济成本。公式表明公司股价崩盘风险与公司盈余操纵成本 $O$（$f$）和财务资源成本 $C$（$f$）有关。故而，提高公司盈余质量会降低公司盈余操纵程度，增强财务资源弹性会减少公司增量资源需求，进而降低公司股价崩盘风险。因此，提出如下理论假设：

　　H6-3a　提高盈余质量、增强财务资源弹性会降低公司股价崩盘风险。

## 2.管理层业绩目标松弛与股价崩盘

根据权变理论，管理层通过业绩目标松弛高估所需资源，获得超出现有业务所需的资源（Cyert and March，1963），为未来的高风险投资项目提供资金，既能使组织得到应对环境变化所需的多余资源，又能获得资源再配置机会。同时，管理层业绩目标松弛可以降低企业进行风险投资所需资金的成本。业绩目标松弛下管理层通过内部正式制度得到资源，与负债和外部融资相比，内部资源的成本较低。业绩目标松弛为管理层隐藏负面事件的潜在损失做好财务缓冲准备。因为管理层可以通过低估收入、高估成本的业绩目标松弛行为（Dunk and Nouri，1998），为负面事件暴露后潜在损失的表内确认提供财务对冲，减轻风险损失对利润表的负向冲击。面对负面事件中存在的不确定性因素，管理层业绩目标松弛成为应对不确定性事件的重要缓冲垫，有助于改变经济主体的风险偏好，提升企业的风险承担水平（Merchant and Manzoni，1989）。

同时，根据委托代理理论，设置松弛的管理层业绩目标有助于降低管理层的业绩压力，激励管理层提高管理水平、降低盈余操纵程度，从而提高公司财务质量。相反，制定紧缩的管理层业绩目标会增加管理层的业绩压力，从而对管理层产生负向激励效应，激励管理层通过盈余操纵来实现过高的业绩目标，从而降低公司财务质量（潘飞等，2008）。另外，松弛的管理层业绩目标会提高管理层的正常报酬目标实现程度，减弱管理层通过业绩目标松弛操纵报告以获得报酬的动机。因此，管理层业绩目标松弛可能通过提高盈余质量而降低公司股价崩盘风险（Hutton，2009）。

综上分析，管理层业绩目标松弛通过增强管理层的资源配置能力和表内损失确认能力，提高公司盈余质量，进而增强负面事件容纳能力，最终降低公司股价崩盘风险。

（1）模型构建。借鉴 Chow 等（1988）和郑石桥等（2009）的做法，构建管理层业绩目标松弛报酬模型。管理层在期初披露当期业绩增长目标 $Y_1$，投资者基于预算编制时的参考标准 $Y_2$ 给予管理层业绩报酬，待预算期末根据实际增长情况 $Y$ 进行报酬调整。因此，管理层参与预算编制下管理层报酬函数为：

$$U_m(t) = a(Y_1 - Y_2) + \frac{b(Y - Y_1)}{1 + r} + \frac{R_m(t)}{1 + r}$$

其中，$Y_1$ 为预算期初管理层报告的业绩目标较上一年度业绩的增长率，即投资者观测到的业绩增长率；$Y_2$ 为投资者对管理层业绩增长率的评级基准，潘飞和程明（2007）以外部投资者在预算期初可观测的上一年度行业平均业绩增长率为基准；$Y$ 为预算期末实际业绩增长率。同时，$a$ 为预算期初投资者基于管理层业绩目标确定的报酬系数，激励管理层制定有效业绩目标，$b$ 为预算期末投资者基于业绩目标实现情况对管理层的报酬系数。

如果选择隐藏负面事件 $f$，管理层就会获得隐藏负面事件带来的私利，同时支付审计风险补偿。因此，考虑管理层业绩目标松弛的情况下隐藏负面事件的管理层期望收益为：

230

$$U_{\text{m}}(t) = a(Y_1 - Y_2) + \frac{b(Y - Y_1)}{1 + r} + \frac{R_{\text{m}}(t)}{1 + r} + \frac{R_{\text{m}}(f)}{1 + r} - B(f)$$

根据权变理论和委托代理理论，管理层业绩目标松弛会增强管理层的资源配置和盈余平滑能力，从而为管理层应对负面事件暴露提供额外盈余支持和财务资源弹性支持，记为 $SLACK$。

因此，管理层选择继续隐藏负面事件的期望收益为：

$$U_{\text{m1}}(t) = a(Y_1 - Y_2) + \frac{b(Y - Y_1)}{1 + r} + \frac{R_{\text{m}}(t)}{1 + r} + \frac{R_{\text{m}}(f)}{1 + r} - B(f)$$
$$- O(f - SLACK) - C(f - SLACK)$$

相反，如果管理层选择放弃隐藏负面事件，就会导致负面事件集中对外释放从而导致股价崩盘（Jin and Myers，2006），这样管理层就需要承担股价崩盘的经济后果。因此，管理层选择放弃隐藏负面事件的期望收益为：

$$U_{\text{m2}}(t) = a(Y_1 - Y_2) + \frac{b(Y - Y_1)}{1 + r} + \frac{R_{\text{m}}(t)}{1 + r} - B(f) - L_{\text{m}}(f)$$

（2）均衡分析与假设提出。管理层选择继续隐藏负面事件的必要条件是他们继续隐藏的期望收益 $U_{\text{m1}}(t)$ 大于放弃隐藏的期望收益 $U_{\text{m2}}(t)$：

$$\frac{R_{\text{m}}(t)}{1 + r} - O(f - SLACK) - C(f - SLACK) > - L_{\text{m}}(f)$$

管理层选择放弃隐藏负面事件的必要条件是他们放弃隐藏的期望收益 $U_{\text{m2}}(t)$ 大于继续隐藏的期望收益 $U_{\text{m1}}(t)$：

$$\frac{R_{\mathrm{m}}(t)}{1+r} - O(f - SLACK) - C(f - SLACK) < - L_{\mathrm{m}}(f)$$

因此，管理层选择放弃隐藏负面事件而导致公司股价崩盘的概率 $Y$ 可记为：

$$Y = \mathrm{P}\left[ O(f - SLACK) + C(f - SLACK) - \frac{R_{\mathrm{m}}(f)}{1+r} > L_{\mathrm{m}}(f) \right]$$

根据公式，在管理层业绩目标松弛下，管理层通过业绩目标松弛蓄积应对负面事件的报告盈余和资源弹性，从而降低股价崩盘风险。因此，提出如下理论假设：

H6-3b　管理层业绩目标松弛通过提高公司盈余质量、增强财务资源弹性，降低公司股价崩盘风险。

## （二）管理层收入业绩目标松弛影响企业股价崩盘的实证检验

### 1. 样本选择与数据来源

本节选取 2000~2017 年 A 股上市公司为样本，公司股票价格、财务数据等来源于 CSMAR 股票交易和上市公司数据库以及 WIND 股票数据库。

### 2. 回归模型

首先，借鉴 Balseiro 等（2017）以及 De Fond 等（2015）的做法，构建如下基准回归模型：

$$NCSKEW_{i,t} / DUVOL_{i,t} = C + \rho \, SLACK_{i,t-1} + \beta \, X_{i,t-1} + \varepsilon \quad (6\text{-}12)$$

其中，$i$ 公司 $t$ 年度的股价崩盘风险用 $NCSKEW_{i,t}$ 和 $DUVOL_{i,t}$ 表示，而 $SLACK_{i,t-1}$ 表示 $i$ 公司在 $t-1$ 年度的管理层收入业绩目标松弛程度。根据前文分析，我们预期系数 $\rho < 0$，即管理层收入业绩目标松弛会降低公司的股价崩盘风险。$X_{i,t-1}$ 包括公司规模（$SIZE$）[①]、资产负债率（$LEV$）、税收负担（$TAX$）以及每股收益（$EPS$）、股价波动率（$SIGMA$）与换手率（$DTURN$），这些变量均会影响公司的股价崩盘风险。此外，还控制了年份、行业以及个体层面的固定效应。

其次，为了检验管理层收入业绩目标松弛可能通过增强企业财务资源弹性和提高企业盈余质量来降低股价崩盘风险的作用机制，构建如下中介效应模型：

$$LIQUID_{i,t} = C + \beta_1 \, SLACK_{i,t-1} + \beta \, X_{i,t} + \varepsilon \quad (6\text{-}13)$$

$$OPAQUE_{i,t} = C + \beta_2 \, SLACK_{i,t-1} + \beta \, X_{i,t} + \varepsilon \quad (6\text{-}14)$$

式中，$LIQUID_{i,t}$ 和 $OPAQUE_{i,t}$ 为公司 $i$ 在 $t$ 年度的财务资源弹性和盈余管理程度。首先，借鉴张会丽和吴有红（2012）的做法，利用公司期末持有的货币资金与金融资产之和的自然对数测度公司财务资源弹性；其次，借鉴 Hutton（2009）的做法，利用公司近三年应计盈余管理绝对值之和测度公司的盈余管理程度，用以反映公司盈余质量。如果 $\beta_1$ 显著大于 0、$\beta_2$ 显著小于 0，

---

① 用公司市值的自然对数衡量。

则表明管理层收入业绩目标松弛有助于增强公司财务资源弹性、降低公司盈余管理程度。

进一步在股价崩盘风险基准回归模型中引入财务资源弹性和盈余管理程度：

$$NCSKEW_{i,t} / DUVOL_{i,t} = C + \rho_1 \ln LIQUID_{i,t} + \rho_2 OPAQUE_{i,t}$$
$$+ \rho_3 SLACK_{i,t-1} + \beta X_{i,t-1} + \varepsilon \qquad (6-15)$$

如果 $\ln LIQUID_{i,t}$ 的系数 $\rho_1$ 显著为负和 $OPAQUE_{i,t}$ 的系数 $\rho_2$ 显著为正，则表明管理层收入业绩目标松弛会通过调节公司财务资源弹性和盈余质量降低股价崩盘风险。

3. 变量测度

在测度股价崩盘风险方面，借鉴 Kim 等（2011b）、徐飞等（2019）以及 Kim 等（2014）的方法衡量股价崩盘风险。

首先，剔除个股收益率中市场的影响：

$$R_{i,t} = \alpha + \beta_1 R_{M,t-2} + \beta_2 R_{M,t-1} + \beta_3 R_{M,t} + \beta_4 R_{M,t+1} + \beta_5 R_{M,t+2} + \varepsilon_{i,t}$$

其中，$R_{i,t}$ 表示 $i$ 公司的 $t$ 周收益率，$R_{M,t}$ 为整个 A 股市场的 $t$ 周收益率。残差 $\varepsilon_{i,t}$ 为 $i$ 行业的 $t$ 周收益率中无法被市场收益率解释的那部分。且将 $W_{i,t} = \ln（1+\varepsilon_{i,t}）$ 概括为 $i$ 公司的 $t$ 周特有收益率。

其次，以此得到股价崩盘风险的第一个衡量指标，具体为负收益偏态系数：

$$NCSKEW_{i,t} = \left[ N_{i,t}（N_{i,t} - 1）^{3/2} \sum W_{i,t}^3 \right] /$$
$$\left[（N_{i,t} - 1）（N_{i,t} - 2）（\sum W_{i,t}^2）^{3/2}\right]$$

其中，$N_{i,t}$ 表示 $i$ 公司股票 $t$ 年度的交易周数，$NCSKEW$ 数值越大，说明 $i$ 公司的股价崩盘风险越高。

股价崩盘风险的第二个衡量指标用 $i$ 公司周特有收益率的上下波动比率表示：

$$DUVOL_{i,t} = \ln\left\{\left[(N_{i,t,\text{Up}} - 1)\sum W_{i,t,\text{Down}}^2\right] \middle/ \left[(N_{i,t,\text{Down}} - 1)\sum W_{i,t,\text{Up}}^2\right]\right\}$$

式中，$N_{i,t,\text{Up}}$ 为公司 $i$ 在 $t$ 年周特有收益率高于年度平均周特有收益率的周数，$N_{i,t,\text{Down}}$ 为公司 $i$ 在 $t$ 年周特有收益率低于年度平均周特有收益率的周数。$DUVOL_{i,t}$ 越大表明公司 $i$ 在 $t$ 年的股价崩盘风险越大。

在测度管理层收入业绩目标松弛方面，首先，参照潘飞和程明（2007）的度量方法，具体计算公式为：

$$SLACK_{i,t-1} = 1 - \left[(I_{i,t}^* - I_{i,t-1})/I_{i,t-1} - I_{i,t-1}^{\wedge}\right]$$

其中，$SLACK_{i,t-1}$ 为公司 $i$ 的 $t-1$ 年度报告中管理层收入业绩目标松弛，$I_{i,t}^*$ 表示上市公司 $i$ 在 $t-1$ 年年报中披露的 $t$ 年度营业收入目标，$I_{i,t-1}$ 表示上市公司 $i$ 在 $t-1$ 年度实现的营业收入，$I_{i,t-1}^{\wedge}$ 表示 $t-1$ 年度上市公司 $i$ 所处行业的平均营业收入增长率。

其次，潘飞和程明（2007）指出，管理层收入业绩目标松弛指标是基于可获得的先验证据，即上一年度行业平均增长率判断目标松弛程度的。然而，该指标设计存在以下两个明显不足：第一，该指标反映的是公司本年度较上一年度的业绩增长率，然而预算是对下一年度业绩增长率的预期，因此该指标未反映预算的经济实质；第二，该指标是与行业平均增长率比较来衡量管理层收入业绩目标松弛程度的，然而预算更多地基于公司经营状况编制，个别公司增长率并不必然与行业平均增长率保持一致，因此以行业平均增长率为标准判断管理层收入业绩目标松弛程度不能反映公司经营情况（雏敏，2010）。

因此，借鉴刘浩等（2015）的研究，进一步以业绩目标在预算期末是否实现这一后验证据，将管理层收入业绩目标松弛指标划分为达标管理层收入业绩目标松弛和未达标管理层收入业绩目标松弛，以弥补管理层收入业绩目标松弛指标的先验不足。

4. 实证分析

表 6-14 所示为管理层收入业绩目标松弛对股价崩盘风险影响的基准回归结果。结果显示，管理层收入业绩目标松弛总体上与股价崩盘风险不存在显著相关性，这可能是由于潘飞和程明（2007）构建的先验管理层收入业绩目标松弛指标不能反映管理层收入业绩目标松弛的内在特性，最终导致它与股价崩盘风险存在复杂相关性，从而在整体意义上与股价崩盘风险不存在明显相关关系。

表 6-14　管理层收入业绩目标松弛与股价崩盘风险

| 变量 | (1) NCSKEW | (2) DUVOL |
|---|---|---|
| SLACK | -0.0241 | -0.0098 |
| | (-0.71) | (-0.38) |
| SIGMA | 2.6203 *** | 1.3473 ** |
| | (3.61) | (2.42) |

续表

| 变量 | (1)<br>NCSKEW | (2)<br>DUVOL |
|---|---|---|
| DTURN | 0.1792 | 0.1495 |
| | (1.11) | (1.26) |
| SIZE | 0.1157*** | 0.0732*** |
| | (3.81) | (3.12) |
| EPS | 0.0318 | 0.0515* |
| | (0.91) | (1.92) |
| LEV | 0.1662 | 0.1360* |
| | (1.61) | (1.87) |
| TAX | 0.4072 | 0.1062 |
| | (0.65) | (0.22) |
| C | -1.5881*** | -1.0115*** |
| | (-3.33) | (-2.75) |
| 年份与行业 | YES | YES |
| 个体 | YES | YES |
| $R^2$ | 0.09 | 0.08 |
| F | 18.73*** | 18.84*** |
| FE-test | 1.27*** | 1.23*** |
| N | 4655 | 4655 |

注：*、** 和 *** 分别表示 10%、5% 和 1% 的显著性水平，括号内为 t 值；本节余表同。

## 5. 进一步检验

（1）管理层收入业绩目标松弛类型与股价崩盘风险。本部分基于业绩目标是否实现这一后验证据，进一步考虑不同类型管理层收入业绩目标松弛对股价崩盘风险影响的差异。

表 6-15 报告了管理层收入业绩目标松弛类型与股价崩盘风险之间关系的检验结果。检验结果显示，达标管理层收入业绩目

标松弛与股价崩盘风险显著负相关，而未达标管理层收入业绩目标松弛与股价崩盘风险显著正相关。可能是由于达标管理层收入业绩目标松弛表明高管在编制预算时故意低估收入、高估费用，导致业绩目标低于实际业绩水平，为弥补风险事件导致的未预期损失提供资源支持和财务支持。而未达标管理层收入业绩目标松弛可能是由于公司经营状况较差，松弛的管理层收入业绩目标是其实际经营能力的客观反映，业绩目标松弛不仅不能为抵御未来风险事件提供缓冲，还可能预示着经营环境进一步恶化，进而加大股价崩盘风险。

表 6-15　管理层收入业绩目标松弛类型与股价崩盘风险

| 变量 | NCSKEW | | DUVOL | |
|---|---|---|---|---|
| | (1) | (2) | (3) | (4) |
| SLACK | 0.0038 | −0.0353 | 0.0133 | −0.0190 |
| | (0.10) | (−1.02) | (0.47) | (−0.72) |
| REACH-SLACK | −0.0391 * | | −0.0322 ** | |
| | (−1.92) | | (−2.03) | |
| unREACH-SLACK | | 0.0391 * | | 0.0322 ** |
| | | (1.92) | | (2.03) |
| SIGMA | 2.6813 *** | 2.6813 *** | 1.3976 ** | 1.3976 ** |
| | (3.68) | (3.68) | (2.50) | (2.50) |
| DTURN | 0.1709 | 0.1709 | 0.1427 | 0.1427 |
| | (1.06) | (1.06) | (1.20) | (1.20) |
| SIZE | 0.1120 *** | 0.1120 *** | 0.0702 *** | 0.0702 *** |
| | (3.70) | (3.70) | (2.99) | (2.99) |
| EPS | 0.0306 | 0.0306 | 0.0506 * | 0.0506 * |
| | (0.88) | (0.88) | (1.88) | (1.88) |
| LEV | 0.1590 | 0.1590 | 0.1300 * | 0.1300 * |
| | (1.54) | (1.54) | (1.79) | (1.79) |

续表

| 变量 | NCSKEW | | DUVOL | |
|---|---|---|---|---|
| | （1） | （2） | （3） | （4） |
| TAX | 0.4225 | 0.4225 | 0.1189 | 0.1189 |
| | （0.67） | （0.67） | （0.24） | （0.24） |
| C | −1.5322*** | −1.5322*** | −0.9655*** | −0.9655*** |
| | （−3.21） | （−3.21） | （−2.61） | （−2.61） |
| 年份与行业 | YES | YES | YES | YES |
| 个体 | YES | YES | YES | YES |
| R² | 0.10 | 0.10 | 0.09 | 0.09 |
| F | 18.15*** | 18.15*** | 18.48*** | 18.48*** |
| FE-test | 1.26*** | 1.26*** | 1.22*** | 1.22*** |
| N | 4655 | 4655 | 4655 | 4655 |

根据目标管理理论，过高或过低的业绩目标都会失去激励作用。因此，本部分借鉴叶建芳等（2014）的做法，将管理层收入业绩目标松弛处于［90%，110%］区间内定义为适度管理层收入业绩目标松弛，即收入业绩增长率在行业平均增长率上下10%的范围内，其余管理层收入业绩目标松弛定义为过度管理层收入业绩目标松弛。通过分组检验分析管理层收入业绩目标松弛程度对股价崩盘风险的影响。

表6-16所示为适度管理层收入业绩目标松弛与股价崩盘风险之间关系的检验结果。检验结果显示，适度管理层收入业绩目标松弛下管理层收入业绩目标松弛与股价崩盘风险显著负相关，表明适度管理层收入业绩目标松弛有助于降低公司股价崩盘风险，符合目标管理理论预期，即适度管理层收入业绩目标松弛有

助于高管为应对经营不确定性提供缓冲，确保经营业绩目标实现。

表 6-16　适度管理层收入业绩目标松弛与股价崩盘风险

| 变量 | NCSKEW | | DUVOL | |
| --- | --- | --- | --- | --- |
| | （1） | （2） | （3） | （4） |
| SLACK | -0.8740** | -0.9499*** | -0.5008* | -0.5568** |
| | （-2.49） | （-2.73） | （-1.82） | （-2.05） |
| REACH-SLACK | -0.0759* | | -0.0560* | |
| | （-1.93） | | （-1.81） | |
| unREACH-SLACK | | 0.0759* | | 0.0560* |
| | | （1.93） | | （1.81） |
| SIGMA | 2.2328* | 2.2328* | 0.0638 | 0.0638 |
| | （1.67） | （1.67） | （0.06） | （0.06） |
| DTURN | 0.1287 | 0.1287 | 0.1287 | 0.1287 |
| | （0.40） | （0.40） | （0.53） | （0.53） |
| SIZE | 0.1464*** | 0.1464*** | 0.0784* | 0.0784* |
| | （2.71） | （2.71） | （1.71） | （1.71） |
| EPS | -0.0570 | -0.0570 | 0.0005 | 0.0005 |
| | （-0.91） | （-0.91） | （0.01） | （0.01） |
| LEV | 0.1380 | 0.1380 | 0.0667 | 0.0667 |
| | （0.83） | （0.83） | （0.52） | （0.52） |
| TAX | -0.2863 | -0.2863 | -0.3390 | -0.3390 |
| | （-0.17） | （-0.17） | （-0.27） | （-0.27） |
| C | -1.1000 | -1.1000 | -0.5251 | -0.5251 |
| | （-1.18） | （-1.18） | （-0.69） | （-0.69） |
| 年份与行业 | YES | YES | YES | YES |
| 个体 | YES | YES | YES | YES |
| $R^2$ | 0.11 | 0.11 | 0.08 | 0.08 |
| F | 5.95*** | 5.95*** | 4.56*** | 4.56*** |
| FE-test | 1.31*** | 1.31*** | 1.19*** | 1.19*** |
| N | 1655 | 1655 | 1655 | 1655 |

表6-17所示为过度管理层收入业绩目标松弛与股价崩盘风险之间关系的检验结果。检验结果显示，过度管理层收入业绩目标松弛下管理层收入业绩目标松弛与股价崩盘风险不存在相关关系，表明过度管理层收入业绩目标松弛不能降低公司股价崩盘风险。根据目标管理理论，过度低的业绩目标和过度高的业绩目标都没有激励效应，导致高管不会基于过度业绩目标改变经营行为，以影响企业的实际经营活动和现金持有水平。

表6-17 过度管理层收入业绩目标松弛与股价崩盘风险

| 变量 | NCSKEW | | DUVOL | |
|---|---|---|---|---|
| | （1） | （2） | （3） | （4） |
| SLACK | −0.0001 | −0.0247 | 0.0052 | −0.0168 |
| | （−0.00） | （−0.65） | （0.16） | （−0.58） |
| REACH-SLACK | −0.0245 | | −0.0220 | |
| | （−0.88） | | （−1.04） | |
| unREACH-SLACK | | 0.0245 | | 0.0220 |
| | | （0.88） | | （1.04） |
| SIGMA | 3.0215 *** | 3.0215 *** | 2.1490 *** | 2.1490 *** |
| | （3.05） | （3.05） | （2.87） | （2.87） |
| DTURN | 0.1566 | 0.1566 | 0.1217 | 0.1217 |
| | （0.77） | （0.77） | （0.78） | （0.78） |
| SIZE | 0.0723 * | 0.0723 * | 0.0445 | 0.0445 |
| | （1.78） | （1.78） | （1.43） | （1.43） |
| EPS | 0.0665 | 0.0665 | 0.0776 ** | 0.0776 ** |
| | （1.36） | （1.36） | （2.13） | （2.13） |
| LEV | 0.2152 * | 0.2152 * | 0.1823 ** | 0.1823 ** |
| | （1.69） | （1.69） | （2.01） | （2.01） |
| TAX | 0.7555 | 0.7555 | 0.2307 | 0.2307 |
| | （0.91） | （0.91） | （0.43） | （0.43） |
| C | −0.9988 | −0.9988 | −0.5889 | −0.5889 |
| | （−1.59） | （−1.59） | （−1.22） | （−1.22） |
| 年份与行业 | YES | YES | YES | YES |

| 变量 | NCSKEW | | DUVOL | |
|------|--------|--------|--------|--------|
| | （1） | （2） | （3） | （4） |
| 个体 | YES | YES | YES | YES |
| $R^2$ | 0.09 | 0.09 | 0.09 | 0.09 |
| F | 11.44*** | 11.44*** | 12.03*** | 12.03*** |
| FE-test | 1.26*** | 1.26*** | 1.16*** | 1.16*** |
| N | 3000 | 3000 | 3000 | 3000 |

（2）管理层收入业绩目标松弛对股价崩盘风险的作用机制。首先，根据本节构建的管理层收入业绩目标松弛分析框架，管理层收入业绩目标松弛能通过增强公司财务资源弹性和提高公司盈余质量，弥补不确定性事件造成的资源损失和财务损失，进而降低公司股价崩盘风险。因此，本部分借鉴陈红兵和连玉君（2013）以及马春爱和张亚芳（2013）的研究，基于公司持有的货币资金和金融资产之和的自然对数测度公司财务资源弹性，因为它们的变现能力最强，是企业现金流的基本来源和潜在来源（马春爱和张亚芳，2013），可用于满足公司突发的流动性需求。

表6-18显示，总体上看管理层收入业绩目标松弛对公司财务资源弹性无显著影响。对管理层收入业绩目标松弛按照达标、未达标分组后，检验结果显示达标管理层收入业绩目标松弛有助于增强公司财务资源弹性。然而，未达标管理层收入业绩目标松弛不仅不能增强财务资源弹性，反而会降低财务资源弹性。可能由于业绩未达标企业的管理层收入业绩目标松弛意味着公司实际

经营情况较行业平均水平差，这将导致进一步消耗公司的自由现金，减弱公司的财务资源弹性。

表 6-18　管理层收入业绩目标松弛与财务资源弹性

| 变量 | （1） | （2） | （3） |
|------|------|------|------|
| SLACK | -0.0221 | -0.0677 | -0.0045 |
| | （-0.47） | （-1.37） | （-0.10） |
| REACH-SLACK | | 0.0631*** | |
| | | （2.84） | |
| unREACH-SLACK | | | -0.0631*** |
| | | | （-2.84） |
| SIGMA | -0.2232 | -0.2583 | -0.2642 |
| | （-0.56） | （-0.43） | （-0.13） |
| DTURN | -0.1521 | 0.2312 | -0.1972 |
| | （-0.78） | （0.68） | （-0.72） |
| SIZE | 0.7373*** | 0.7380*** | 0.7380*** |
| | （12.62） | （12.65） | （12.65） |
| EPS | 0.0647 | 0.0504 | 0.0504 |
| | （0.99） | （0.77） | （0.77） |
| LEV | -0.0323* | -0.0243** | -0.0324* |
| | （-1.76） | （-2.32） | （-1.82） |
| TAX | -0.4495 | -0.4624 | -0.4624 |
| | （-0.37） | （-0.38） | （-0.38） |
| C | 8.1766*** | 8.1721*** | 8.1721*** |
| | （9.40） | （9.41） | （9.41） |
| 年份与行业 | YES | YES | YES |
| 个体 | YES | YES | YES |
| $R^2$ | 0.39 | 0.40 | 0.40 |
| F | 36.33*** | 34.68*** | 34.68*** |
| FE-test | 9.26*** | 9.23*** | 9.23*** |
| N | 5026 | 5026 | 5026 |

表6-19所示为管理层收入业绩目标松弛程度与公司财务资源弹性之间关系的检验结果。检验结果显示，适度松弛下达标管理层收入业绩目标松弛与公司财务资源弹性显著正相关，表明适度的、能实现的管理层收入业绩目标松弛有助于增强公司财务资源弹性。而过度松弛下管理层收入业绩目标松弛与公司财务资源弹性不存在显著相关性，表明过度管理层收入业绩目标松弛未改变公司的财务资源弹性，失去激励效应。

表6-19　管理层收入业绩目标松弛程度与财务资源弹性

| 变量 | 适度松弛样本 | | | 过度松弛样本 | | |
| --- | --- | --- | --- | --- | --- | --- |
| | (1) | (2) | (3) | (1) | (2) | (3) |
| SLACK | 0.2709 | 0.0369 | 0.1679 | −0.0211 | −0.0453 | −0.0108 |
| | (0.84) | (0.11) | (0.52) | (−0.41) | (−0.80) | (−0.21) |
| REACH-SLACK | | 0.1311*** | | | 0.0345 | |
| | | (3.20) | | | (1.25) | |
| unREACH-SLACK | | | −0.1311*** | | | −0.0345 |
| | | | (−3.20) | | | (−1.25) |
| SIGMA | −0.2331 | −0.2124 | −0.2325 | −0.2178 | −0.2382 | −0.2143 |
| | (−0.58) | (−0.45) | (−0.23) | (−0.75) | (−0.32) | (−0.63) |
| DTURN | −0.1532 | 0.2312 | −0.1568 | −0.143 | 0.2334 | −0.1986 |
| | (−0.73) | (0.57) | (−0.69) | (−0.97) | (0.85) | (−0.91) |
| SIZE | 0.7857*** | 0.7842*** | 0.7842*** | 0.6921*** | 0.6930*** | 0.6930*** |
| | (8.72) | (8.74) | (8.74) | (11.39) | (11.44) | (11.44) |
| EPS | −0.0238 | −0.0576 | −0.0576 | 0.1133* | 0.1056* | 0.1056* |
| | (−0.18) | (−0.41) | (−0.41) | (1.77) | (1.65) | (1.65) |
| LEV | −0.0312* | −0.0225* | −0.0315* | −0.0318* | −0.0267* | −0.0325* |
| | (−1.77) | (−1.82) | (−1.85) | (−1.79) | (−1.72) | (−1.81) |
| TAX | 0.1382 | 0.2707 | 0.2707 | −1.2310 | −1.2535 | −1.2535 |
| | (0.06) | (0.12) | (0.12) | (−0.92) | (−0.93) | (−0.93) |
| C | 7.3197*** | 7.5054*** | 7.5054*** | 8.8167*** | 8.8056*** | 8.8056*** |
| | (5.15) | (5.36) | (5.36) | (9.70) | (9.72) | (9.72) |

| 变量 | 适度松弛样本 | | | 过度松弛样本 | | |
|---|---|---|---|---|---|---|
|  | （1） | （2） | （3） | （1） | （2） | （3） |
| 年份与行业 | YES | YES | YES | YES | YES | YES |
| 个体 | YES | YES | YES | YES | YES | YES |
| $R^2$ | 0.38 | 0.38 | 0.38 | 0.39 | 0.39 | 0.39 |
| F | 22.68*** | 21.65*** | 21.65*** | 27.77*** | 26.68*** | 26.68*** |
| FE-test | 5.12*** | 5.15*** | 5.15*** | 6.92*** | 6.88*** | 6.88*** |
| N | 1804 | 1804 | 1804 | 3222 | 3222 | 3222 |

其次，除了财务资源弹性外，管理层收入业绩目标松弛还可能通过谨慎性会计处理降低公司盈余管理程度，提高应对风险损失的公司盈余质量。因此，本部分借鉴 Hutton（2009）的做法，基于公司近三年应计盈余管理绝对值之和测度盈余管理程度，该指标越大表明企业财务透明度越低、盈余质量越低。

表 6-20 显示，管理层收入业绩目标松弛与公司盈余管理程度显著负相关，达标管理层收入业绩目标松弛、未达标管理层收入业绩目标松弛对公司盈余质量的影响不存在显著差异。这是由于应计盈余管理是通过财务手段进行的，反映权责发生制与收付实现制的偏离，松弛的业绩目标会降低公司业绩压力，从而减弱管理层的盈余操纵动机。

表 6-20　管理层收入业绩目标松弛与盈余管理程度

| 变量 | （1） | （2） | （3） |
|---|---|---|---|
| *SLACK* | −0.0283*** | −0.0296*** | −0.0250** |
|  | （−2.74） | （−2.80） | （−2.30） |

续表

| 变量 | (1) | (2) | (3) |
|---|---|---|---|
| REACH-SLACK | | 0.0046 | |
| | | (0.80) | |
| unREACH-SLACK | | | −0.0046 |
| | | | (−0.80) |
| SIGMA | 0.3211** | 0.2165* | 0.2599*** |
| | (2.52) | (1.78) | (3.52) |
| DTURN | 0.0152* | 0.0278 | 0.0312** |
| | (1.71) | (1.52) | (2.48) |
| SIZE | 0.0001 | −0.0000 | −0.0000 |
| | (0.01) | (−0.00) | (−0.00) |
| EPS | 0.0264** | 0.0274** | 0.0274** |
| | (2.21) | (2.23) | (2.23) |
| LEV | 0.2323 | 0.2412 | 0.2123* |
| | (1.23) | (1.25) | (1.74) |
| TAX | 0.7747*** | 0.7766*** | 0.7766*** |
| | (4.07) | (4.09) | (4.09) |
| C | 0.1337 | 0.1343 | 0.1343 |
| | (0.80) | (0.81) | (0.81) |
| 年份与行业 | YES | YES | YES |
| 个体 | YES | YES | YES |
| $R^2$ | 0.04 | 0.04 | 0.04 |
| F | 3.76*** | 3.80*** | 3.80*** |
| FE-test | 4.30*** | 4.30*** | 4.30*** |
| N | 4686 | 4686 | 4686 |

表 6-21 所示为管理层收入业绩目标松弛程度与公司盈余管理程度之间关系的检验结果。检验结果显示，适度管理层收入业

绩目标松弛、过度管理层收入业绩目标松弛都会降低管理层业绩压力，从而降低管理层操纵财务报告的水平，提高公司盈余质量。

表 6-21　管理层收入业绩目标松弛程度与盈余管理程度

| 变量 | 适度松弛样本 | | | 过度松弛样本 | | |
|---|---|---|---|---|---|---|
| | （1） | （2） | （3） | （4） | （5） | （6） |
| SLACK | −0.1824*** | −0.1773** | −0.1710** | −0.0299*** | −0.0324*** | −0.0243** |
| | （−2.62） | （−2.51） | （−2.36） | （−2.72） | （−2.81） | （−2.06） |
| REACH-SLACK | | 0.0063 | | | 0.0081 | |
| | | （0.72） | | | （0.99） | |
| unREACH-SLACK | | | −0.0063 | | | −0.0081 |
| | | | （−0.72） | | | （−0.99） |
| SIGMA | 0.2213* | 0.2142* | 0.2123** | 0.3232** | 0.2141* | 0.2563* |
| | （1.72） | （1.78） | （2.43） | （2.44） | （1.78） | （1.81） |
| DTURN | 0.0143 | 0.0223 | 0.0323 | 0.0168 | 0.0169 | 0.0115 |
| | （1.11） | （1.32） | （1.47） | （1.51） | （1.57） | （1.47） |
| SIZE | −0.0056 | −0.0055 | −0.0055 | 0.0011 | 0.0009 | 0.0009 |
| | （−0.31） | （−0.31） | （−0.31） | （0.09） | （0.07） | （0.07） |
| EPS | 0.0138 | 0.0154 | 0.0154 | 0.0423*** | 0.0442*** | 0.0442*** |
| | （0.84） | （0.93） | （0.93） | （2.63） | （2.64） | （2.64） |
| LEV | 0.1321 | 0.1413 | 0.1122 | 0.1324 | 0.1411 | 0.1125 |
| | （1.21） | （1.22） | （1.24） | （1.26） | （1.35） | （1.44） |
| TAX | 1.0337** | 1.0266** | 1.0266** | 0.6476*** | 0.6540*** | 0.6540*** |
| | （2.24） | （2.22） | （2.22） | （2.83） | （2.87） | （2.87） |
| C | 0.3798 | 0.3702 | 0.3702 | 0.1172 | 0.1202 | 0.1202 |
| | （1.31） | （1.28） | （1.28） | （0.60） | （0.62） | （0.62） |
| 年份与行业 | YES | YES | YES | YES | YES | YES |
| 个体 | YES | YES | YES | YES | YES | YES |

续表

| 变量 | 适度松弛样本 | | | 过度松弛样本 | | |
|---|---|---|---|---|---|---|
| | （1） | （2） | （3） | （4） | （5） | （6） |
| R² | 0.05 | 0.05 | 0.05 | 0.08 | 0.08 | 0.08 |
| F | 2.52*** | 2.45*** | 2.45*** | 4.82*** | 4.65*** | 4.65*** |
| FE-test | 3.16*** | 3.15*** | 3.15*** | 3.90*** | 3.90*** | 3.90*** |
| N | 1686 | 1686 | 1686 | 3000 | 3000 | 3000 |

关于管理层收入业绩目标松弛对公司股价崩盘风险作用机制的检验结果（见表6-22）显示，公司财务资源弹性与股价崩盘风险显著负相关，盈余管理程度与股价崩盘风险显著正相关，表明增强公司财务资源弹性、提高公司盈余质量有助于降低公司股价崩盘风险，验证了假设H6-3a。

表6-22　财务资源弹性、盈余管理质量与股价崩盘风险

| 变量 | NCSKEW | | DUVOL | |
|---|---|---|---|---|
| | （1） | （2） | （3） | （4） |
| SLACK | 0.0078 | -0.0294 | 0.0206 | -0.0123 |
| | (0.20) | (-0.81) | (0.71) | (-0.45) |
| REACH-SLACK | -0.0372* | | -0.0329* | |
| | (-1.73) | | (-1.96) | |
| unREACH-SLACK | | 0.0372* | | 0.0329* |
| | | (1.73) | | (1.96) |
| lnLIQUID | -0.0349** | -0.0349** | -0.0312** | -0.0312** |
| | (-2.18) | (-2.18) | (-2.58) | (-2.58) |
| OPAQUE | 0.1793** | 0.1793** | 0.0967* | 0.0967* |
| | (2.48) | (2.48) | (1.74) | (1.74) |
| SIGMA | 2.5857*** | 2.5857*** | 1.2631** | 1.2631** |
| | (3.40) | (3.40) | (2.17) | (2.17) |
| DTURN | 0.0642 | 0.0642 | 0.0628 | 0.0628 |
| | (0.38) | (0.38) | (0.51) | (0.51) |

续表

| 变量 | NCSKEW | | DUVOL | |
|---|---|---|---|---|
| | （1） | （2） | （3） | （4） |
| SIZE | 0.1388 *** | 0.1388 *** | 0.0956 *** | 0.0956 *** |
| | （4.32） | （4.32） | （3.80） | （3.80） |
| EPS | 0.0326 | 0.0326 | 0.0598 ** | 0.0598 ** |
| | （0.92） | （0.92） | （2.21） | （2.21） |
| LEV | 0.1604 | 0.1604 | 0.1357 * | 0.1357 * |
| | （1.52） | （1.52） | （1.83） | （1.83） |
| TAX | 0.4080 | 0.4080 | 0.0932 | 0.0932 |
| | （0.64） | （0.64） | （0.19） | （0.19） |
| C | −1.2721 ** | −1.2721 ** | −0.7688 * | −0.7688 * |
| | （−2.51） | （−2.51） | （−1.93） | （−1.93） |
| 年份与行业 | YES | YES | YES | YES |
| 个体 | YES | YES | YES | YES |
| $R^2$ | 0.10 | 0.10 | 0.09 | 0.09 |
| F | 18.01 *** | 18.01 *** | 18.55 *** | 18.55 *** |
| FE-test | 1.39 *** | 1.39 *** | 1.26 *** | 1.26 *** |
| N | 4351 | 4351 | 4351 | 4351 |

综合前述检验结果可知，管理层收入业绩目标松弛通过增强公司财务资源弹性和提高公司盈余质量，降低公司股价崩盘风险，验证假设 H6-3b。同时，在控制财务资源弹性、盈余质量的中介效应后，达标管理层收入业绩目标松弛与股价崩盘风险依然显著负相关，表明达标管理层收入业绩目标松弛不仅通过增强财务资源弹性、提高盈余质量间接降低股价崩盘风险，还存在降低股价崩盘风险的直接效应。

# 第七章　研究结论、政策建议
## 与研究展望

## 一　研究结论

公司管理层是公司战略决策的制定者，并对这些战略决策的实施起到了重要的推动作用，在公司经营管理中处于核心地位。现代企业管理制度下，由于股东与管理层两权分离，他们的效用函数往往是不一致的，管理层追求自身收入最大化，而股东则是期望实现公司财富最大化，管理层和股东之间往往可能存在利益冲突，从而引发代理问题。那么在管理层和股东信息不对称以及利益相冲突的背景下，如何通过最优的契约激励方案来增强管理层的工作积极性，避免管理层脱离组织目标，违反股东的利益，是现代公司治理中的一个难题。随着理论研究的不断深入以及管理实践的不断发展，现代企业几乎都采取了激励与约束并存的方式来促使管理层从股东利益出发行事，从而缓解代理问题。一方面，通过设计有效的薪酬契约激励管理层；另一方面，通过董事会等制定契约目标来对管理层进行约束和监督，减少管理层的自利行为。

针对管理层薪酬激励的研究近年来已经较为丰富和成熟，从关注高管薪酬的绝对水平，到不断关注高管薪酬的结构、支付方式等。企业管理层和普通员工的薪酬差距描述了在锦标赛中，从下属晋升到上级的过程中，货币薪酬水平的绝对变化。然而，现在人们对不同层级员工之间薪酬差距内涵的认识，远远超越了单纯物质概念的范畴。Weick（1996）就认为个体以经济奖励或报酬为基点，并将它们作为自身社会身份和地位的评价依据，尤其是在中国这一权力距离较大的管理情境下，薪酬差距不仅体现了不同层级员工经济地位的差别，还体现了上级与下属管理级别的差异，以及社会地位、资源获取能力和权力地位的差距。因此，受到个人成就需求的影响，由于存在社会比较心理，管理层的薪酬差距对管理层的激励效果会好于绝对薪酬水平的激励效果。在企业的管理实践中，通过保持一定程度的高管-员工薪酬差距来激励管理层努力工作已经成为现代企业广泛采取的有效激励措施。而企业自身经营情况、企业内部薪酬制度的设计以及整个经理人市场环境与行业特征等因素直接决定了薪酬差距的大小。由于薪酬差距直接激励了公司管理层，并且管理层的决策会直接影响企业，因此高管-员工薪酬差距对管理层的影响最终会体现在公司的收入上。

基于行为理论与锦标赛理论,本书首先理论分析和实证检验了高管-员工薪酬差距对管理层收入业绩目标完成程度的影响,并分析了环境不确定性在其中的调节作用,其次探讨了高管-员工薪酬差距影响管理层收入业绩目标完成的路径,最后研究了高管-员工薪酬差距对管理层收入业绩目标"棘轮效应"的影响。此外,作为拓展,分析了管理层收入业绩目标松弛对企业风险承担、企业创新和企业股价崩盘所产生的影响。对这些问题的分析和研究,有助于对高管-员工薪酬差距与管理层收入业绩目标及其之间关系有更清晰的认识,以及进一步厘清管理层收入业绩目标松弛对公司产生影响的方式和路径。

(1)以锦标赛理论和行为理论为基础研究了高管-员工薪酬差距对管理层收入业绩目标完成程度的影响。研究发现,薪酬差距提升了管理层收入业绩目标完成程度,并且这种关系在民企、大规模企业以及强成长性企业体现得更为明显,环境不确定性在薪酬差距与管理层收入业绩目标完成程度之间发挥了正向调节作用。

(2)探索了高管-员工薪酬差距影响管理层收入业绩目标完成的路径,发现目标制定时的目标松弛行为和目标执行过程中的销售操纵行为在高管-员工薪酬差距和管理层收入业绩目标完成程度之间存在间接效应,具体表现为"遮掩效应",说明高管-员工薪酬差距抑制了目标松弛与销售操纵行为。进一步从管理效率和经营效率视角出发发现,高管-员工薪酬差距是通过增强内部控制有效性与提高全要素生产率来提升收入业绩目标完成程度的。研究表明，高管-员工薪酬差距发挥了内部治理机制作用，既能够抑制目标制定和执行过程中的代理问题，使得管理层和股东利益保持一致，又能够提升收入业绩目标完成程度，进一步证明了薪酬差距的正向激励效应观点。这些说明，薪酬差距会抑制目标制定和执行过程中的"非常规手段"从而提升收入业绩目标完成程度。

（3）管理层收入业绩目标完成情况较好的公司，管理层货币薪酬水平较高，表明管理层收入业绩目标设计产生了较强的效应。董事会在设置下一期收入业绩目标时会依据当期收入业绩目标的完成情况，管理层收入业绩目标设置存在"棘轮效应"，高管-员工薪酬差距越大，管理层收入业绩目标"棘轮效应"越强，这也进一步说明了薪酬差距为何抑制了收入业绩目标完成过程中的机会主义行为。由于收入业绩目标"棘轮效应"的存在，如果利用机会主义行为完成收入业绩目标，下一期收入业绩目标会设置得更高，上述关系在国企表现得更为明显。

（4）就管理层收入业绩目标松弛的经济后果做了拓展分析。首先，管理层收入业绩目标松弛能够提升企业的风险承担水平，驱使管理层更注重公司长期利益，证实了管理层业绩目标松弛的有益论。同时，高管薪酬激励和在职消费均抑制了管理层收入业绩目标松弛对企业风险承担的积极作用。进一步研究发现：相对于国企，管理层收入业绩目标松弛对企业风险承担的积极作用在民企更明显；薪酬激励的抑制作用在民企表现得更明显；企业风险承担水平越高，越有可能通过管理层收入业绩目标松弛来提升自身价值。

其次，管理层收入业绩目标松弛能显著抑制企业创新，但是高质量的会计信息降低了股东同管理层之间的信息不对称程度，进而削弱了管理层收入业绩目标松弛对企业创新的抑制作用。进一步按照产权性质和代理问题严重程度划分样本进行分析，发现管理层收入业绩目标松弛对企业创新的抑制作用在国企和代理问题严重的企业表现得更明显，而会计信息质量对二者的正向调节作用在民企和代理问题严重的企业表现得更明显。

最后，管理层收入业绩目标松弛会增强企业财务资源弹性、提高公司盈余质量。同时，它也会通过影响企业财务资源弹性、盈余质量间接降低公司股价崩盘风险，这在管理层制定适度的、可实现的松弛收入业绩目标时效果更显著。

# 二　政策建议

本书的研究结论丰富了高管-员工薪酬差距与管理层收入业绩目标相关理论研究与实证分析，为企业完善内部治理提供了参考。在企业寻求高质量发展的阶段，基于上述研究结论，可以提出如下政策建议。

（1）优化薪酬体系设计，强化高管激励与企业绩效挂钩。研究表明，高管-员工薪酬差距通过增强内部控制有效性和提升全要素生产率，能够显著促进收入业绩目标的完成。因此，企业应根据自身性质和发展阶段，合理设计高管薪酬与员工薪酬之间的差距，充分发挥高管-员工薪酬差距的正向激励效应。在国有企业中，可适度扩大薪酬差距，同时通过透明薪酬披露机制减轻员工的不公平感。此外，应建立动态薪酬调整机制，将高管薪酬与收入业绩目标完成情况挂钩，确保激励机制灵活有效，避免高薪低绩的现象。董事会和监事会应强化对薪酬体系的监督，确保薪酬激励与企业长期战略目标和股东利益保持一致，防范高管因短期利益驱动导致的决策偏差。

（2）完善目标管理机制，优化企业治理与控制体系。研究表明，高管-员工薪酬差距能够抑制目标松弛和销售操纵行为，增强管理层在业绩目标制定与执行中的积极性，但薪酬差距过大会加剧业绩目标设置中的"棘轮效应"，特别在国有企业中。企业可增强目标制定的科学性，平衡目标的挑战性与可实现性，避免过度强化"棘轮效应"导致管理层业绩压力过大，从而影响长期绩效。建议加强业绩目标执行过程中的监督与绩效评估，通过完善内部控制体系和采用智能化管理工具，降低目标执行中的信息不对称风险。同时，企业需灵活调整目标管理机制，根据外部环境变化和内部目标完成情况动态优化收入业绩目标，减少"棘轮效应"对管理层行为的负面影响，增强目标管理的灵活性和适应性，进一步提升整体治理效率。

（3）合理制定松弛的收入业绩目标，促进企业长期发展与创新发展。制定适度松弛的收入业绩目标能够通过增强企业的财务资源弹性和提升盈余质量，提高企业的风险承担水平，并降低股价崩盘风险，但业绩目标过度松弛可能对创新产生抑制作用。

企业应科学设定收入业绩目标松弛水平，通过数据分析和模拟测试合理分配资源，既要避免因业绩目标过度松弛而造成资源浪费和低效管理，也要留出灵活空间以应对外部环境的不确定性。业绩目标管理应注重为研发和创新项目提供支持，特别是在民营企业中，通过政策引导或财政激励推动预算资源向高潜力领域倾斜。同时，企业需加强会计信息质量建设，通过透明化的财务管理和精准的数据披露，提高通过收入业绩目标松弛所获得的资源的配置效率，进一步缓解目标松弛对创新的不利影响，并为企业的可持续发展奠定基础。

## 三　研究展望

中国上市公司管理层业绩目标松弛的研究方兴未艾，尤其是在中国企业愈加强调管理会计重要性的背景下，研究预算管理行为对公司各项经营决策的影响对于提高管理绩效和提升企业价值具有重大意义。对于本书的研究内容，未来还可以从以下方面进行深入拓展。

（1）本书从管理层营业收入目标出发，系统地研究了高管-员工薪酬差距对管理层收入业绩目标的影响，然而，股东针对管理层还设置了利润、费用等业绩目标，薪酬差距如何影响利润、费用等业绩目标完成情况尚未得到研究，未来可进一步搜集相关数据进行分析。

（2）本书从委托代理理论、锦标赛理论以及行为理论出发，探索薪酬差距对管理层收入业绩目标的影响。但是由于薪酬差距的研究是十分复杂的，本书尚未探讨薪酬差距对管理层收入业绩目标影响的其他潜在的作用机制，使得研究结论并不能展示薪酬差距影响管理层收入业绩目标的全貌，未来需要结合管理层收入业绩目标的动态调整过程全面识别薪酬差距影响管理层收入业绩目标的过程及其方式。

（3）本书没有将管理层的背景特征以及管理层团队异质性纳入研究框架中。由于管理层的学历（受教育水平）、年龄结构以及管理层的自信程度和性别等特征均会影响管理层的价值观念与行为准则，管理层由于拥有不同的背景特征而在企业组织中的合作与竞争意识存在较大的差异，其职业道德操守以及对风险的认知也会有所不同。根据管理层梯队理论，企业的收入表现一定程度是由管理层背景特征所决定的。Hambrick 和 Mason（1984）认为收入业绩目标的实施主体是管理层，因此会受到管理层的价值观、学历等特征的影响，并且他们对薪酬差距的认知也存在差异，而这影响收入业绩目标的最终完成情况。

# 参考文献

安灵，沈青青 . 2016. 高管权力、预算松弛与高管变更——基于职位壕沟效应与替代效应的经验研究 ［J］. 财会通讯，（21）：73-76.

步丹璐，白晓丹 . 2013. 员工薪酬、薪酬差距和员工离职 ［J］. 中国经济问题，（1）：100-108.

步丹璐，王晓艳 . 2014. 政府补助、软约束与薪酬差距 ［J］. 南开管理评论，（2）：23-33.

柴才，黄世忠，叶钦华 . 2017. 竞争战略、高管薪酬激励与公司业绩——基于三种薪酬激励视角下的经验研究 ［J］. 会计研究，（6）：45-52.

陈丁，张顺 . 2010. 薪酬差距与企业绩效的倒 U 型关系研究——理论模型与实证探索 ［J］. 南开经济研究，（5）：35-45.

陈汉文，黄轩昊 . 2019. 内部控制、薪酬差距与企业价值 ［J］. 厦门大学学报，（2）：60-69.

陈红兵，连玉君．2013．财务弹性对企业投资水平和投资效率的影响［J］．经济管理，（10）：109-118．

陈磊，刘春章，于君英．2015．从商业网络视角审视企业战略：基于培训行业的案例研究［J］．商业研究，（2）：135-143．

陈磊．2017．热电联产企业人力资源管理中的有效激励策略［J］．企业改革与管理，（18）：70．

陈胜蓝，魏明海．2006．投资者保护与财务会计信息质量［J］．会计研究，（10）：28-35．

陈胜蓝，刘晓玲．2018．经济政策不确定性与公司商业信用供给［J］．金融研究，（5）：172-190．

陈仕华，张章，宋冰霜．2020．何种程度的失败才是成功之母？并购失败程度对后续并购绩效的影响［J］．经济管理，42（4）：20-36．

谌新民，刘善敏．2003．上市公司经营者报酬结构性差异的实证研究［J］．经济研究，（8）：55-63．

程新生，李春荗，朱琳红．2008．参与式预算行为实验研究［J］．会计研究，（5）：53-60．

程新生，宋文洋，程菲．2012．高管员工薪酬差距、董事长成熟度与创造性产出研究［J］．南京大学学报（哲学·人文科学·社会科学版），（7）：47-59．

崔学刚，谢志华，刘辉．2011．预算功能彰显及其绩效研究——基于我国企业预算管理调查问卷的实证检验［J］．中国会计评论，（2）：173-190．

戴璐，宋迪．2018．高管股权激励合约业绩目标的强制设计对公司管理绩效的影响［J］．中国工业经济，（4）：117-136.

董理，茅宁．2013．财务弹性问题前沿研究述评与未来展望［J］．外国经济与管理，（4）：71-80.

方军雄．2009．我国上市公司高管的薪酬存在粘性吗？［J］．经济研究，（3）：110-124.

方军雄．2012．高管超额薪酬与公司治理决策［J］．管理世界，（11）：144-155.

高良谋，卢建词．2015．内部薪酬差距的非对称激励效应研究——基于制造业企业数据的门限面板模型［J］．中国工业经济，（8）：114-129.

高严．2009．预算管理研究：基于权变理论的改进［J］．财会通讯，（18）：139-141.

龚玉池．2001．公司绩效与高层更换［J］．经济研究，（10）：75-82.

顾夏铭，陈勇民，潘士远．2018．经济政策不确定性与创新——基于我国上市公司的实证分析［J］．经济研究，（2）：109-123.

顾小龙，李天钰，辛宇．2015．现金股利、控制权结构与股价崩溃风险［J］．金融研究，（7）：152-169.

郭瑾，刘志远，彭涛．2017．银行贷款对企业风险承担的影响：推动还是抑制？［J］．会计研究，（2）：42-48.

韩美妮，王福胜．2016．会计信息质量对技术创新价值效应的影

响研究 [J]．管理评论，(10)：97-110．

郝东洋．2016．产品市场竞争、内部薪酬差距与公司经营绩效 [J]．华东师范大学学报（哲学社会科学版），(1)：149-158+172．

郝颖，谢光华，石锐．2018．外部监管、在职消费与企业绩效 [J]．会计研究，(8)：42-48．

何鑫萍，戴亦一，翁若宇．2017．传统宗教、市场化进程与企业风险承担 [J]．山西财经大学学报，(3)：74-84．

贺伟，蒿坡．2014．薪酬分配差异一定会降低员工情感承诺吗——薪酬水平、绩效薪酬强度和员工多元化的调节作用 [J]．南开管理评论，(4)：13-23．

胡玲，黄速建．2012．中美上市公司高管薪酬差距与公司绩效的比较研究 [J]．经济管理，34(7)：93-102．

胡令，王靖宇．2020．产品市场竞争与企业创新效率——基于准自然实验的研究 [J]．现代经济探讨，(9)：98-106．

黄海梅．2004．浅谈企业预算松弛管理 [J]．淮阴工学院学报，(4)：60-62．

黄辉．2014．企业资本结构动态调整：一个理论框架 [J]．科学决策，(1)：42-53．

蒋荣，陈丽蓉．2007．产品市场竞争治理效应的实证研究：基于 CEO 变更视角 [J]．经济科学，(2)：102-111．

金宇超，靳庆鲁，宣扬．2016．"不作为"或"急于表现"：企业投资中的政治动机 [J]．经济研究，(10)：126-139．

孔东民，徐茗丽，孔高文 . 2017. 企业内部薪酬差距与创新 [J] . 经济研究，(10)：144-157.

雷霆，周嘉南 . 2014. 股权激励、高管内部薪酬差距与权益资本成本 [J] . 管理科学，27 (6)：12-26.

黎文靖，胡玉明 . 2012. 国企内部薪酬差距激励了谁？ [J] . 经济研究，(12)：125-136.

李健，杨蓓蓓，潘镇 . 2016. 政府补助、股权集中度与企业创新可持续性 [J] . 中国软科学，(6)：180-192.

李琦 . 2003. 上市公司高级经理人薪酬影响因素分析 [J] . 经济科学，(6)：113-127.

李绍龙，龙立荣，朱思 . 2017. 领导差异化授权对团队绩效的影响及其作用机制研究 [J] . 管理学报，(7)：1006-1014+1069.

李文贵，余明桂 . 2012. 所有权性质、市场化进程与企业风险承担 [J]. 中国工业经济，(12)：115-127.

李小荣，刘行 . 2012. CEO vs CFO：性别与股价崩盘风险 [J] . 世界经济，(12)：102-129.

李延喜，杜瑞，高锐，等 . 2007. 上市公司投资支出与融资约束敏感性研究 [J]. 管理科学，(1)：82-88.

李英，马文超 . 2020. 行业特征、金融加速与企业债务融资 [J]. 审计研究，(2)：96-105.

李增泉，卢文彬 . 2003. 会计盈余的稳健性：发现与启示 [J] . 会计研究，(2)：19-27.

李争光,赵西卜,曹丰.2015.机构投资者异质性与会计稳健性——来自中国上市公司的经验证据 [J].南开管理评论,(3):111-121.

连玉君,苏治.2009.融资约束、不确定性与上市公司投资效率 [J].管理评论,(1):19-26.

梁上坤,李炬博,陈玥.2019.公司董事联结与薪酬契约参照——中国情境下的分析框架和经验证据 [J].中国工业经济,(6):154-172.

梁彤缨,陈波,陈欣.2013.高管团队内部薪酬差距与公司绩效——基于不同薪酬水平作用下的实证研究 [J].广东商学院学报,(5):57-64.

廖冠民,吴溪.2013.收入操纵、舞弊审计准则与审计报告谨慎性 [J].审计研究,(1):103-112.

林浚清,黄祖辉,孙永祥.2003.高管团队内薪酬差距、公司绩效和治理结构 [J].经济研究,(4):31-40.

刘春,孙亮.2010.薪酬差距与企业绩效:来自国企上市公司的经验证据 [J].南开管理评论,13 (2):30-39+51.

刘浩,许楠,时淑慧.2015.内部控制的"双刃剑"作用——基于预算执行与预算松弛的研究 [J].管理世界,(12):130-145.

刘浩,许楠,张然.2014.多业绩指标竞争与事前谈判:高管薪酬合约结构的新视角 [J].管理世界,(6):110-125.

刘俊勇,叶似剑,董琦.2019.激励方案、人格特质与预算松弛——一项实验研究 [J] . 经济管理，（1）：106-121.

刘美玉，姜磊 . 2019. 高管内部薪酬差距、股权激励与投资效率 [J] . 经济问题，（6）：90-96.

刘思彤，张启銮，李延喜 . 2018. 高管内部薪酬差距能否抑制企业风险承担？[J] . 科研管理，（S1）：189-199+225.

刘文军，谢帮生 . 2017. 客户在公司隐藏坏消息中的角色：合谋者抑或监督者？[J] . 产业经济研究，（3）：104-115.

刘元玲 . 2016. 企业预算松弛与管理层短期行为的关系研究 [J] . 商业会计，（12）：43-45.

刘志强，余明桂 . 2009. 投资者法律保护、产品市场竞争与现金股利支付力度——来自中国制造业上市公司的经验证据 [J] . 管理学报，（8）：1090-1097+1103.

刘志强 . 2015. 产品市场竞争、高管薪酬-业绩敏感性与公司价值 [J] . 经济问题探索，（7）：183-190.

刘志远，王存峰，彭涛 . 2017. 政策不确定性与企业风险承担：机遇预期效应还是损失规避效应 [J] . 南开管理评论，（6）：15-27.

柳佳 . 2017. 棘轮效应下的预算松弛及对业绩评价影响的研究 [J] . 时代经贸，（16）：19-21.

龙小海，田存志，段万春 . 2009. 委托代理：经营者行为、会计信息鉴证和投资者 [J]. 经济研究，（9）：140-151.

卢馨，郑阳飞，李建明 . 2013. 融资约束对企业投资的影响研究——来自中国高新技术上市公司的经验证据 [J] . 会计研究，（5）：51-58.

鲁海帆．2009.企业高级管理层薪酬差距与心理契约［J］.生产力研究，（5）：142-143.

鲁海帆．2011.高管团队内薪酬差距、风险与公司业绩——基于锦标赛理论的实证研究［J］.经济管理，（12）：93-99.

鲁晓东，连玉君．2012.中国工业企业全要素生产率估计：1999—2007［J］.经济学（季刊），（2）：541-558.

陆正飞．2012.董事会和经理层的业绩考核与薪酬制定——美国经验［J］.财会学习，（5）：13-15.

吕巍，张书恺．2015.高管薪酬差距对企业研发强度的影响——基于锦标赛理论的视角［J］.软科学，29（1）：1-5+10.

罗彪，李嘉玲．2012.子公司绩效目标虚减操纵行为与激励机制对策研究［J］.中国管理科学，（4）：125-135.

雒敏．2010.公司特征、预算松弛与盈余管理［J］.经济管理，（4）：129-137.

雒敏．2011.国家控制、债务融资与大股东利益侵占——基于沪深两市上市公司的经验证据［J］.山西财经大学学报，（3）：107-115.

马春爱，张亚芳．2013.财务弹性与公司价值的关系［J］.系统工程，（11）：35-39.

马德林，杨英．2015.股权结构、债务约束与高管薪酬——以2008—2013年上市公司为例［J］.审计与经济研究，（2）：72-82.

马凯敏.2020.高管薪酬差距与公司绩效的实证研究——以信息
　　技术行业上市公司为例［J］.经济师,(9):112-114.

马勇.2004.全面预算管理失效的原因及其改进建议［J］.河南
　　金融管理干部学院学报,(1):96-97.

缪毅,胡奕明.2014.产权性质、薪酬差距与晋升激励［J］.南
　　开管理评论,(4):4-12.

缪毅,胡奕明.2016.内部收入差距、辩护动机与高管薪酬辩护
　　［J］.南开管理评论,(2):32-41.

牛建波,李胜楠,杨育龙.2019.高管薪酬差距、治理模式和企
　　业创新［J］.管理科学,(2):77-93.

潘飞,程明.2006.预算目标、薪酬契约与经理人激励［C］.中
　　国会计学会2006年学术年会论文集.

潘飞,程明.2007.预算松弛的影响因素与经济后果——来自我
　　国上市公司的经验证据［J］.财经研究,(6):55-66.

潘飞,程明,汪婧.2008.上市公司预算松弛的影响因素及其对
　　公司业绩的影响［J］.中国管理科学,(4):111-119.

任广乾.2017.国有企业高管超额薪酬的实现路径及其约束机制
　　研究［J］.西南大学学报(社会科学版),(2):65-73.

阮素梅,杨善林,张琛.2013.管理层激励、资本结构与上市公
　　司价值创造［J］.经济理论与经济管理,(7):70-80.

邵剑兵,李威.2017.高管薪酬差距促进企业战略变革么?基于中
　　国基金行业的实证研究［J］.首都经济贸易大学学报,(1):
　　87-95.

盛明泉，戚昊辰．2014．高管薪酬差距与资本结构动态调整研究［J］．商业经济与管理，（12）：32-38．

石永拴，杨红芬．2013．高管团队内外部薪酬差距对公司未来绩效影响的实证研究［J］．经济经纬，（1）：104-108．

宋岩．2001．构建我国企业高级管理人员报酬计划的基本框架［J］．经济师，（4）：54-56．

苏坤．2015．管理层股权激励、风险承担与资本配置效率［J］．管理科学，（3）：14-25．

孙蔓莉，肖芸，申世宏．2018．业绩归因与盈余管理的"复合式"操纵研究——以厦华电子为例［J］．会计研究，（6）：26-31．

唐清泉，徐欣，曹媛．2009．股权激励、研发投入与企业可持续发展——来自中国上市公司的证据［J］．山西财经大学学报，（8）：77-84．

佟爱琴，陈蔚．2017．产权性质、管理层权力与薪酬差距激励效应——基于政府补助的中介作用［J］．管理科学，（2）：106-118．

王斌，李苹莉．2001．关于企业预算目标确定及其分解的理论分析［J］．会计研究，（8）：43-47．

王桂萍．2005．"人本"思想在预算管理中的运用［J］．中南民族大学学报（人文社会科学版），（S1）：163-164．

王建军，刘红霞．2015．高管团队内部薪酬差距对投资效率影响的实证研究——以 A 股国有上市公司为例［J］．北京工商大学学报（社会科学版），（30）：67-74.

王宣人.2011.公司治理与内部控制相互关系研究［J］.商业经济，（8）：18-19.

王燕妮.2011.高管激励对研发投入的影响研究——基于我国制造业上市公司的实证检验［J］.科学学研究，（7）：1071-1078.

魏芳，耿修林.2018.高管薪酬差距的阴暗面——基于企业违规行为的研究［J］.经济管理，（3）：57-73.

温忠麟，侯杰泰，张雷.2005.调节效应与中介效应的比较和应用［J］.心理学报，（2）：268-274.

文彤，李思敏，苏海洋.2022.动机、成本、风险：家长视角下研学旅游产品价值感知研究［J］.热带地理，（10）：1677-1689.

吴成颂，周炜.2016.高管薪酬限制、超额薪酬与企业绩效——中国制造业数据的实证检验与分析［J］.现代财经（天津财经大学学报），（9）：75-87.

吴粒，王芳芳，袁知柱.2012.报酬方案和资源分配对预算松弛影响的实验研究：基于调整型资源分配方式的一个检验［J］.南开管理评论，15（2）：151-160.

吴粒.2012.预算责任者声誉与道德认知对有限预算松弛影响的研究［D］.东北大学博士学位论文.

吴联生，林景艺，王亚平.2010.薪酬外部公平性、股权性质与公司业绩［J］.管理世界，（3）：117-126.

夏宁，董艳．2014. 高管薪酬、员工薪酬与公司的成长性——基于中国中小上市公司的经验数据［J］．会计研究，（9）：89-95.

谢德仁．2004. 经理人激励的业绩基础选择：理论分析与经验证据［J］．会计研究，（7）：55-60.

谢获宝，惠丽丽．2014. 代理问题、公司治理与企业成本粘性——来自我国制造业企业的经验证据［J］．管理评论，（12）：142-159.

解维敏，唐清泉．2013. 公司治理与风险承担——来自中国上市公司的经验证据［J］．财经问题研究，（1）：91-97.

解维敏．2015. 我国激励企业技术创新的税收政策研究［J］．中国管理信息化，（11）：151-153.

解维敏．2017. 锦标赛激励促进还是抑制企业创新？［J］．中国软科学，（10）：104-113.

熊婷，程博．2017. 高管团队薪酬差距与企业过度投资［J］．软科学，31（1）：101-104.

徐飞，花冯涛，李强谊．2019. 投资者理性预期、流动性约束与股价崩盘传染研究［J］．金融研究，（6）：169-187.

许云．2006. 预算管理研究：历史、本质与预算松弛［D］．厦门大学博士学位论文．

玄文琪．2012. 薪酬公平性视角下的公司治理研究——以盈余管理行为为例［J］．财政监督，（23）：23-24.

晏艳阳，乔嗣佳，苑莹．2015. 高管薪酬激励效果——基于投资-

现金流敏感度的分析［J］.中国工业经济，(6)：122-134.

杨婵，贺小刚，朱丽娜.2017.垂直薪酬差距与新创企业的创新精神［J］.财经研究，43（7）：32-44+69.

杨薇，孔东民.2019.企业内部薪酬差距与人力资本结构调整［J］.金融研究，(6)：150-168.

杨有红，胡燕.2004.试论公司治理与内部控制的对接［J］.会计研究，(10)：14-18.

杨志强，王华.2014.公司内部薪酬差距、股权集中度与盈余管理行为——基于高管团队内和高管与员工之间薪酬的比较分析［J］.会计研究，(6)：57-65.

叶建芳，何开刚，沈宇星.2014.预算考评、企业性质与CEO变更——基于我国A股市场的实证研究［J］.会计研究，(8)：45-51.

于富生，张颖.2013.薪酬差距与盈余管理［J］.经济问题，(4)：112-117.

于增彪，张双才.2004.企业集团业绩评价系统设计［J］.新理财，(10)：20-26.

于增彪.2014.追寻管理会计的灵性［J］.财务与会计，(11)：7-8.

余明桂，李文贵，潘红波.2013.管理者过度自信与企业风险承担［J］.金融研究，(1)：149-163.

余思明，唐建新，孙辉东.2019.管理层业绩目标松弛、高管激励与企业风险承担水平［J］.预测，(6)：24-31.

余思明，唐建新，孙辉东 . 2020. 管理层业绩目标、内部控制有效性与财务舞弊 ［J］. 预测，（3）：50-57.

余绪缨 . 1990. 试论现代管理会计中行为科学的引进与应用问题 ［J］. 厦门大学学报（哲学社会科学版），（4）：22-28.

余绪缨 . 1999. 弘扬传统文化的精华 促进社会主义市场经济健康发展 ［J］. 中国经济问题，（4）：1-6.

俞震，冯巧根 . 2010. 薪酬差距：对公司盈余管理与经营绩效的影响 ［J］. 学海，（1）：118-123.

翟淑萍，毕晓方，李欣 . 2017. 薪酬差距激励了高新技术企业创新吗？［J］. 科学决策，（6）：1-28.

翟月雷 . 2010. 基于契约观的预算松弛治理研究 ［D］. 东北财经大学博士学位论文 .

张必武，石金涛 . 2005. 董事会特征、高管薪酬与薪绩敏感性——中国上市公司的经验分析 ［J］. 管理科学，（4）：32-39.

张朝宓，卓毅，董伟，等 . 2004. 预算松弛行为的实验研究 ［J］. 管理科学学报，（3）：46-53.

张洪辉，章琳一 . 2016. 产权差异、晋升激励与企业风险承担 ［J］. 经济管理，38（5）：110-121.

张会丽，吴有红 . 2012. 超额现金持有水平与产品市场竞争优势——来自中国上市公司的经验证据 ［J］. 金融研究，（2）：183-195.

张丽平，杨兴全，陈旭东 . 2013. 管理者权力、内部薪酬差距与

公司价值 [J]. 经济与管理研究, (5): 5-17.

张敏, 童丽静, 许浩然 .2015. 社会网络与企业风险承担——基于我国上市公司的经验证据 [J]. 管理世界, (11): 161-175.

张鸣, 陈震 .2006. 高管报酬隐性激励的实证研究 [J]. 财经研究, (3): 56-63.

张蕊, 管考磊 .2016. 高管薪酬差距会诱发侵占型职务犯罪吗? 来自中国上市公司的经验证据 [J]. 会计研究, (9): 47-54.

张锡惠, 迈克尔·T. 佩茨, 陈磊 .2018. 棘轮式预算和棘轮效应: 预算如何影响员工绩效和动机? [J]. 中国管理会计, (1): 96-101.

张先治, 翟月雷 .2009. 基于风险偏好的报酬契约与预算松弛研究 [J]. 财经问题研究, (6): 72-79.

张璇, 郑乔乔, 赵惠芳 .2017. 内部控制对国有企业高管薪酬业绩敏感性的影响研究——基于国有企业分类改制的背景 [J]. 华东经济管理, 31 (1): 115-125.

张祎, 宋效中 .2017. 员工预算松弛诱因与影响机制 [J]. 经济问题, (6): 85-90.

张泽南, 马永强 .2014. 市场化进程、薪酬差距与盈余管理方式选择 [J]. 山西财经大学学报, (7): 91-104.

张昭, 马草原, 王爱萍 .2020. 资本市场开放对企业内部薪酬差距的影响——基于"沪港通"的准自然实验 [J]. 经济管理, 42

（6）：172-191.

张正堂.2007.高层管理团队协作需要、薪酬差距和企业绩效：竞赛理论的视角［J］.南开管理评论，（2）：4-11.

张正堂.2008.企业内部薪酬差距对组织未来绩效影响的实证研究［J］.会计研究，（9）：81-87.

赵息，张西栓.2013.内部控制、高管权力与并购绩效——来自中国证券市场的经验证据［J］.南开管理评论，（2）：75-81.

郑石桥，王建军，冯莉.2008.资本预算方法的选择：一个权变理论基础的实证研究［J］.北京工商大学学报（社会科学版），（2）：67-71.

郑石桥，徐国强，邓柯，等.2009.内部控制结构类型、影响因素及效果研究［J］.审计研究，（1）：81-86.

郑石桥，丁凤.2010.声誉、预算差异调查对预算松弛影响研究［J］.会计之友（中旬刊），（10）：99-102.

钟熙，宋铁波，陈伟宏.2019.高管团队薪酬差距、董事会监督能力与企业研发投入［J］.证券市场导报，（7）：32-41.

周静，辛清泉.2017.金字塔层级降低了国有企业的政治成本吗？基于经理激励视角的研究［J］.财经研究，43（1）：29-40.

周权雄，朱卫平.2010.国企锦标赛激励效应与制约因素研究［J］.经济学（季刊），（1）：571-596.

朱红军.2002.大股东变更与高级管理人员更换：经营业绩的作

用［J］. 会计研究，（9）：31-40.

祝红月.2003. 浅析企业预算松弛［J］. 经济工作导刊，（13）：37-38.

Acemoglu D. 1997. Training and innovation in an imperfect labour market［J］. *The Review of Economic Studies*, 64（3）：445-464.

Acharya V V, Amihud Y, Litov L. 2011. Creditor rights and corporate risk-taking［J］. *Journal of Financial Economics*, 102（1）：150-166.

Agrawal A, Knoeber C R. 1996. Firm performance and mechanisms to control agency problems between managers and shareholders［J］. *Journal of Financial and Quantitative Analysis*, 31（3）：377-397.

Almeida H, Campello M. 2007. Financial constraints, asset tangibility, and corporate investment［J］. *The Review of Financial Studies*, 20（5）：1429-1460.

Anderson S W, Dekker H C, Sedatole K L. 2010. An empirical examination of goals and performance-to-goal following the introduction of an incentive bonus plan with participative goal setting［J］. *Management Science*, 56（1）：90-109.

Anthony R N, Govindarajan V. 2000. *Management Control Systems*［M］. McGraw-Hill/Irwin.

Antle R, Fellingham J. 1990. Resource rationing and organizational slack in a two-period model [ J ] . *Journal of Accounting Research*, 28 (1): 1–24.

Arce E. 2017. The moral economy of Los Angeles restaurant workers [ R ] . University of California, Santa Barbara.

Argyris C. 1952. Diagnosing defenses against the outsider [ J ] . *Journal of Social Issues*, 8 (3): 24–34.

Argyris C. 1977. Double loop learning in organizations [ J ]. *Harvard Business Review*, 55 (5): 115–125.

Arnold T, Fishe R P H, Schwartz A. 2012. Salary inversion in business schools: Does a rising tide lift all boats? [ J ]. *Journal of Financial Education*, 38 (3/4): 1–17.

Arthurs J D, et al. 2008. Managerial agents watching other agents: Multiple agency conflicts regarding underpricing in IPO firms [ J ] . *Academy of Management Journal*, 51 (2): 277–294.

Baiman S, Evans J H. 1983. Pre-decision information and participative management control systems [ J ] . *Journal of Accounting Research*, 21 (2): 371–395.

Baiman S. 1990. Agency research in managerial accounting: A second look [ J ] . *Accounting, Organizations and Society*, 15 (4): 341–371.

Baker S R, Bloom N, Davis S J. 2016. Measuring economic policy uncertainty [ J ] . *The Quarterly Journal of Economics*, 131 (4): 1593–1636.

Baker W E, Faulkner R R, Fisher G A. 1998. Hazards of the market: The continuity and dissolution of interorganizational market relationships [J]. *American Sociological Review*, 63 (2): 147-177.

Balkin D B, Markman G D, Gomez-Mejia L R. 2000. Is CEO pay in high-technology firms related to innovation? [J]. *Academy of Management Journal*, 43 (6): 1118-1129.

Ball R, Kothari S P, Robin A. 2000. The effect of international institutional factors on properties of accounting earnings [J]. *Journal of Accounting and Economics*, 2 (1): 1-51.

Balseiro S, et al. 2017. Budget management strategies in repeated auctions [C]. Proceedings of the 26th International Conference on World Wide Web.

Barsky A. 2008. Understanding the ethical cost of organizational goal-setting: A review and theory development [J]. *Journal of Business Ethics*, 81 (1): 63-81.

Bates T W, Kahle K M, Stulz R M. 2009. Why do US firms hold so much more cash than they used to? [J]. *The Journal of Finance*, 64 (5): 1985-2021.

Becker B E, Huselid M A. 1992. Direct estimates of SDy and the implications for utility analysis [J]. *Journal of Applied Psychology*, 77 (3): 227-233.

Berend I T. 2006. Transforming central Europe and the impact of globalization [J] . *História e Economia*, 2 (1): 33-54.

Berle A A, Means G C. 1932. *The Modern Corporation and Private Property* [M] . Transaction Publishers.

Bingley P, Eriksson T V. 2001. Pay spread and skewness, employee effort and firm productivity [R] .

Bleck A, Liu X. 2007. Market transparency and the accounting regime [J] . *Journal of Accounting Research*, 45 (2): 229-256.

Bloom M, Michel J G. 2002. The relationships among organizational context, pay dispersion and among managerial turnover [J] . *Academy of Management Journal*, 45 (1): 33-42.

Bloom M. 1999. The performance effects of pay dispersion on individuals and organizations [J] . *Academy of Management Journal*, 42 (1): 25-40.

Bol J C, Keune T M, Matsumura E M, et al. 2010. Supervisor discretion in target setting: An empirical investigation [J] . *The Accounting Review*, 85 (6): 1861-1886.

Bonner S E, Sprinkle G B. 2002. The effects of monetary incentives on effort and task performance: Theories, evidence, and a framework for research [J] . *Accounting, Organizations and Society*, 27 (4-5): 303-345.

Boone A L, et al. 2007. The determinants of corporate board size and composition: An empirical analysis [J] . *Journal of Financial*

Economics, 85（1）: 66-101.

Bourgeois Ⅲ L J. 1981. On the measurement of organizational slack [J] . *Academy of Management Review*, 6（1）: 29-39.

Bouwens J, Kroos P. 2011. Target ratcheting and effort reduction [J] . *Journal of Accounting and Economics*, 51（1-2）: 171-185.

Brickley J A, Coles J L, Jarrell G. 1997. Leadership structure: Separating the CEO and chairman of the board [J] . *Journal of Corporate Finance*, 3（3）: 189-220.

Brown K W, Ryan R M. 2003. The benefits of being present: Mindfulness and its role in psychological well-being [J]. *Journal of Personality and Social Psychology*, 84（4）: 822-848.

Brownell P, McInnes M. 1986. Budgetary participation, motivation, and managerial performance [J] . *Accounting Review*, 61（4）: 587-600.

Brownell P. 1982. A field study examination of budgetary participation and locus of control [J] . *Accounting Review*, 57（10）: 766-777.

Bull J. 2009. Third-party budget breakers and side contracting in team production [R] .

Bushman R M, Indjejikian R J. 1993. Accounting income, stock price, and managerial compensation [J] . *Journal of Accounting and Economics*, 16（3）: 3-23.

Bushman R M, Smith A J, Wittenberg-Moerman R. 2010. Price discovery and dissemination of private information by loan syndicate participants [J]. *Journal of Accounting Research*, 48 (5): 921-972.

Bushman R M, Smith A J. 2001. Financial accounting information and corporate governance [J]. *Journal of Accounting and Economics*, 32 (1-3): 237-333.

Buzzi L, Cassandro M, Ledezma S. 2014. The relationship between budgetary participation, budgetary slack, and performance: The role of information asymmetry [J]. *Journal of Accounting and Organizational Change*, 10 (2): 184-202.

Byoun S. 2008. How and when do firms adjust their capital structures toward targets? [J]. *The Journal of Finance*, 63 (6): 3069-3096.

Caiden N. 1978. Patterns of budgeting [J]. *Public Administration Review*, 38 (6): 539-544.

Cain M D, McKeon S B. 2016. CEO personal risk-taking and corporate policies [J]. *Journal of Financial and Quantitative Analysis*, 51 (1): 139-164.

Cammann C. 1976. Effects of the use of control systems [J]. *Accounting, Organizations and Society*, 1 (4): 301-313.

Carpenter M A, Sanders W M G. 2002. Top management team compensation: The missing link between CEO pay and firm performance? ［J］. *Strategic Management Journal*, 23 （4）: 367–375.

Carter M R, Zimmerman F J. 2000. The dynamic cost and persistence of asset inequality in an agrarian economy ［J］. *Journal of Development Economics*, 63 （2）: 265–302.

Casas–Arce P C, Indjejikian R, Matějka M. 2013. Information asymmetry and the choice of financial and nonfinancial performance targets during an economic downturn ［J］. *SSRN Electronic Journal*.

Caves R E, et al. 1993. Fat: The displacement of nonproduction workers from US manufacturing industries ［J］. *Brookings Papers on Economic Activity*: *Microeconomics*, 4 （2）: 227–288.

Chai S, Kim M, Rao H R. 2011. Firms' information security investment decisions: Stock market evidence of investors' behavior ［J］. *Decision Support Systems*, 50 （4）: 651–661.

Chaney N K, Ray A B, John A. 1923. The properties of activated carbon which determine its industrial applications ［J］. *Industrial & Engineering Chemistry*, 15 （12）: 1244–1255.

Chen C C, Chuang C J, Kuo T S, et al. 2018. Relationship between player performance and salary in a professional baseball league ［J］. *European Journal of Physical Education and Sport Science*, 4 （3）: 10. 46827.

Chen S, Chen X, Cheng Q. 2014. Conservatism and equity

ownership of the founding family [ J ]. *European Accounting Review*, 23 (3): 403-430.

Chester I. 1938. The role of rationality in economic behavior [ J ] . *Accounting, Organizations and Society*, 3 (1): 65-76.

Chirinko R S, Fazzari S M. 1988. Tobin's Q, non-constant returns to scale, and imperfectly competitive product markets [ J ] . *Recherches Économiques de Louvain/Louvain Economic Review*, 54 (3): 259-275.

Choi H, Varian H. 2012. Predicting the present with google trends [J]. *Economic Record*, 88 (S1): 2-9.

Choi K W. 2017. College education and salary in major league baseball: Does college education lead to higher salaries for major league baseball players? [ R ]. California State University, Fullerton.

Chong K M, Mahama H. 2014. The impact of interactive and diagnostic uses of budgets on team effectiveness [ J ] . *Management Accounting Research*, 25 (3): 206-222.

Chow C W, Cooper J C, Waller W S. 1988. Participative budgeting: Effects of a truth - inducing pay scheme and information asymmetry on slack and performance [ J ]. *Accounting Review*, 63 (1): 111-122.

Chow C W, Shields M D, Chan Y K. 1991. The effects of management controls and national culture on manufacturing performance: An experimental investigation [J]. *Accounting, Organizations and Society*, 16 (3): 209-226.

Chow G, Kritzman M. 2001. Risk budgets [J]. *Journal of Portfolio Management*, 27 (2): 56-60.

Chrisman J J, Chua J H, Kellermanns F W, et al. 2007. Are family managers agents or stewards? An exploratory study in privately held family firms [J]. *Journal of Business Research*, 60 (10): 1030-1038.

Christensen J. 1982. The determination of performance standards and participation [J]. *Journal of Accounting Research*, (20): 589-603.

Clifford S. 2017. *The CEO Pay Machine: How It Trashes America and How to Stop It* [M]. Penguin.

Clinch G. 1991. Employee compensation and firms' research and development activity [J]. *Journal of Accounting Research*, 29 (1): 59-78.

Clor-Proell S M, Kaplan S E, Proell C A. 2015. The impact of budget goal difficulty and promotion availability on employee fraud [J]. *Journal of Business Ethics*, 131 (4): 773-790.

Collins F. 1978. The interaction of budget characteristics and personality variables with budgetary response attitudes [J]. *The Accounting Review*, 53 (2): 324-335.

Connelly J. 2012. The ways in which the introduction of new public management (NPM) type evaluation [J]. *Journal of Policy Analysis and management*, 16 (3): 446-462.

Cook G L, Eining M M. 1993. Will cross functional information systems work? [J]. *Strategic Finance*, 74 (8): 53.

Core J E, Holthausen R W, Larcker D F. 1999. Corporate governance, chief executive officer compensation, and firm performance [J]. *Journal of Financial Economics*, 51 (3): 371-406.

Cowherd D M, Levine D I. 1992. Product quality and pay equity between lower-level employees and top management: An investigation of distributive justice theory [J]. *Administrative Science Quarterly*, 37: 302-320.

Crosby F. 1976. A model of egoistical relative deprivation [J]. *Psychological Review*, 83 (2): 85.

Cyert R M, March J G. 1963. *A Behavioral Theory of the Firm* [M]. Social Science Electronic Publishing.

De Fond M L, et al. 2015. Does mandatory IFRS adoption affect crash risk? [J]. *The Accounting Review*, 90 (1): 265-299.

De Long J B, Summers L H. 1991. Equipment investment and economic growth [J]. *The Quarterly Journal of Economics*, 106 (2): 445-502.

De Varo J. 2006. Strategic promotion tournaments and worker performance [J]. *Strategic Management Journal*, 27 (8):

721-740.

Dechow P M, Dichev I D. 2002. The quality of accruals and earnings: The role of accrual estimation errors [ J ] . *The Accounting Review*, 77 (S-1): 35-59.

Dechow P M, et al. 2011. Predicting material accounting misstatements [ J ] . *Contemporary Accounting Research*, 28 (1): 17-82.

Dekker R, Bloemhof J, Mallidis I. 2012. Operations research for green logistics: An overview of aspects, issues, contributions and challenges [ J ] . *European Journal of Operational Research*, 219 (3): 671-679.

Dent J F. 1990. Strategy, organization and control: Some possibilities for accounting research [ J ] . *Accounting, Organizations and Society*, 15 (1-2): 3-25.

Devine T J. 1994. Changes in wage-and-salary returns to skill and the recent rise in female self - employment [ J ]. *The American Economic Review*, 84 (2): 108-113.

Dickens W, Katz L F. 1987. Inter-industry wage differences and theories of wage determination [ R ] .

Dornstein M. 1991. Conceptions of fair pay: Theoretical perspectives and empirical research [ R ] .

Doukas J A, McKnight P J. 2005. European momentum strategies, information diffusion, and investor conservatism [ J ] . *European*

*Financial Management*, 11 (3): 313-338.

Dunk A S, Nouri H. 1998. Antecedents of budgetary slack: A literature review and synthesis [J]. *Journal of Accounting Literature*, 17: 72-96.

Dunk A S. 1993. The effect of budget emphasis and information asymmetry on the relation between budgetary participation and slack [J]. *Accounting Review*, 68 (2): 400-410.

Eisenhardt K M. 1989. Building theories from case study research [J]. *Academy of Management Review*, 14 (4): 532-550.

Evans J H, Hannan R L, Krishnan R, et al. 2001. Honesty in managerial reporting [J]. *The Accounting Review*, 76 (4): 537-559.

Faccio M, Marchica M - T, Mura R. 2011. Large shareholder diversification and corporate risk - taking [J]. *The Review of Financial Studies*, 24 (11): 3601-3641.

Faleye O, Hoitash R, Hoitash U. 2018. Industry expertise on corporate boards [J]. *Review of Quantitative Finance and Accounting*, 50: 441-479.

Fama E F. 1980. Agency problems and the theory of the firm [J]. *Journal of Political Economy*, 88 (2): 288-307.

Feroz E H, Park K, Pastena V S. 1991. The financial and market effects of the SEC's accounting and auditing enforcement releases [J]. *Journal of Accounting Research*, 29: 107-142.

Festinger L. 1954. A theory of social comparison processes ［J］. *Human Relations*, 7: 117-140.

Firth M, Fung P M Y, Rui O M. 2006. Corporate performance and CEO compensation in China ［J］. *Journal of Corporate Finance*, 12 (4): 693-714.

Fisher J G, et al. 2002. Using budgets for performance evaluation: Effects of resource allocation and horizontal information asymmetry on budget proposals, budget slack, and performance ［J］. *The Accounting Review*, 77 (4): 847-865.

Flamholtz E G. 1983. Accounting, budgeting and control systems in their organizational context: Theoretical and empirical perspectives ［J］. *Accounting, Organizations and Society*, 8 (2-3): 153-169.

Frederickson J R. 1992. Relative performance information: The effects of common uncertainty and contract type on agent effort ［J］. *The Accounting Review*, 67 (4): 647-669.

Fredrickson J W, Davis-Blake A, Sanders W M G. 2010. Sharing the wealth: Social comparisons and pay dispersion in the CEO's top team ［J］. *Strategic Management Journal*, 31 (10): 1031-1053.

Fried Y, Slowik L H. 2004. Enriching goal-setting theory with time: An integrated approach ［J］. *Academy of Management Review*, 29 (3): 404-422.

Gachter S, Fehr E. 2002. Fairness in the labor market: A survey of experimental results [J]. Working Paper, University of Zurich.

Galinsky A D, Mussweiler T, Medvec V H. 2002. Disconnecting outcomes and evaluations: The role of negotiator focus [J]. *Journal of Personality and Social Psychology*, 83 (5): 1131-1140.

Garrison R H. 2006. Management control systems [J]. *Accounting, Organizations and Society*, 12 (4): 387-398.

Gerhart B, Rynes S. 2003. *Compensation: Theory, Evidence, and Strategic Implications* [M]. Sage.

Graham J R, Harvey C R, Rajgopal S. 2005. The economic implications of corporate financial reporting [J]. *Journal of Accounting and Economics*, 40 (1-3): 3-73.

Greenberg P S, Greenberg R H, Nouri H. 1994. Participative budgeting: A meta-analytic examination of methodological moderators [J]. *Journal of Accounting Literature*, 13: 117.

Grinyer J R. 1986. An alternative to maximisation of shareholders' wealth in capital budgeting decisions [J]. *Accounting and Business Research*, 16: 319-326.

Guo H, Xu E, Jacobs M. 2014. Managerial political ties and firm performance during institutional transitions: An analysis of mediating mechanisms [J]. *Journal of Business Research*, 67 (2): 116-127.

Gupta N, Conroy S A, Delery J E. 2012. The many faces of pay variation [J]. *Human Resource Management Review*, 22: 100-115.

Gupta V K, Mortal S C, Guo X. 2018. Revisiting the gender gap in CEO compensation: Replication and extension of Hill, Upadhyay, and Beekun's (2015) work on CEO gender pay gap [J]. *Strategic Management Journal*, 39 (7): 2036-2050.

Hall B H, Lerner J. 2010. The financing of R&D and innovation [J]. *Handbook of the Economics of Innovation*, 1 (8): 609-639.

Hambrick D C, Mason P A. 1984. Upper echelons: The organization as a reflection of its top managers [J]. *Academy of Management Review*, 9 (2): 193-206.

Hannan L, Rankin F, Towry K L. 2010. Flattening the organization: The effect of organizational reporting structure on budgeting effectiveness [J]. *Review of Accounting Studies*, 15: 503-536.

Hannant K, Jetnikoff A. 2015. Investigating a disciplinary approach to literacy learning in a secondary school [J]. *Literacy Learning: The Middle Years*, 23 (3): 28-37.

Henderson A D, Fredrickson J W. 2001. Top management team coordination needs and the CEO pay gap: A competitive test of economic and behavioral views [J]. *Academy of Management Journal*, 44 (1): 96-117.

Hofstede G H, Knight K. 1969. The game of budget control [ J ]. *Journal of the Operational Research Society*, 20 (3): 388-390.

Holmström B. 1979. Moral hazard and observability [ J ] . *The Bell Journal of Economics*, 10 (1): 74-91.

Holmström B. 1982. Moral hazard in teams [ J ] . *The Bell Journal of Economics*, 13 (2): 324-340.

Holmström B. 1999. Managerial incentive problems: A dynamic perspective [ J ] . *The Review of Economic Studies*, 66 (1): 169-182.

Holthausen R W, Larcker D F, Sloan R G. 1995. Annual bonus schemes and the manipulation of earnings [ J ] . *Journal of Accounting and Economics*, 19: 29-74.

Hong H A , Kim J, Welker M. 2017. Divergence of cash flow and voting rights, opacity, and stock price crash risk: International evidence [ J ] . *Journal of Accounting Research*, 55 (5): 1167-1212.

Hopwood A G. 1972. An empirical study of the role of accounting data in performance evaluation [ J ] . *Journal of Accounting Research*, 10: 156-182.

Hutton A P, Marcus A J, Tehranian H. 2009. Opaque financial reports, $R^2$, and crash risk [ J ] . *Journal of Financial Economics*, 94 (1): 67-86.

Hutton T A. 2009. *The New Economy of the Inner City*:

*Restructuring, Regeneration and Dislocation in the 21st Century Metropolis* [M]. Routledge.

Iaquinto A L, Fredrickson J W. 1997. Top management team agreement about the strategic decision process: A test of some of its determinants and consequences [J]. *Strategic Management Journal*, 18 (1): 63-75.

Ijiri Y, Kinard J C, Putney F B. 1968. An integrated evaluation system for budget forecasting and operating performance with a classified budgeting bibliography [J]. *Journal of Accounting Research*, 6 (1): 1-28.

Indjejikian R J, Matějka M, Merchant K A, et al. 2014a. Earnings targets and annual bonus incentives [J]. *The Accounting Review*, 89 (4): 1227-1258.

Indjejikian R J, Matějka M, Schloetzer J D. 2014b. Target ratcheting and incentives: Theory, evidence, and new opportunities [J]. *The Accounting Review*, 89 (4): 1259-1267.

Indjejikian R, Nanda D. 1999. Dynamic incentives and responsibility accounting [J]. *Journal of Accounting and Economics*, 27: 177-201.

Indjejikian R J, Nanda D. 2002. Executive target bonuses and what they imply about performance standards [J]. *The Accounting Review*, 77 (4): 793-819.

Ittner C D, Larcker D F, Rajan M V. 1997. The choice of

performance measures in annual bonus contracts [J] . *The Accounting Review*, 72 (2): 231-255.

Ittner C D, Larcker D F. 2001. Assessing empirical research in managerial accounting: A value-based management perspective [J] . *Journal of Accounting and Economics*, 32: 349- 410.

Jegadeesh N, Kim J, Krische S D, et al. 2004. Analyzing the analysts: When do recommendations add value? [J] . *The Journal of Finance*, 59: 1083-1124.

Jensen M C, Meckling W H. 1976. Theory of the firm: Managerial behavior, agency costs and ownership structure [J] . *Journal of Financial Economics*, 3 (4): 305-360.

Jensen M C, Murphy K J. 1990. Performance pay and top-management incentives [J] . *Journal of Political Economy*, 98 (2): 225-264.

Jensen M C. 2001. *Foundations of Organizational Strategy* [M]. Harvard University Press.

Jensen M C. 2002. Corporate budgeting is broken, let's fix it [R] .

Jensen G. 2003. Zen and the art of budget management: The New Zealand treasury [M] // in *Controlling Public Expenditure: The Changing Roles of Central Budget Agencies*. Better Guardians.

Jessen M. 1993. Stress conditions on vowel quality and quantity in German [J] . *Working Papers of the Cornell Phonetics Laboratory*, 8: 1-27.

Jin L, Myers S C. 2006. R$^2$ around the world: New theory and new tests [J]. *Journal of Financial Economics*, 79 (2): 257-292.

Jirjahn U. 2010. Works councils and employment growth in German establishments [J]. *Cambridge Journal of Economics*, 34 (3): 475-500.

John K, Litov L, Yeung B. 2008. Corporate governance and risk-taking [J]. *The Journal of Finance*, 63 (4): 1679-1728.

Kafouros M I. 2008. Economic returns to industrial research [J]. *Journal of Business Research*, 61 (8): 868-876.

Kempf A, Ruenzi S, Thiele T. 2009. Employment risk, compensation incentives, and managerial risk taking: Evidence from the mutual fund industry [J]. *Journal of Financial Economics*, 92 (1): 92-108.

Kim J, Zhang L. 2016a. Accounting conservatism and stock price crash risk: Firm-level evidence [J]. *Contemporary Accounting Research*, 33 (1): 412-441.

Kim C, Zhang L. 2016b. Corporate political connections and tax aggressiveness [J]. *Contemporary Accounting Research*, 33 (1): 78-114.

Kim E H, Lu Y. 2011. CEO ownership, external governance, and risk-taking [J]. *Journal of Financial Economics*, 102 (2): 272-292.

Kim I. 2015. Directors' and officers' insurance and opportunism in accounting choice [J]. *Accounting & Taxation*, 7 (1): 51-65.

Kim J H, Shamsuddin A, Lim K. 2011a. Stock return predictability and the adaptive markets hypothesis: Evidence from century-long US data [J] . *Journal of Empirical Finance*, 18 (5): 868-879.

Kim J-B, Li Y, Zhang L. 2011b. Corporate tax avoidance and stock price crash risk: Firm-level analysis [J]. *Journal of Financial Economics*, 100 (3): 639-662.

Kim J, et al. 2014. Press freedom, externally-generated transparency, and stock price informativeness: International evidence [J] . *Journal of Banking & Finance*, 46: 299-310.

Kim S, Shin J Y. 2017. Executive bonus target ratcheting: Evidence from the new executive compensation disclosure rules [J] . *Contemporary Accounting Research*, 34: 1843-1879.

Kim T, Leung K. 2007. Forming and reacting to overall fairness: A cross-cultural comparison [J] . *Organizational Behavior and Human Decision Processes*, 104 (1): 83-95.

Kim Y B, Kim J G, Kim W, et al. 2016. Predicting fluctuations in cryptocurrency transactions based on user comments and replies [J]. *PloS One*, 11 (8): e0161197.

Knight D, Durham C C, Locke E A. 2001. The relationship of team goals, incentives, and efficacy to strategic risk, tactical implementation, and performance [J]. *Academy of Management*

*Journal*, 44（2）: 326-338.

Kohlmeyer Ⅲ J M, et al. 2014. Leadership, budget participation. budgetary fairness, and organizational commitment ［M］// in *Advances in Accounting Behavioral Research*. Emerald Group Publishing Limited.

Kren L. 1997. The role of accounting information in organizational control: The state of the art ［J］. *Behavioral Accounting Research: Foundations and Frontiers*, （1）: 2-48.

Kren L, Liao W M. 1988. The role of accounting information in the control of organizations: A review of the evidence ［J］. *Journal of Accounting Literature*, 7（1）: 280-309.

Krugman P. 1979. A model of innovation, technology transfer, and the world distribution of income ［J］. *Journal of Political Economy*, 87: 253-266.

Kuhnen C M, Zwiebel J. 2008. Executive pay, hidden compensation and managerial entrenchment ［R］. Rock Center for Corporate Governance Working Paper.

La Fond R, Watts R L. 2008. The information role of conservatism ［J］. *The Accounting Review*, 83（2）: 447-478.

Laffont J J, Tirole J. 1993. Cartelization by regulation ［J］. *Journal of Regulatory Economics*, 5（2）: 110-130.

Laffont J J, Martimort D. 2003. Transnational projects and public goods: A comparative study ［R］.

Lambert R A. 2001. Contracting theory and accounting [ J ] . *Journal of Accounting and Economics*, 32 (1-3): 3-87.

Lang L H P, Stulz R M. 1994. Tobin's q, corporate diversification, and firm performance [ J ] . *Journal of Political Economy*, 102 (6): 1248-1280.

Larrick R P, Heath C, Wu G. 2009. Goal-induced risk taking in negotiation and decision making [ J ] . *Social Cognition*, 27 (3): 342-364.

Latham G P, Kinne S B. 1974. Improving job performance through training in goal setting [ J ] . *Journal of Applied Psychology*, 59 (2): 187-191.

Lawrence P R, Lorsch J W. 1967. Differentiation and integration in complex organizations [ J ] . *Administrative Science Quarterly*, 12 (1): 1-47.

Lazear E P, Rosen S. 1981. Rank-order tournaments as optimum labor contracts [ J ] . *Journal of Political Economy*, 89 (5): 841-864.

Lee K. 2008. Opportunities for green marketing: Young consumers [J]. *Marketing Intelligence & Planning*, 26 (6): 573-586.

Leibenstein H. 1979. A branch of economics is missing: Micro-micro theory [ J ] . *Journal of Economic Literature*, 17 (2): 477-502.

Leibenstein H. 1980. Microeconomics and X-efficiency theory

［J］. *The Public Interest*：97－110.

Leone A J, Rock S. 2002. Empirical tests of budget ratcheting and its effect on managers' discretionary accrual choices ［J］. *Journal of Accounting and Economics*, 33：43－67.

Levinsohn J, Petrin A. 2003. Estimating production functions using inputs to control for unobservables ［J］. *The Review of Economic Studies*, 70（2）：317－341.

Libby T. 2001. Referent cognitions and budgetary fairness：A research note ［J］. *Journal of Management Accounting Research*, 13（1）：91－105.

Lin B, Chen J. 2005. Corporate technology portfolios and R&D performance measures：A study of technology intensive firms ［J］. *R&D Management*, 35（2）：157－170.

Lindquist T M. 1995. Fairness as an antecedent to participative budgeting：Examining the effects of distributive justice, procedural justice and referent cognitions on satisfaction and performance ［J］. *Journal of Management Accounting Research*, 7（1）.

Little H T, Magner N R, Welker R B. 2002. The fairness of formal budgetary procedures and their enactment：Relationships with managers' behavior ［J］. *Group and Organization Management*, 27（2）：209－225.

Locke E A, Latham G P. 1990. *A Theory of Goal Setting & Task*

*Performance* ［M］. Prentice-Hall, Inc.

Locke E A, Latham G P. 2002. Building a practically useful theory of goal setting and task motivation: A 35 - year odyssey ［J］. *American Psychologist*, 57 (9): 705-717.

Locke E A, Latham G P. 2006. New directions in goal-setting theory ［J］. *Current Directions in Psychological Science*, 15 (5): 265-268.

Locke E A, Schweiger D M. 1979. Participation in decision making: One more look ［M］// in Staw B M, ed. *Research in Organizational Behavior*, Vol. 1. JAI Press.

Love E G, Nohria N. 2005. Reducing slack: The performance consequences of downsizing by large industrial firms, 1977-93 ［J］. *Strategic Management Journal*, 2005, 26 (12): 1087-1108.

Lowe E A, Shaw R W. 1968. An analysis of managerial biasing: Evidence from a company's budgeting process ［J］. *Journal of Management Studies*, 5 (3).

Lukka K. 1988. Budgetary biasing in organizations: Theoretical framework and empirical evidence ［J］. *Accounting, Organizations and Society*, 13 (3): 281-301.

Machlup F. 1967. Theories of the firm: Marginalist, behavioral, managerial ［J］. *The American Economic Review*, 57 (1): 1-33.

Maher M W, Stickney C P, Weil R L. 2006. *Managerial Accounting*: *An Introduction to Concepts*, *Methods and Uses* [M]. Rob Dewey.

Mahy C E V, Moses L J. 2011. Executive functioning and prospective memory in young children [J]. *Cognitive Development*, 26 (3): 269-281.

Main B G, O'Reilly C A, Wade J. 1993. Top executive pay: Tournament or teamwork? [J]. *Journal of Labor Economics*, 11 (4): 606-628.

Majumdar S K, Venkataraman S. 1993. New technology adoption in US telecommunications: The role of competitive pressures and firm-level inducements [J]. *Research Policy*, 22 (5-6): 521-536.

Mann W J, et al. 1988. Ureteral injuries in an obstetrics and gynecology training program: Etiology and management [J]. *Obstetrics & Gynecology*, 72 (1): 82-85.

Mansfield E. 1963. Size of firm, market structure, and innovation [J]. *Journal of Political Economy*, 71 (6): 556-576.

Markus S. 2015. *Property*, *Predation*, *and Protection* [M]. Cambridge University Press.

Martin J. 1981. The psychology of employee ownership [M] // in Bacharach S B, ed. *Organizational Behavior and Theory*: *Research Issues and Needs*. Academy of Management.

Martins J H. 2005. The household food budget of the wealthy and the poor in South Africa [J] . *Journal of Consumer Sciences*, 33.

McKinsey J O. 1922. Organization and methods of the Walworth manufacturing company [J] . *Journal of Political Economy*, 30 (3): 420-458.

Mehran H. 1995. Executive compensation structure, ownership, and firm performance [J] . *Journal of Financial Economics*, 38 (2): 163-184.

Merchant K A. 1985. Budgeting and the propensity to create budgetary slack [J] . *Accounting, Organizations and Society*, 10 (2): 201-210.

Merchant K A, Manzoni J. 1989. The achievability of budget targets in profit centers: A field study [J] . *The Accounting Review*, 64 (3): 539-558.

Merchant K A, Otley D T. 2006. A review of the literature on control and accountability [ M ] // in *Handbooks of Management Accounting Research*, Vol. 2. Elsevier.

Merchant K A, Van der Stede W A. 2007. *Management Control Systems: Performance Measurement, Evaluation And Incentives*, 3rd edition [M] . London, UK: Prentice Hall.

Merchant K A, Van der Stede W A. 2012. Instructor's manual [R].

Messersmith J G, Patel P C, Lepak D P, et al. 2011. Unlocking the black box: Exploring the link between high-performance work systems and performance［J］. *Journal of Applied Psychology*, 96（6）: 1105-1118.

Meyer M A, Vickers J. 1997. Performance comparisons and dynamic incentives［J］. *Journal of Political Economy*, 105（3）: 547-581.

Milani K. 1975. The relationship of participation in budget-setting to industrial supervisor performance and attitudes: A field study ［J］. *The Accounting Review*, 50（2）: 274-284.

Milgrom P, Roberts J. 1988. An economic approach to influence activities in organizations［J］. *American Journal of Sociology*, 94: S154-S179.

Milgrom P, Roberts J. 1992. *Economics, Organization and Management*［M］. Englewood Cliffs, NJ: Prentice Hall.

Milgrom P. 1989. Auctions and bidding: A primer［J］. *Journal of Economic Perspectives*, 3（3）: 3-22.

Moene K O. 1992. Poverty and landownership［J］. *The American Economic Review*, 82（1）: 52-64.

Murphy K J. 2000. Performance standards in incentive contracts［J］. *Journal of Accounting and Economics*, 30（3）: 245-278.

Nohria N, Gulati R. 1996. Is slack good or bad for innovation? ［J］. *Academy of Management Journal*, 39（5）: 1245-1264.

Nonaka I, Takeuchi H. 1995. *The Knowledge-Creating Company* ［M］. Oxford University Press.

Offenberg D. 2010. Agency costs and the size discount: Evidence from acquisitions [ J ]. *Journal of Economics, Finance & Administrative Science*, 15 (29): 73-93.

Olley G S, Pakes A. 1996. The dynamics of productivity in the telecommunications equipment industry [J]. *Econometrica*, 64: 1263-1297.

Onsi M. 1973. Factor analysis of behavioral variables affecting budgetary slack [ J ] . *The Accounting Review*, 48 (3): 535-548.

Ordóñez L D, et al. 2009. Goals gone wild: The systematic side effects of overprescribing goal setting [ J ] . *Academy of Management Perspectives*, 23 (1): 6-16.

Otley D T. 1978. Budget use and managerial performance [ J ] . *Journal of Accounting Research*, 16 (1): 122-149.

Otley D. 1999. Performance management: A framework for management control systems research [ J ] . *Management Accounting Research*, 10 (4): 363-382.

Pavitt K. 1990. What we know about the strategic management of technology [ J ] . *California Management Review*, 32 (3): 17-26.

Penno M. 1984. Asymmetry of pre-decision information and managerial accounting [ J ] . *Journal of Accounting Research*, 22 (1): 177-191.

Pfeffer J M, Pfeffer M A, Fletcher P J, et al. 1991. Progressive ventricular remodeling in rat with myocardial infarction [ J ]. *American Journal of Physiology - Heart and Circulatory Physiology*, 260 (5): H1406-H1414.

Pfeffer J, Langton N. 1993. The effect of wage dispersion on satisfaction, productivity, and working collaboratively: Evidence from college and university faculty [ J ]. *Administrative Science Quarterly*, 38: 382-407.

Rajan R G, Wulf J. The flattening firm: Evidence from panel data on the changing nature of corporate hierarchies [ J ]. *The Review of Economics and Statistics*, 88 (4): 759-773.

Rankin F W, Schwartz S T, Young R A. 2008. The effect of honesty and superior authority on budget proposals [ J ]. *The Accounting Review*, 83: 1083-1099.

Rao K T V, Joshi B P, Khurana I. 2017. Capital structure determinants: Empirical evidence from listed manufacturing firms in India [ J ]. *Pacific Business Review International*, 10 (4): 17-21.

Rast J, Johnston J M, Drum C, et al. 1981. The relation of food quantity to rumination behavior [ J ]. *Journal of Applied Behavior Analysis*, 14 (2): 121-130.

Richardson S A, et al. 2006. The implications of accounting distortions and growth for accruals and profitability [ J ]. *The*

*Accounting Review*, 81 (3): 713-743.

Ridge J W, Aime F, White M A. 2015. When much more of a difference makes a difference: Social comparison and tournaments in the CEO's top team [J]. *Strategic Management Journal*, 36 (4): 618-636.

Rosenberg, N. 2006. Innovation and economic growth [M] // in *Innovation and Growth in Tourism*.

Ross J. 1995. Budgeting: The missing link in effective control of health care costs [J]. *Journal of Health Care Finance*, 21 (4): 35-45.

Roychowdhury S. 2006. Earnings management through real activities manipulation [J]. *Journal of Accounting and Economics*, 42: 335-370.

Ryan H E, Wang L. 2012. CEO mobility and the CEO-firm match: Evidence from CEO employment history [R]. Available at SSRN 1772873.

Sadath A C, Acharya R H. 2015. Effects of energy price rise on investment: Firm level evidence from Indian manufacturing sector [J]. *Energy Economics*, 49: 516-522.

Sampson R C. 2007. R&D alliances and firm performance: The impact of technological diversity and alliance organization on innovation [J]. *Academy of Management Journal*, 50 (2): 364-386.

Schiff M, Lewin A Y. 1968. When traditional budgeting fails [J]. *Management Review*, 57 (8).

Schmidt K M. 1997. Managerial incentives and product market competition [J]. *The Review of Economic Studies*, 64 (2): 191-213.

Schweitzer M E, Ordóñez L, Douma B. 2004. Goal setting as a motivator of unethical behavior [J]. *Academy of Management Journal*, 47 (3): 422-432.

Senteney D L, Gao H, Bazaz M S. 2004. The differential effect of directional unexpected earnings and post-earnings announcement drift behaviour [J]. *International Journal of Accounting*, 1 (2): 143-163.

Shapiro J N, Siegel D A. 2007. Underfunding in terrorist organizations [J]. *International Studies Quarterly*, 51 (2): 405-429.

Shen S, Jiang H, Zhang T. 2012. Stock market forecasting using machine learning algorithms [R]. Department of Electrical Engineering, Stanford University.

Shields M D, Young S M. 1993. Antecedents and consequences of participative budgeting: Evidence on the effects of asymmetrical information [J]. *Journal of Management Accounting Research*, 5: 265-280.

Shleifer A. 1985. A theory of yardstick competition [J]. *The RAND*

*Journal of Economics*, 16 (3): 319-327.

Siegel P A, Hambrick D C. 2005. Pay disparities within top management groups: Evidence of harmful effects on performance of high-technology firms [J]. *Organization Science*, 16 (3): 259-274.

Sloan R G. 1993. Accounting earnings and top executive compensation [J]. *Journal of Accounting and Economics*, 16 (1-3): 55-100.

Smirlock M, Marshall W. 1983. Monopoly power and expense-preference behavior: Theory and evidence to the contrary [J]. *The Bell Journal of Economics*, 14 (1): 166-178.

Sorescu A B, Chandy R K, Prabhu J C. 2003. Sources and financial consequences of radical innovation: Insights from pharmaceuticals [J]. *Journal of Marketing*, 67 (4): 82-102.

Staw B M, Boettger R D. 1990. Task revision: A neglected form of work performance [J]. *Academy of Management Journal*, 33 (3): 534-559.

Staw B M. 1981. The escalation of commitment to a course of action [J]. *Academy of Management Review*, 6 (4): 577-587.

Steel R P, Mento A J. 1986. Impact of situational constraints on subjective and objective criteria of managerial job performance [J]. *Organizational Behavior and Human Decision Processes*, 37 (2): 254-265.

Stevens D E. 2002. The effects of reputation and ethics on budgetary slack [J]. *Journal of Management Accounting Research*, 14 (1): 153-171.

Stewart G W. 1990. Stochastic perturbation theory [J]. *SIAM Review*, 32 (4): 579-610.

Su C-C, Ni F-Y. 2013. Budgetary participation and slack on the theory of planned behavior [J]. *International Journal of Organizational Innovation*, 5 (4): 91-99.

Thakor A V. 2016. The highs and the lows: A theory of credit risk assessment and pricing through the business cycle [J]. *Journal of Financial Intermediation*, 25: 1-29.

Thorndike E L. 1915. The influence of previous practice upon the apparent learning of a new reaction by connection with an old one [J]. *Journal of Animal Behavior*, 5 (4): 261-277.

Tijssen R J W, van Wijk E. 1999. In search of the European paradox: An international comparison of Europe's scientific performance and knowledge flows in information and communication technologies research [J]. *Research Policy*, 28 (5): 519-543.

Trevor C O, Reilly G, Gerhart B. 2012. Reconsidering pay dispersion's effect on the performance of interdependent work: Reconciling sorting and pay inequality [J]. *Academy of Management Journal*, 55 (3): 585-610.

Van der Stede W A. 2000. The relationship between two consequences of budgetary controls: Budgetary slack creation and managerial short-term orientation [J]. *Accounting Organizations and Society*, 25 (6): 609-622.

Van der Bauwhede H, Willekens M. 2000. Earnings management and institutional differences: Literature review and discussion [J]. *Tijdschrift voor Economie en Management*, (2): 189-212.

Waller Jr W T. 1988. The concept of habit in economic analysis [J]. *Journal of Economic Issues*, 22 (1): 113-126.

Waterhouse J H, Tiessen P. 1978. A contingency framework for management accounting systems research [J]. *Accounting, Organizations and Society*, 3 (1): 65-76.

Watson J B. 1913. Psychology as the behaviorist views it [J]. *Psychological Review*, 20 (2): 158-177.

Watts R L, Zimmerman J L. 1990. Positive accounting theory: A ten year perspective [J]. *Accounting Review*, 65 (1): 131-156.

Webb R A. 2002. The impact of reputation and variance investigations on the creation of budget slack [J]. *Accounting, Organizations and Society*, 27 (4-5): 361-378.

Wei C. 2021. State ownership and target setting: Evidence from publicly listed companies in China [J]. *Contemporary Accounting Research*, 38 (3): 1925-1960.

Weick K E. 1996. Drop your tools: An allegory for organizational studies ［ J ］ . *Administrative Science Quarterly*, 41 （ 2 ）: 301-313.

Weisbach M S. 1988. Outside directors and CEO turnover ［ J ］ . *Journal of Financial Economics*, 20: 431-460.

Weitzman M L. 1976. On the welfare significance of national product in a dynamic economy ［ J ］ . *The Quarterly Journal of Economics*, 90 （1）: 156-162.

Weitzman M L. 1980. The "ratchet principle" and performance incentives ［J］ . *Journal of Economics*, 11 （1）: 302-308.

Wicker A W, Bushweiler G. 1970. Perceived fairness and pleasantness of social exchange situations: Two factorial studies of inequity ［J］ . *Journal of Personality and Social Psychology*, 15 （1）: 63-75.

Williamson O. 1963. Managerial discretion and business behavior ［J］. *The American Economic Review*, 53 （5）: 1032-1057.

Williamson O. 1985. *Economic Institutions of Capitalism* ［M］ . The Free Press.

Williamson O. 1996. Economics and organization: A primer ［J］. *California Management Review*, 38 （2）: 131-146.

Yang J, Shen G Q, Ho M, et al. 2009. Exploring critical success factors for stakeholder management in construction projects ［J］ . *Journal of Civil Engineering and Management*, 15 （4）: 337-348.

Yermack D. 2006. Board members and company value ［J］. *Financial Markets and Portfolio Management*, 20: 33–47.

Young H P. 1985. Monotonic solutions of cooperative games ［J］. *International Journal of Game Theory*, 14 (2): 65–72.

Yuen D C Y. 2004. Goal characteristics, communication and reward systems, and managerial propensity to create budgetary slack ［J］. *Managerial Auditing Journal*, 19 (4): 517–532.

Zajac E J, Bazerman M H. 1991. Blind spots in industry and competitor analysis: Implications of interfirm (mis) perceptions for strategic decisions ［J］. *Academy of Management Review*, 16 (1): 37–56.

Zhang Y. 2008. The effects of perceived fairness and communication on honesty and collusion in a multi-agent setting ［J］. *The Accounting Review*, 83: 1125–1146.

Zhu W. 2016. Accruals and price crashes ［J］. *The Review of Accounting Studies*, 21: 349–399.

**图书在版编目（CIP）数据**

高管-员工薪酬差距与管理层收入业绩目标：基于动态的视角／余思明，魏芳，王剑著. --北京：社会科学文献出版社，2024.12. --ISBN 978-7-5228-4420-6

Ⅰ. F279.241

中国国家版本馆 CIP 数据核字第 2024BS0134 号

## 高管-员工薪酬差距与管理层收入业绩目标
### 基于动态的视角

著　　者／余思明　魏　芳　王　剑

出 版 人／冀祥德
组稿编辑／陈凤玲
责任编辑／田　康
责任印制／王京美

出　　版／社会科学文献出版社·经济与管理分社（010）59367226
　　　　　地址：北京市北三环中路甲 29 号院华龙大厦　邮编：100029
　　　　　网址：www.ssap.com.cn
发　　行／社会科学文献出版社（010）59367028
印　　装／三河市尚艺印装有限公司

规　　格／开本：787mm×1092mm　1/16
　　　　　印张：20.5　字数：221 千字
版　　次／2024 年 12 月第 1 版　2024 年 12 月第 1 次印刷
书　　号／ISBN 978-7-5228-4420-6
定　　价／128.00 元

读者服务电话：4008918866